公共管理创新系列教材

公共行政学史

何艳玲　著

中国人民大学出版社
·北京·

前言

PREFACE

“道之大端易于明白。”从以研究为志业开始，这已是我希望达成的知识理解层次，也是本书希望达成的目标。

2010年，我在和几位同事讨论学科规划的时候，达成的共识之一是撰写一本新的《公共行政学史》专著，相对细致地梳理学科发展脉络及其内在逻辑，并希望它能成为理解公共行政学的入门读物。此后，我断断续续开始了本书的写作。在此过程中，我的许多研究生花费极大精力协助收集材料、整理材料，众多的本科生在我所担任的“公共行政学史”课程中，给了我很多基于“用户体验”的建设性意见。而全书框架乃至许多章节的内容也一再推倒重来，反反复复多次，寻寻觅觅多遍，惊觉至今已过八年。我最感幸运的是，关心此书的许多学界朋友，我的学生，还有我的学生的学生们，仍然没有失去耐心，他们持续给以鼓励，并希望此书早日面世。

本书被称为“公共行政学史”而不是“公共行政学说史”，有两个原因：一是，《公共行政学说史》在国内已有几位前辈的同类教材（专著）珠玉在前；二是，我在长期任教过程中，深感对学习者来说，了解特定代表人物的具体观点可能并非最关键，而把握复杂的公共行政学科知识演进过程及其逻辑则应该更为重要。作为学习者，我们经常遇到的问题是：这个学科到底为何而产生？其知识演进阶段到底有无清晰的划分？为何会如此划分？

特别是，不同阶段的、纷繁复杂的不同代表性学派和理论之间有无关联？这些关联是什么？为什么？

事实上，这一连串的疑问，很大可能是源自公共行政学说自身的“零散”与“矛盾”，而公共行政学说的“零散”与“矛盾”，又源自公共行政价值的多元性与公共行政实践的复杂性。奥斯特罗姆（Vincent A. Ostrom）在其名著《美国公共行政的思想危机》中明确指出，在公共行政学研究中，对于什么是公共行政、通过什么方式获得公共行政知识等重要问题，公共行政学界存在思想上的鸿沟。当一部分人在努力塑造一个韦伯式的理性化高效体系的时候，另一部分人却在警惕和消除各种存在或潜在的利维坦式威胁。当一部分人力求使行政管理者更无阻力地进行管理的同时，另一部分人却在力求给行政管理者更多限制从而保证国家机器的可控并预防暴政的出现。不同研究者关注公共行政行为中的不同侧面，这些行为有不同的目标取向；因应研究目标的不同，形成了不同的公共行政学理论。公共行政学就是在这样的矛盾与冲突中不断向前发展。公共行政学也因此而无法得出一个学术界普遍承认的库恩式的科学范式。于是，如何理解、归纳和梳理一个在认识上分裂的学科就成了公共行政学者必须面对的难题。

对于学习者来说，“零散”与“矛盾”本身就是公共行政学不可回避的一部分，如果将公共行政学当成一个单一的统一范式，反而很可能会产生对公共行政学理论的曲解。比如，有时候我们习惯对公共行政学史采用断代史方式进行解读，这种方式在有明确学科范式，或已有广泛共识的领域（如物理学等自然科学学科）或许是恰当的方法，因为一个学科如果建立在统一范式之上，随着时间发展而出现的各种后续理论自然有其学术上的发展与继承关系。但在公共行政学中，由于学科基础的分裂，仅凭时间先后来推断学科传承关系，就极易出现对于公共行政学说的误读。例如，新公共行政学派普遍被视为始于第一次明诺布鲁克会议，并且以1971年出版的《迈向新公共行政：明诺布鲁克观点》为代表作，随后，在20世纪七八十年代，美国公共部门开展了以提高效率为导向的全面质量管理运动。从时间上看，新公共行政学派得到学界广泛关注与全面质量管理运动有着紧密的时间联系，但从学说内容上看，全面质量管理运动显然与新公共行政学派有着截然不同的思想脉络，甚至在本质上，全面质量管理运动所蕴含的管理主义和工具理性的公共行政倾向，恰恰是新公共行政学派所再三驳斥的。可见，不同基础的公共行政学理论的发展既有交集又相互独立，忽略公共行政学说的内在思想脉络，仅凭时间先后来梳理学说，极易混淆各种学派，从而误读不同学派的内在逻辑。

更进一步，即使是同样的学术概念，其内涵在不同的公共行政学派中也会有较大差异。公共行政学作为一直存在某种程度思想危机的学科，其不仅没有被普遍承认的学科范式，对于学科内部各种重要概念，其不同的思想源流也均有不同的解读。因此，类似于

“此‘效率’非彼‘效率’、此‘民主’非彼‘民主’”的现象在公共行政学中绝非个例。比如，以“民主”这一概念为例，在新公共行政学派的框架中，“民主”被理解为广泛吸纳普通公民进入行政过程，以参与合法性取代效率合法性。在某种意义上，新公共行政学派提出的是一种“大政府”的民主。而以奥斯特罗姆为代表的公共选择学派则将“民主”理解为把公共事务从政府垄断中解放出来，以市场化的模式处理公共事务。显然，公共选择学派的“民主”是一种“小政府”的民主，与新公共行政学派的理解不同。而公共政策学派的创始人拉斯韦尔（Harold Lasswell）论及“民主”时，指的则是西方的政治体制。其论述是冷战背景下“共产－民主”二分法的产物，实质是把民主作为美式制度的同义词，而不论这种制度有何特征和内涵。概念是为了使学术讨论精确、统一而建构的，但因为公共行政的独特性，概念本身往往不足以表现理论间的差异。在此情况下，忽略认识论差异的学说史非常容易混淆不同学说中的同一概念。

凡此种种均说明，在理论发展路径相对独立、学科核心概念缺乏统一认识的情况下，公共行政学的独特性要求公共行政学史的梳理者必须挖掘单个理论之下更具思想性的发展脉络，从而理解理论与理论之间的相互影响与发展。正因为如此，本书的重点也就不再是介绍具体学者的具体观点，因为这样做很可能会淡化学说思想的前后继承关系。公共行政学的发展在很大程度上得益于一系列深刻的论辩，要正确理解论辩双方的思想，需要把双方对对方的批判与对自身理论的辩解放在同一平台上，以获得更好的认知。比如，如果将西蒙和沃尔多的理论单独分章介绍，则必然会削弱其中的智慧交锋，也可能会使读者错失更好地理解双方观点的异同以及双方互相批判的深层逻辑。

同时，将学说按具体学者进行原子化编排，也可能会让读者难以理解公共行政学中各种学派的形成与发展轨迹。虽然代表性人物可以在一定程度上反映某学派的代表性观点，但公共行政学中的各种学派往往是许多学者共同的思想结晶，而非一个人的著作或观点可以涵盖。例如，拉斯韦尔是公共政策学派的重要开创者，其首创式地提出了以自然科学式的研究方法分析公共政策问题，可以说是公共政策研究里程碑式的代表人物。但是，公共政策研究整体发展的广度与深度远远超出了拉斯韦尔本人的研究。仅了解拉斯韦尔本人，无疑难以真正理解公共政策研究的整体特点。

综合以上，本书对公共行政学史的梳理有如下特点：

第一，以公共行政实践为导向介绍公共行政学理论。

本质上，公共行政学是实践导向的学科，是所有人都有体验的现实学问。一个人或许可以在一生中都不与某种特定的生物或化学物质打交道，但只要生活在社会中，几乎没有人可以一生都不接触公共部门。因此，公共行政学说无论在形式上如何玄之又玄，其本质上必然针对的是具体的现实公共行政困难。只有当实践出现了具体困难，才会有针对这些困难提出解决措施的理论分析。更重要的是，这些具体困难是我们每个生活在社会中与公共部门有过互动的人都可以从过往的体验中予以理解的。就此可以说，脱离了具体的实践面向，对公共行政学理论的介绍就会成为无本之木、无源之水。

因此，本书对所有学派的介绍都力求还原其形成时代公共部门面对的突出困难与问题。即使是最抽象的后现代理论也直接来源于现实行政中的现代性危机，例如，行政道德的虚化，官僚制的劳动分工导致手段凌驾于整体目标，在价值冲突的行政环境中假设目标清晰且单一化，等等，这些是无时无刻不在困扰着现代政府的问题。由于公共行政学理论与具体的公共行政现实问题息息相关，因此，本书在介绍各个具体理论时，一般首先从其所面对的现实问题入手，分析该问题为何会影响现实公共行政的效果，然后再介绍各学派不同的公共行政学理论是从什么角度来分析具体的行政困难及其解决方案。我们认为，唯有如此，才能真正全面、系统地理解纷繁复杂的公共行政学理论的发展由来，同时，也能使读者从自身的生活经验以及与公共部门接触的体验中更好地理解各派学说的观点及其理论逻辑。

更重要的是，通过介绍公共行政学理论所针对的现实问题，可以为读者理顺“零散”和“矛盾”的公共行政学说提供一个客观的、可感知的平台。例如，公共选择理论与新公共行政理论虽然观点针锋相对，但其产生均源自对“水门事件”时期美国行政部门各种脱序、不受控制现象的反思。只不过在面对当时政府的种种不受控制的现象时，新公共行政理论希望通过更开放、包容、有代表性的制度来改变政府固有的乱象；而公共选择理论则将政府或者官僚制组织视为问题所在，希望限缩政府的管理范围，乃至限制官僚制组织掌控的社会资源，从而限制传统行政部门的滥权。由此，我们可以清晰地看到，如果是采用就学说介绍学说的方式，由于新公共行政理论和公共选择理论对行政管理的切入点截然不同，所秉持的行政伦理价值也相互矛盾，读者很难在其专门化的学说观点介绍中看到二者的联系，也就容易陷入“零散”和“矛盾”的困惑之中。但如果将其所针对的具体行政实践问题予以还原，从最直观的“怎样的行政不良现象催生了某一理论学说的产生”这一问题切入，则可以清楚地看到新公共行政理论和公共选择理论之间的系统性关联。这将为加深读者对行政学说的理解提供明显的便利。

第二，以思想脉络为主轴分析公共行政学派的前后承继关系。

如上所述，所有对公共行政学说介绍的书籍都需要面对公共行政学理论“零散”和“矛盾”的问题，而以思想脉络为主轴串联各种不同的公共行政学说则是本书在写作时的重点。

如果不同的理论本质上是在关注不同的行政现象，且对于现实阻碍公共行政的问题有不同的定义，那么这些理论看起来就不一定有理论承继关系。例如，新公共管理和新公共行政，由于前者对于问题的定义在于低效行政，而后者将困扰行政的问题定义为政府失控，所以即便二者一前一后出现，它们之间也没有理论上的承继关系。相反，新公共管理的思路在很大程度得益于之前事实－价值二分法将效率从价值中划分出来的思维模式，而新公共行政则明显带有将效率纳入行政多元价值一起讨论的影子。因此，新公共管理与新公共行政在“西沃之争”中都可以找到各自思想的承继和发展脉络。可以说，这些学说虽无必然的理论承继关系，但可以找到思想上的遥相呼应。

本书将公共行政学说思想脉络发展的主线条梳理为以下三点：首先，基于政府行政与其他组织不同的现实，发展出以提高效率为导向的传统公共行政学。其次，传统公共行政学更多是工作经验的总结，这些从工作经验总结中得出的理论经不起系统严谨的科学检验，其观点中逻辑矛盾和错误较多，因此催生了后来的西蒙（Herbert A. Simon）倡导的实证化、科学化的行为研究。同时，由于传统公共行政学以效率为中心的观念不符合现实行政价值多元的特性，因此也为关注公共行政价值的相关理论所批评。最后，“水门事件”的发生、行政部门的失控，以及传统公共行政学在解决现实问题时表现出的乏力，更催生了公共行政学说针对种种现实失控现象的专门研究。但是，由于并没有任何理论可以全方位解决行政实践所面临的各种困难，公共行政学说于是进一步分化，乃至到了当下，治理理论和后现代理论虽然在不断发展，但仍没有改变公共行政学分化的状况。

在对公共行政学说思想脉络发展进行梳理时，本书将努力揭示：特定学说对于阻碍公共行政实践更好地发展的问题的界定；为何其他理论无法解决这一问题；改善这一问题的手段和方法。读者在明白了这一历史主线之后，再辅之以公共行政学专项理论发展的前后承继脉络，就可以在公共行政学“零散”且“矛盾”的理论丛林中找到更好的归纳和理解全局的逻辑，也能更好地理解作为一门学科的公共行政学的全貌。

第三，以论辩交锋为焦点阐明公共行政学说之间的互动。

为了更好地帮助读者理解公共行政学说之间的争鸣，我们尤其重视不同学说之间的交锋、批判和辩护，在本书的章节编排中，侧重关注思想交锋对整体学科思想的推进作用。在这一推进过程中，西蒙和沃尔多的争论被视为终结传统公共行政学并启动整个学科思想系统化的重要节点，而公共选择理论与新公共行政理论对于民主行政的不同理解也促成了学科理论及研究传统的整体分异。这一系列学术史上的重要节点，都不仅是某个单一学派理论可以促成的，而是在各学派的争鸣与不断的智识贡献中实现的。因此，本书尽力还原这些重要历史节点中各派的思想交锋过程，从而让读者不仅能看到最终结论，也能同时体会思想的发展推进过程。

重视论辩交锋的特点也体现在本书的章节介绍中。例如，在管理主义这一章节的介绍中，同时提及了批判管理主义的重要理论，如新公共服务理论，而在介绍宪政主义时也同时涉及其对管理主义的批判。在这种编排下，本书希望为读者呈现出一个虽然没有统一学术范式但仍有共同学术关怀，绝非各说各话的公共行政学说的全景图。

总之，我们认为，一本合格的《公共行政学史》的专著（教材）首先应告知读者，公共行政学存在着“零散”与“矛盾”之处，其次，在让学习者沉浸于“零散”与“矛盾”的公共行政学理论后，能进一步形成自己对公共行政行为的体会和认识，从而更敏锐地观察与认识真实的公共行政世界。基于此，本书的整体特点就是尝试从零散的行政学说中抽离出逻辑主线条，同时在细微之处重点阐明公共行政学为何有如此多的矛盾理论，这些矛盾理论又是从怎样的实践中总结、抽象而来。在此基础上，本书力图使读者，特别是公共行政学的学习者得以融会贯通地全面审视和理解公共行政学发展史，并因此真正地对公共行政学有更深层次的认识。

事实上，要完成这一任务，对我来说其实是枯燥的，甚或在很多时候，也是艰巨的。“凡学之不勤，必其志之尚未笃也”，唯时时以此加以鞭策。所幸此行并不孤单，在许多人的支持下，本书终于即将付梓。在付梓之际，我要衷心感谢的人实在太多：

感谢马骏教授，没有他的提议，本书可能不会被纳入写作议程。

感谢张雪帆博士和汪广龙博士，没有他们在文献上的支持、理论校核，以及具体的修订工作，本书的写作将可能无限期地拖延下去。

感谢颜昌武博士，他在和我的几次讨论中给了我很多重要的意见，并慷慨地将有关“西沃之争”的研究资料悉数交付予我。感谢李丹博士、钱蕾博士、郑文强博士，还有我的其他学生，他们在本书的校对工作中提供了许多帮助。

感谢张康之教授、孔繁斌教授，他们在百忙之中仍然愿意为本书提供不同形式的书面评论和意见。感谢肖滨、竺乾威、郁建兴、丁煌、姜晓萍、赵景华、包国宪、陈天祥等教授，以及中国行政管理学会高小平、鲍静和解亚红等几位老师，还有许多学界同行，他们一直在鼓励并支持着本书的完成。

感谢陈琤、张书维、琚挺挺、杨黎婧等同事朋友，他们在教学过程中针对本书的初稿提出了很多中肯意见。感谢叶林、陈那波、王雨、蒋绚、起晓星、王磊等团队成员，一个有高度共识的集体，总是给人鼓舞。

感谢我的家人，他们总是给予我力量！

感谢中国人民大学出版社的朱海燕老师，没有她的细心和耐心，本书的纰漏将会更多。

何艳玲

目录

CONTENTS

第 1 章　导论：走进公共行政学世界 ………… 1

1.1　公共行政、公共行政学与公共行政学史 ………… 2

1.2　公共行政学的学科脉络 ………… 7

1.3　不同公共行政学的传统 ………… 10

本章小结 ………… 13

关键术语 ………… 13

本章推荐阅读 ………… 13

第 2 章　起源：美国进步时代与行政国家的产生 ………… 14

2.1　工业化与国家面临的挑战 ………… 15

2.2　进步时代前的乱象 ………… 16

2.3　进步时代改革 ………… 20

2.4　进步时代改革对现代公共行政的影响 ………… 25

本章小结 ………… 28

关键术语 ………… 28

本章推荐阅读 ………… 28

第 3 章　基石：政治-行政二分、科层制与科学管理 …… 30
3.1　政党分肥制 …… 31
3.2　政治-行政二分 …… 33
3.3　韦伯的科层制 …… 39
3.4　泰勒的科学管理思想 …… 43
本章小结 …… 45
关键术语 …… 46
本章推荐阅读 …… 46
第 4 章　初创：公共行政学的产生 …… 47
4.1　公共行政理论的产生 …… 48
4.2　传统公共行政理论的整体思路 …… 49
4.3　传统公共行政理论的其他面向 …… 54
4.4　被质疑的传统公共行政理论 …… 57
本章小结 …… 60
关键术语 …… 60
本章推荐阅读 …… 60
第 5 章　危机：学科科学化及其争论 …… 62
5.1　西蒙对公共行政原则的质疑 …… 63
5.2　达尔与西蒙的讨论：公共行政学如何成为科学 …… 68
5.3　“西沃之争” …… 71
5.4　公共行政学的“身份危机” …… 83
本章小结 …… 88
关键术语 …… 89
本章推荐阅读 …… 89
第 6 章　分异：实现民主行政的不同理解 …… 90
6.1　公共行政实践的民主困境 …… 91
6.2　公共选择理论与官僚行为分析 …… 92
6.3　新公共行政理论与行政过程的民主性 …… 97
6.4　“黑堡宣言”对新公共行政理论的发展与延续 …… 102
本章小结 …… 105
关键术语 …… 106
本章推荐阅读 …… 106

第 7 章 深化：管理主义的再兴起 …… 107
7.1 管理主义的复归 …… 108
7.2 新公共管理理论与政府再造 …… 110
7.3 公共政策学：公共政策研究的专门化 …… 117
7.4 新公共服务理论对管理主义的质疑 …… 126
本章小结 …… 130
关键术语 …… 131
本章推荐阅读 …… 131
第 8 章 反思：宪政主义对管理主义的批判 …… 132
8.1 宪政主义的思想渊源 …… 133
8.2 宪政主义的主要观点 …… 135
8.3 宪政主义的“公共行政原则” …… 142
8.4 宪政主义的现实主张 …… 145
8.5 宪政主义的启示 …… 150
本章小结 …… 152
关键术语 …… 152
本章推荐阅读 …… 152
第 9 章 重组：治理理论与公共行政的多元主体 …… 153
9.1 治理理论的产生背景 …… 154
9.2 治理理论的兴起 …… 155
9.3 治理理论的两大路径 …… 159
9.4 治理的具体实践 …… 168
本章小结 …… 172
关键术语 …… 172
本章推荐阅读 …… 172
第 10 章 解构：后现代公共行政 …… 174
10.1 后现代主义思潮 …… 175
10.2 现代性在公共行政学中的悖论 …… 178
10.3 公共行政研究中的“唯实证主义”倾向 …… 181
10.4 后现代公共行政的代表性观点 …… 186
本章小结 …… 192
关键术语 …… 193

本章推荐阅读 …… 193
第 11 章　总结：公共行政学的认识论分野 …… 194
11.1　公共行政学认识论的特点和影响 …… 195
11.2　公共行政学的四种认识论传统 …… 196
11.3　认识论对理解公共行政实践的作用 …… 205
本章小结 …… 207
关键术语 …… 208
本章推荐阅读 …… 208

后　记 …… 209

第1章

导论：走进公共行政学世界

我们所有人的福利、幸福以及实实在在的生活，很大程度上取决于影响和维持我们生活的政府部门的表现。现代生活中，公共行政和公共政策质量影响着我们的日常生活……不管你愿意不愿意，公共行政涉及每一个人。如果希望生存下去，我们最好能认真理解公共行政①。

——德怀特·沃尔多（Dwight Waldo）②

本章导言

学科史呈现的是学科的历史变迁，在这一历史变迁中，我们得以明晰此学科如何产生又为何存在，如何变迁又为何变迁。解读公共行政学史，关键是提供一条进入公共行政矛盾世界的可能路径——探求这个领域的决定性因素、进入这一领域的明智路径，以及那些需要思考的“必要事实”③。本章的任务是在界定公共行政、公共行政学、公共行政学史三个基本概念的基础上，从历史脉络与理论范式两个方面粗略展现公共行政学史全貌。

① WALDO D. The study of public administration. Random House，1955：70.

② 也被译为德怀特·瓦尔多。

③ RADIN B A. Review：public administration and governance. Public administration review，1991，51（4）.

作为一门学科的公共行政学要想证明自身，关键不在于它对某个研究领域的垄断，而在于其在特定领域能够发展出独特的知识。有鉴于此，**本书的直接目的是梳理学科的内在脉络，隐含的目的则是引导读者进入复杂的公共行政世界，在此过程中，进一步分析和理解公共行政学已经建构出来的可甄别的知识体系和方法论立场。**

1.1 公共行政、公共行政学与公共行政学史

为了更清晰地把握全书脉络，首先需要相对明确几个核心概念，包括公共行政、公共行政学与公共行政学史。

1.1.1 公共行政

公共行政学（Public Administration，PA），是以公共行政实践（public administration，pa）为研究对象的学科①。行政过程在公共部门（包括政府部门和非营利组织等其他非私人部门，但通常是指政府部门）和私人部门（最主要是企业）中都存在，在公共部门发生的行政我们称之为公共行政，在私人部门发生的行政称之为企业行政或企业管理。作为人类社会的管理方式，公共行政在人类过上群体生活以来就存在。但当我们谈论公共行政时，更多的是指现代公共行政，它代表着现代社会的管理方式，是在公民主权和民族国家中所发生的行政过程。

作为一门学科，公共行政学成立的前提是，它的研究对象公共行政实践具有与其他组织行为不同的属性。换言之，**公共部门实践的存在及其特殊性，是公共行政学产生和存在的前提。**因此，要理解公共行政，首先要理解公共部门与私人部门的不同。从我们的日常体验出发，公共部门与私人部门的区别是现实存在且可被直观感受到的。比如，即使是按照同样模式培养出来的法学毕业生，一个为私人进行辩护的律师和一个代表国家进行裁决的法官就会有很不同的行为方式，社会也对他们有着截然不同的评价标准，二者同样是法律专家，人们会要求律师尽可能为委托人攫取利益，却会要求法官彰显法律的公平、公正与公开。

1. 政府行政与企业管理的不同

阿普尔比（Paul H. Appleby）专门对政府的特殊性进行了归纳，他认为政府与企业的

---

① 本书涉及英文中译的地方采用沃尔多的做法，即“public administration（pa）”译为“公共行政”，意指公共行政实践，“Public Administration（PA）”则译为“公共行政学”。

不同点主要表现在以下三个方面[①]：

(1) 政府有更广的范围、更深的影响和更多的关注点。

企业关注与其业务相关的事务，但现代政府却几乎需要为国家内的所有事务负责。企业的竞争力是企业所有人和经营人的私人事务，而一个国家民族企业的整体国际竞争力，却是政府不能不思考和不能不关心的问题。当一个国家的企业整体上缺乏竞争力、经营不善和经济疲软的时候，人们并不会囿于政府与市场的分界而减少对政府的责难。在整体层面上，政府的失败不一定是企业的失败，但可以说企业整体上的失败就是政府的失败。

(2) 政府面临公共问责。

企业行政或许可以独断，但几乎没有政府行政可以完全脱离辩论、报批和审查。另一方面，几乎没有私人部门会给所有人相对平等的权利去影响其管理，或者是像政府那样强烈地回应经济和社会诉求，但对政府而言，公民在公共事务上享有相应权利，同时，政府回应公民诉求往往也最为重要。

(3) 政府有政治属性。

企业行政或许无法免于政治，但政府行政就是政治的代名词。企业往往只控制员工在工作时的行为而不干涉其工作外的生活，而一个公务员入职以后，公共行政并不只是他的工作，他生活的方方面面都会受到影响。由于要保证公共利益，公务员制度往往对公务员在工作以外的生活及其言行有许多特殊限制。企业人事并不需要特别重视人事管理背后的政治影响，而公务员的录用、公示、调岗、开除、绩效评定、工作分配、机构调整，甚至公务员个人的谈话往往都关乎政治考虑。

2. 公共行政的“公共特质”

可见，要理解政府与企业的差异，其关键词是“公共”。在《公共行政学：管理、政治和法律的途径》一书中，罗森布鲁姆等人开篇即强调公共行政的“公共”属性，公共行政与企业管理的差异在于前者偏重宪政与民意体制，后者则重市场与利润体制[②]。他提出四个维度来理解公共行政的“公共特质”(publicity)：

(1) 以宪法为基础。

以宪法为基础是公共行政特殊性产生的重要原因，因为宪法不仅设计了公共行政存在的空间，也对其运作形成限制。公共行政和企业管理都有效率的要求，但公共部门对效率的追求往往必须从属于代表性、问责、透明、程序正当等要求，这使得公共行政比企业管理要复杂许多。以美国为例，由于采取分权制衡，政府行政部门常常受到立法和司法部门

① APPLEBY P H. Big democracy. Alfred A. Knopf，1949：1-10.

② 罗森布鲁姆，等. 公共行政学：管理、政治和法律的途径（第五版）. 北京：中国人民大学出版社，2002：6.

的主导，这使得政府行政行为往往不能用简单的上下级命令服从关系来理解。一个私人部门的主管对其下属的工作往往有直接控制和明确的权力，但在政府中，行政首长未必就能控制他的下属或掌握他所领导的部门。

基于宪政体制需要防止政府滥权的制度设计，行政部门的法定职权、预算规模、人员编制、岗位职能、人事程序都被立法部门控制。立法部门通过规则制定、公开会议、公民参与及政府信息收集与公开，直接规制了行政程序。有的国家的司法部门则通过广泛的行政审查，直接界定行政部门和相关人员的权利与义务关系。由此，来自多种权力来源的控制也就直接催生了公共行政的复杂性，以及对其管理链条理解的困难。

（2）公共利益。

私人部门的目标是追求私人利益（private interest），而政府部门的目标是体现公共利益（public interest）。**政府管理者是公共利益的代表者与回应者（represent and respond to the interests of the citizen）**。为了确保行使公权的人不利用权力谋取私利，公务员制度对公务员活动施加了许多限制。同时，通过恰当的规制确保私人部门不损害公共利益也是公民对政府的明确要求。在现代公共行政实践中，一旦出现有损公共利益的行为，公民就会要求政府对此做出反应。因此，公共行政并不仅仅意味着特定的工作技能，更是回应公民诉求的一种道德实践。随着公民诉求的变化，公共行政的边界也会发生相应变化。公共利益不仅是公务员的行为准则，更是文明政体的核心概念（the central concept of a civilized polity）。

（3）市场机制。

企业的收入来自市场竞争，政府的主要收入来源为强制性税赋。政府所提供的产品与服务，往往无须面对竞争压力，而政府提供服务的价格，也通常由预算程序而非市场交易决定。即使是付费服务，政府的运作通常也处于合法垄断地位，并依照命令而非成本，以固定价格向公民提供。由于与竞争市场相疏离，政府会以不考虑利润的方式运作；同样，因为远离市场机制，政府运作的效率和价值也很难评估。相应地，由于没有市场机制反馈，精确测量某个公务员对服务或产品提供的贡献也十分困难。

（4）主权。

主权（sovereignty）是指特定社群所拥有的至高无上的政治权力与权威。政府管理者的地位不同于一般企业管理者或经营代表，他们是主权的代理人，实施着各种具有法律效力及以政府强制力作为保证的行动。参与主权运作使得许多行政事务显得宽泛、模糊和不确定。即使在一般原则达成共识的情况下，公共行政项目的操作和实施方案往往也难以定义。比如，“保护妇女、提高妇女权益”是很多政府的目标，但究竟怎样的政策才是对妇女真正的保护却难以被客观定义。因此，公共行政的成效也就难以像企业创造的利润那样得以明确衡量。

1.1.2　公共行政学

正因为有上述“公共特质”，公共行政才有了迥异于企业管理的特有表现和运作逻辑。也正因如此，对公共行政的专门研究才有了必要性，这就是公共行政学产生的必要性。一门学科产生，是因为此学科指向的问题达到了必须将其作为一门学科来研究的程度。公共行政学的目的在于探究指导行政行为的规律，或者说是发现公共行政实践的原则，并且在对原则的追寻中达成共识。如果联系前文介绍的公共部门的特质，则公共行政学作为一门学科，其关注点可归纳为以下几点：

（1）提升公共性。

公共性是公共行政学首要关注的重点。政府会影响所有人的生活品质，人们的价值、道德与伦理，权力运用的本质及其他重要事项，都涉及公共性的提升。

（2）制定和执行公共政策。

公共行政过程是公共政策与公共价值的主要塑造者，并且，当问题出现时，公共行政也是回应机制（response mechanisms）的重要部分。政府部门必须协助确认问题，关注不同利益，促进公民参与，并倡导值得信赖的政策选择，同时通过不同层级的政府活动来执行公共政策。

（3）构建民主行政。

公共行政过程必须建立民主体系，以增进个人自由、代表性与参与性、对个人的尊重，以及民主社会的其他基本价值。在本书中，随着对公共行政学史讨论的深入，我们将会越来越深刻地感受到民主行政这一议题对公共行政学的重要意义。

（4）诠释社会问题。

社会情境是一个多元实体（multiple realities），这一实体包括下列因素：个人认知、不同组织目标的优先顺序、相互冲突的需求与价值、对公共利益的不同诠释、持续变迁与发展，以及伦理与道德议题压力。在公共行政过程中，政府管理者需要明确认知社会情境的复杂性，并在情境中理解和诠释社会问题。

（5）理解人类行动与互动。

公共问题的解决牵涉人与人的互动及行政人员所采取的行动。政府部门的定位是理性行动的协调，即“正确估算每一行动，完成既定目标，并尽可能不妨碍其他目标的实现”①。为

① WALDO D. The study of public administration. Random House，1955：4. 按照沃尔多的看法，公共行政的核心，乃是“公共行政目标的实现”。

了完成组织目标，在正式或非正式系统中，互动不仅是一个过程，也是理解人类行动及解决问题的基础。

(6) 探求公共行政知识。

有关公共问题解决的经验分析是我们所探求的知识。研究者通过研究提供有助于理解复杂公共行政现象的信息，也可以帮助政府管理者学习如何有效回应变迁并采取相应的行动。显然，公共行政学的目的在于用理论和知识去回答公共行政实践存在的各类问题。

1.1.3 公共行政学史

作为具有自我意识的事业（a self-conscious enterprise）①，公共行政学产生的时间并不长，而在其产生之后，有关"公共行政学是什么"的争论也未曾停息。由于存在着理论与实践、政治与管理、有效性（effectiveness）与合法性（legitimacy）之间的张力，很多人也认为公共行政学一直没能找到自身的恰当定位。但无论如何，经过一个多世纪的发展，"公共行政学已经从其基础学科中解放出来，并形成了自身的知识体系、理论原则和方法论"②，由此构成了一部完整、复杂的公共行政学史（intellectual history of Public Administration）。

在此过程中，公共行政学产生了传统公共行政、新公共行政、公共政策、新公共管理、后现代公共行政等诸多学派。这些学派名称的背后，是公共行政学的不同理论假设。学科的历史演变反映着学科重点的转移，这种转移或者是学科聚焦的变化，或者是研究范围的开拓，或者是研究方法的革命。公共行政学史的任务就在于厘清"学科聚焦、研究范围和研究方法"的演化逻辑。在此意义上，本书所呈现的内容，**不仅表现为公共行政学的学科史，即学科产生和发展的故事，也表现为思想史，即公共行政学围绕学科范围的理论变迁，还表现为学者史，即有代表性的公共行政学者的观点。**

本书将主要以学科史为主线，辅之以主要学者的思想和观点，从而展现公共行政学的知识演化逻辑，并试图在此基础上描绘出结构化的公共行政学知识图谱。在这一图谱上，公共行政学大致上经历了起源与产生、危机与分化、整合与批判三大阶段。接下来本章将对公共行政学的学科历史做一简要介绍，以此先为读者呈现公共行政学史的全貌。

---

① WALDO D. Development of theory of democratic administration. The American political science review，1952，46（1）：81-103.

② NELISSEN N J M. Public administration at the edge of a new millennium：megatrends in the science of public administration in Western Europe. International journal of organization theory and behavior，1998，1（3）：261.

1.2　公共行政学的学科脉络

在公共行政学发展过程中，每个阶段都有其关注的重点。这一方面源于公共行政学本身的知识演化，另一方面也是公共行政实践赋予公共行政学的现实任务。在这一节，我们将从阶段演化的角度回顾公共行政学史。

1.2.1　起源与产生

在传统政治理念下，政治和国家更多是宪政规则下的利益博弈及博弈平台，政府和行政的目标则是维持国家内部运转和国家统治，而非干预经济、监管市场和提供公共服务。由此，当时“有限政府”（limited government）理念盛行，在这一理念中，行政从属于政治。与大多数国家一样，进步时代之前的美国也具有此特征。

自 19 世纪中期以来，美国实现了从传统农业社会向现代社会、自由资本主义向垄断资本主义的转变，初步实现了工业化和城市化。工业革命带来了资本主义的高速发展，垄断资本主义也由此产生。然而，伴随经济增长而来的是不断激化的社会问题和社会矛盾，美国社会面临着一系列空前危机，包括经济集中与垄断、腐败、食品安全问题和各种城市问题，等等。这些问题不仅严重影响着人们的日常生活，而且成为社会进一步发展的障碍，可以说，当时的美国面临着建国以来的最大危机。

为了解决这些危机，立足于行政层面的改革开始推进，如城市体制改革、文官制度改革等。美国进步时代改革发端于城市，再推进到州一级，最后到联邦。政府开始承担越来越多的经济调节、市场监管和公共服务提供的角色，行政国家（administrative state）由此产生。在此过程中，伴随着各种改革和文官制度的推行，公共行政从政治中独立出来，行政组织及其效率受到前所未有的重视，独立的公共行政的重要性日益凸显。

政府职能的拓展使任何一种职能的实施都变得更为复杂，政府“如何执行”和“在哪些方面执行”等问题，也迫切需要科学理论予以指导，这就为公共行政学的产生奠定了基础。美国进步时代的各种改革实践，也验证了公共行政研究的可行性。于是，公共行政学顺应美国进步时代的需求而产生。

可以说，美国进步时代改革不仅是现代公共行政和行政国家之“根”，也是公共行政学之“根”。事实上，众多公共行政学者至今仍然在争论的问题都源自进步时代，如政治-行政二分、企业化政府、民主理性和技术理性、效率与民主等，这些问题都只有回到美国进步时代改革中才能被真正理解。对效率与技术的追求，科学主义与实证主义的研究方法以及公共行政实践中的实用主义与管理主义，也成为美国进步时代留给公共行政学的重要思想。

“重视公共行政研究”首先由威尔逊（Woodrow Wilson）提出。他认为，政治科学虽然可以产生众多明智的政府批评者，但却不能创造合适的政府行政者。我们不仅要关注做什么（what to do），更要关注怎么做（how to do）①。接着，古德诺（Frank J. Goodnow）对此做了进一步论证，他认为“政治的任务体现在对国家意志的表达……而行政，在另一方面，是执行国家意志”②。政治与行政的区分成为公共行政学产生的重要标志。

需要指出的是，政治与行政的二分究竟是“一刀两断”式的分离，还是对政府内部不同侧重点的区分，各派学者皆有不同意见。例如，新公共管理者往往将政治与行政定义成两种不相同的事务，并以古德诺的思想作为依据。但大约从20世纪90年代末开始，美国公共行政学界有人对经典理论进行了梳理，发现古德诺等经典学者并未用过二分（dichotomy）这一概念，即其原文所述都是强调政治与行政的不同，但并未说政治-行政二分。在《政治与行政》原书中，其下半部还非常详细地强调了政党体制对于行政的意义。古德诺本人也强调只有在政党的协调下，行政的协调性才可能实现。事实上，直到20世纪70年代，二分观才真正开始被提出来③。

1926年，怀特（Leonard D. White）的《公共行政学导论》（*Introduction to the Public Administration*）一书出版，该书第一次概括了公共行政学这门学科的全貌。1937年，古利克（Luther Gulick）和厄威克（Lyndall F. Urwick）在其所著《行政科学论文集》（*Papers on the Science of Administration*）中提出了著名的“POSDCORB管理七职能”，即planning（计划）、organizing（组织）、staffing（人事）、directing（指挥）、coordinating（协调）、reporting（报告）、budgeting（预算）④。此后虽有人对七职能加以增减或修改，但其基本上已包括了政府行政过程的主要职能，并成为此后相关研究的出发点。

同时，公共行政的相应研究机构、教学单位、学术组织和学术刊物陆续出现。公共行政研究在美国实现了制度化，公共行政学作为一门独立学科正式出现。

---

① WILSON W. The study of administration//SHAFRITZ J M，HYDE A C. Classics of public administration. 北京：中国人民大学出版社，2004：23-25.

② GOODNOW F J. Politics and administration//SHAFRITZ J M，HYDE A C. Classics of public administration. 北京：中国人民大学出版社，2004.

③ OVEREEM P. Beyond heterodoxy：Dwight Waldo and the politics-administration dichotomy. Public administration review，2008（68）；SVARA J H. Complementarity of politics and administration as a legitimate alternative to the dichotomy model. Administration & society，1999，30（6）.

④ GULICK L，URWICK L. Papers on the science of administration//THOMPSON K. The early sociology of management and organizations. Routledge，1937.

1.2.2　危机与分化

公共行政作为政治、社会系统的一部分逐渐取得了独立的存在地位，更多公共行政原则也逐渐形成。但此后，这些原则与公共行政实践开始产生冲突，刻板的原则越来越难以应对复杂公共行政实践所面临的问题。1948 年，公共行政学遭受了“身份危机”（identity crisis），并引发了著名的“西沃之争”①。

这场争辩的一方西蒙认为，传统公共行政理论的失败在于缺乏一套科学的概念工具，因此他主张引入逻辑实证主义，塑造理性行政模式②。争辩的另一方沃尔多则强调在公共行政研究中历史和文化视野的重要性，他认为公共行政学是一种政治理论，必须将民主等规范价值注入其中，任务导向的理性科层制、命令与服从角色以及各种公开的法定规章制度并不足以树立行政权威，“在民主社会中，唯一能使权威合法化的就是民主本身”③。

沃尔多和西蒙的争辩催化了有关公共行政学核心议题和研究方法的分歧。沃尔多坚持认为，“公共行政的理论与实践同样是政治的理论与实践”④，公共行政实践应引入民主等规范价值，从而为公共行政学设定了规范研究路径。沿着这一路径，20 世纪 60 年代后期产生了新公共行政。西蒙认为，“传统公共行政理论根本上就不是一门科学”⑤，公共行政学有必要依靠严谨的科学实证工具重建理性的、精致的行政科学。沿着这一路径，产生了行为科学主义的公共行政学。

20 世纪 60 年代的社会背景，也成为美国公共行政学发展的重要推动力量。在此时期，资本主义社会矛盾激增，经济危机、政府丑闻接踵而至，民主运动、公民运动、种族平等运动风起云涌，政治危机、市场危机、社会危机同时并存。“人们关注的焦点不再是抽象的理念或原则问题，而是那些与自身的利益密切相关的公共政策问题、公共管理问题、公共服务问题。”⑥ 由此，公共行政学继续分化：一方面，在各种学派争鸣之中，公共行政无论是在实践领域还是在学科领域，都比传统公共行政理论更有活力；另一方面，不同理论之间并未形成共同框架，公共行政学在其假定和方法上的危机仍在继续。

---

① WALDO D. Public administration. The journal of politics，1968，30（2）：443.

② 颜昌武，刘云东．西蒙-瓦尔多之争：回顾与评论．公共行政评论，2008（2）.

③ WALDO D. Development of theory of democratic administration. American political science review，1952，46（1）：103. 此处的权威指的是韦伯意义上的“authority”，而非中文日常语境中的统治的权威。这句话充分体现了沃尔多的思想，但其并非是对西蒙的直接反对，因为西蒙也反对简单地将理性科层制当作最有效率的模式。这句话主要反对的是对韦伯的理性科层制过分乐观，即认为只要角色清晰、法令严密，权威就能树立的观点。

④ WALDO D. Public administration. The journal of politics，1968，30（2）.

⑤ SIMON H A. The proverbs of administration//SHAFRITZ J M，HYDE A C. Classics of public administration. 北京：中国人民大学出版社，2004.

⑥ 张康之，李传军．公共行政学．北京：北京大学出版社，2007：25.

1.2.3 整合与批判

随着公共问题越来越具有跨地域、全球化的特点，公共行政实践的复杂化使得政府作为单一行动主体越来越无力应对这些公共问题。在对此进行批判的基础之上，治理理论应运而生。与传统公共行政理论相比，治理理论试图在更大范围内整合社会运行的力量，使公共行政的本体不再局限于政府体制之中。

严格地说，治理并非一种理论，而是许多观念的集合。治理也并没有统一公共行政学内的范式分歧，或者真正解决公共行政的合法性危机。但治理最大的特性是其充满活力与弹性，各种不同的理论都可以在其框架之中找到相应的着力点。因此，治理成为各种理论的黏合剂。治理的框架既扩张了公共行政本体，使得行政行为不仅是政府的特有活动，市场组织也可参与其中，同时，其强调公民自主与社区活力，又使公共行政学中原本一直关注公民权利的学派对其深感认同。

在对现代公共行政的反思与批判过程中，后现代主义逐渐发展成为重要的理论路径。现代主义试图将公共行政建构为科学技术，后现代主义则希望通过对“想象”“解构”“非领地化”的强调来突出公共行政的复杂性和不确定性，从而更全面和有弹性地理解公共行政。与治理一样，后现代主义同样不是一种理论，而是一系列对于公共行政现代性所引申出的社会问题的反思。现代主义的公共行政学依赖理性尤其是经济理性来理解公共行政，这种理解会不可避免地扭曲真实行政行为的逻辑，也就造成了公共行政理论与公共行政实践的偏离。后现代主义则希望以经济理性之外的新路径诠释真实的行政行为，其理论分析中也因此而融入了许多诗学、美学、语言学等学科的分析方法与概念。

1.3 不同公共行政学的传统

尽管大部分学者认为公共行政学“在很大程度上是一项美国的发明”，并且接受了威尔逊的经典论文《行政研究》(The Study of Administration)“标志着公共行政成为一个独立研究领域的开端”[①] 的观点，但是，美国公共行政也是在吸收其他制度文明成果的基础上发展起来的。实际上，根据马丁 (Daniel W. Martin) 的研究，“1937 年之前出现在美

① CARROLL J，ZUCK A. The study of administration revisited：report on the centennial agendas project. American Society for Public Administration，1985.

国公共行政学文献的那些重要观念（占据自威尔逊一文起该领域成果的一半）都已在 1859 年前的法国面世了”①。

1.3.1　公共行政学的欧陆传统

事实上，威尔逊在《行政研究》中也指出，公共行政学是外来科学（相对美国而言），其产生于法国和德国。他认为，美国的公共行政和公共行政研究必须采用“比较的方法”，借鉴普鲁士、法国等欧洲大陆国家以及英国的成功经验。

早在 13 世纪，法国就设计了等级行政系统，目的在于加强国王权威，这套系统通过培养各省官员在军事、法律和财政等方面的专业才能而得以运转起来。不过，虽然法国早就建立了科层组织，但在 19 世纪末才建立起依靠考试来选拔公务员的专业化制度。公务员制度是为了抵御政治独断而产生的②，摆脱了帝国时代的“人格化”特征，走向“去人格化”。“去人格化”的公务员制度促进了组织、职责与公共权力等公法研究领域的迅速发展，行政观念的产生与发展为公共行政学的产生提供了现实可能性。正是在这种国家模式下，法国公共行政学成为社会必需并应运而生，欧洲也因而成为现代公共行政学的重要发源地。法国创建了世界上最早的大陆法行政制度，产生了世界上最早的行政研究——1812 年博南（Charles-Jean Bonnin）撰写的《公共行政原则》一书出版，该书被视为世界上第一部公共行政学专著。

行政研究在德国的发展同样与其高度集权相适应。19 世纪以前的德国长期处于分裂状态，各领地的统治者为了在国家之间的竞争和国内革命中取胜，力图通过完善国家机器，消灭一切摩擦、内耗，缓和公民不满，来增强争霸实力。因此，行政研究在德国得到高度重视，且几乎达到完善程度③。17—18 世纪勃兰登堡时期的政府特点是对王权负责，并建立了一支稳定的、服从君主的行政队伍，他们被赋予警察权，同期也产生了著述丰富的警察学研究。19 世纪中叶，作为行政权化身的警察权超越了对国王负责的军事职能而转化为政府部门的权力，并逐渐退化成了治安权，于是，公共行政学应运而生，取代了以往的警察学。在丰富实践的推动下，德国公共行政学开山大师斯坦因（Lorenz von Stein）在 1865—1868 年撰写了三卷本的《行政研究》④。

1.3.2　公共行政学的英美传统

英国在 19 世纪早期完成了工业革命，成为当时的“世界工厂”。人们在获得更多的财

---

① MARTIN D W. The fading legacy of Woodrow Wilson. Public administration review，1988，48 (2)：631-636.

② CHEVALLIER J. Public administration in statist France. Public administration review，1996，56 (1)：67-74.

③ WILSON W. The study of administration. Political science quarterly，1887，2 (2).

④ 谭功荣. 西方公共行政学思想与流派. 北京：北京大学出版社，2008.

富后，开始要求更多的政治权利，这主要反映在当时一系列的政治改革上：拿破仑战争后的激进运动、1832 年议会改革、宪章运动，到 1867 年议会改革和文官制度改革后才告一段落。英国的文官制度有着深刻的历史根源，它不仅是时代的产物，是两党斗争的结果，更是人们反抗传统的选官制度和要求参与政治的结果。

在英国公务员系统中，政治与行政相对分离得到了践行。政务官与事务官相区分，文官并不包括组成内阁的大臣，即与内阁共进退的政务官，而仅指事务官。政务官即大臣在政治上对部门的公共政策及其效率负责，是随内阁共进退的政府官员；而公务员即事务官则是为大臣服务并代表其执行公共政策，承担具体的行政执行职能，而非对政党活动的参与，他们构成了政府中所谓的“非政治分子”，即不参与党派之争的人。在内阁经常更迭的情况下，公务员的存在保证了政策的稳定性与连续性，确保国家权力顺利地在两党之间有秩序地易手。

而对于美国公共行政学传统的形成，亨利（Nicholas Henry）认为，至少有三项早在 18 世纪就已开始形成，并明确转化为了美国公共行政学传统，它们是：《邦联条例》(Articles of Confederation)；第一部州宪法；开国元勋的辩论作品，特别是汉密尔顿(Alexander Hamilton) 与杰斐逊（Thomas Jefferson）所撰之书①。当然，我们看到，现代公共行政学研究主要集中在美国，公共行政学分析的制度基础、文化基础和公共行政实践必然更多体现的是美国特色。可以说，现代公共行政学的百年历史更多的是一部美国公共行政学史。

1.3.3　公共行政学的东亚传统

东亚儒家文化及其在现代化进程中的特殊经历，构成了东亚公共行政学传统的基础。在建立现代民族国家的过程中，由于东亚地区的国家都具有较强的民族意识和国家秩序基础，东亚地区行政的主要作用在于推动国家的现代化（特别是经济现代化）进程。这一点与行政在西方民族国家建设中的作用即民族整合相区别。

公共行政学的东亚传统主要表现为：儒家文化伦理政府观念、一体化政治社会关系与单一制中央集权、摆脱殖民主义与实现现代化的历史以及相伴随的威权政体。事实上，这一点意味着东亚传统的公共行政实践在本质上与西方国家有较大不同，并因而使得基于其实践的学科知识和学科研究也有较大不同。但从公共行政学史来看，这种特殊性尚未变成知识层面的普遍性，因此也使得特色鲜明的东亚传统在公共行政学科中呈现出明显缺失。这一遗憾，可能需要更多东亚特别是中国公共行政学者的努力才可弥补。

---

① 亨利．公共行政学的世界．台北：韦伯文化事业出版社，2003.

本章小结

本章介绍了公共行政学作为一门独立学科的基本概念。从客观的公共行政实践出发，公共部门的特殊性奠定了公共行政作为一种专门知识的现实基础。更进一步，公共部门特别是政府部门的"公共特质"也塑造了公共行政特有的视角和关心的议题。由此，产生了公共行政学史乃至公共行政理论史。

无论如何，在有关公共行政学史的讨论过程中，我们应时刻提醒自己，当我们试图对公共行政学历史及其观点进行评判时，应该意识到"其中根本的东西在于心灵的样式、意识模式和表征人类经验的建构方式"①，而如果不能追问这些更为深层的逻辑，任何批判和认识都将是基础薄弱的或者是自说自话！

欢迎进入公共行政学世界！

关键术语

公共行政　公共行政学　公共行政学史　学派

本章推荐阅读

DENHARDT R B，CATLAW T J. Theories of public organization，Cengage，2014.

DUBNICK M J. Demons，spirits，and elephants：reflections on the failure of public administration theory. Annual Meeting of the American Political Science Association，1999.

PAINTER M，PETERS B G. Tradition and public administration. Palgrave macmillan，2010.

RICCUCCI N M. Public administration：traditions of inquiry and philosophies of knowledge. Georgetown University Press，2010.

RUTGERS M. Beyond Woodrow Wilson：the identity of the study of public administration in historical perspective. Administration & society，1997 (29)：276-300.

STILLMAN R. American vs. European public administration：does public administration make the modern state，or does the state make public administration. Public administration review，1997 (57)：332-338.

① 麦克斯怀特. 公共行政的合法性：一种话语分析. 北京：中国人民大学出版社，2002.

第 2 章

起源：美国进步时代与行政国家的产生

我们需要新的思路来应对挑战，以维持一个好的民主社会①。

——弗拉纳根（Maureen A. Flanagan）

本章导言

公共行政学作为一门独立学科产生的源头，其“根”深藏于美国进步时代。进步时代是美国国家建设历史上至关重要的时期。工业时代的来临使得政府无法有效解决经济和社会变迁带来的各种新问题，且行政本身也成了问题的一部分。在现实与理论需求的推动下，进步时代改革使公共行政获得了一定程度的超脱于复杂政治缠斗的独立地位，公共行政学成为独立的研究领域。进步时代为传统公共行政学框定了研究话题，设定了思维方向，但也为公共行政学的发展和分歧埋下了“伏笔”，公共行政学史上的许多争论都能在此找到根源。

19 世纪中期以来，美国实现了从传统农业社会向现代社会、自由资本主义向垄断资本主义的转变，初步实现了工业化和城市化。工业革命带来了资本主义的高速发展，催生了垄断资本主义，美国进入了一个新的发展时期。一方面，经济发展突飞猛进，工

① FLANAGAN M A. America reformed：progressives and progressivisms，1890s—1920s. Oxford University Press，2007：10-11.

业化、城市化进程明显加快，社会面貌和经济结构发生了翻天覆地的变化；另一方面，经济与社会的发展给整个美国带来了严峻挑战，经济集中与垄断、贫富分化、腐败、食品安全问题和城市管理问题等一系列纷繁复杂的社会问题严重影响公民的日常生活，更成为社会进一步发展的障碍。快速的工业化、城市化和不断涌入城市的移民带来了前所未有的各种社会、经济和政治问题，但国家却无法有效解决这些问题，国家结构调整迫在眉睫。

2.1　工业化与国家面临的挑战

在美国工业化之前很长一段时间内，人们普遍认为，“麻烦几乎全部集中在政府结构上面，因此结构问题就成了吸引人们思考的焦点。在当时很少或完全没有公共行政的问题，至少没有引起行政官员注意的问题。那时政府的职能很简单，因为生活本身就是很简单的”[①]。在此情境下，人们认为大部分问题都是宪政结构问题，而不是能力和执行问题，这使得政府行政的专业化程度并不高。然而，与迅速推进的工业革命相伴，美国社会相继出现了一系列的经济和社会问题，这被一些学者统称为“工业文明综合征”[②]：诸如政府效率低下，“市政府的污浊气氛、州政府当局的幕后交易，以及在华盛顿政府中屡见不鲜的杂乱无章、人浮于事和贪污腐化”[③] 等。

复杂问题需要更专业的行政干预，但在实际中行政专业化程度并未得到显著提高。导致这一现象的深层次原因在于美国极强的有限政府传统。19 世纪 90 年代，自由放任的自由主义思想在美国盛行，政府对经济发展和社会运作只有相对较小的控制权。这种思想源于美国人根深蒂固的国家理念以及相应的政府模式。自建国以来，政府与自由之间的关系就成了美国政治思想中的永恒话题。对美国人来说，他们奉行自由主义，认为个人自由是至高无上的，这种个人主义通常伴随着对大政府的疑惧心理。在此基础上，也就形成了美国的传统自由主义，其核心是自由放任的资本主义经济和有限政府。在这种理念中，任何政府干预都被视为有悖自由，“他们不信任政府的力量，并且认为没有政府干预的经济生活对所有人都有好处”[④]。坚定的自由主义支持者相信市场的力量完全可以解决目前出现

① WILSON W. The study of administration//SHAFRITZ J M，HYDE A C. Classics of public administration. 北京：中国人民大学出版社，2004.

② 李剑鸣. 大转折的年代：美国进步主义运动研究. 天津：天津教育出版社，1992：24.

③ WILSON W. The study of administration//SHAFRITZ J M，HYDE A C. Classics of public administration. 北京：中国人民大学出版社，2004：201.

④ 加里·纳什. 美国公民. 北京：北京大学出版社，2008：614.

的问题，政府的干预只会令问题更糟糕，“强大的、积极主义的政府对自由来说是一种威胁”①。

2.2 进步时代前的乱象②

快速工业化、城市化及因此不断涌入的城市移民带来了前所未有的社会、经济和政治问题。然而，在行政专业化程度有限的背景之下，尚未调整过来的国家结构无法有效地解决这些问题。这些纷繁复杂的问题影响了人们的日常生活，并进一步阻碍了美国的国家建设与发展，甚至危及自由、民主等立国之本。与此同时，市场失灵，司法诉讼制度失效，社会因依从“适者生存”的社会达尔文主义而变得冷漠消极。显然，原有的被人们信奉和依赖的机制已无法带领美国走出困境。

2.2.1 经济垄断

19 世纪中期以前，美国经济结构以农业和手工业为主，这两个领域都无法形成可压倒国家的私人利益力量。因此，虽然美国早期建立的是一个有限政府，但国家和市场之间的力量基本上是平衡的。然而，19 世纪后半期无限制的自由竞争打破了这一均衡。自由竞争的结果是，无论是在工业生产领域还是在金融领域，经济都达到了高度垄断。在工业生产领域，经济快速实现了集中。到 1900 年，在几乎所有工业生产领域中，经济都已经高度集中化，为数不多的几个大公司控制着美国的钢铁、石油、糖业加工、肉类包装和农业机械制造等行业。财富基本上集中于 73 个工业联合体，每个联合体的资产都超过 1 000 万美元，许多联合体对本行业的垄断程度甚至达到 50%以上。到 1901 年，1%的公司生产了全美 44%的产品。更重要也是最令当时许多美国人恐惧的是，高度垄断的金融资本主义开始出现，华尔街集中了美国绝大部分资本，这些资本操纵着金融，进而控制着国家的经济命脉。

凭借其控制的巨大财富，大企业和大商业集团在政治中发挥着与其经济实力不相上下的影响力，它们强有力地影响着各主要政党（尤其是民主党和共和党），使得政党成为其利益代言人，并在很大程度上操纵着联邦、州和地方政府制定政策的过程。1894 年，记者亨利 · D. 劳埃德（Henry D. Lloyd）撰写的《财富与国民的对立》（*Wealth Against*

① FLANAGAN M A. America reformed: progressives and progressivisms, 1890s—1920s. Oxford University Press, 2007: 29.

② 有关讨论参见马骏. 经济、社会变迁与国家治理转型：美国进步时代改革. 公共管理研究，2008 (6).

Commonwealth）一书出版，该书描述了标准石油公司如何通过操纵市场将对手排挤出竞争行列，如何向立法者行贿，收买政治家为其利益服务。财富的高度集中使得民主政治过程大大贬值，个人自由变得虚假，因为“自由与垄断不能共同生活在一起”①。更有甚者，国家面对垄断集团也显得很脆弱。1893 年，美国总统克利夫兰（Grover Cleveland）不得不请求控制着美国金融命脉的摩根集团帮助维持国家的黄金储备，在 1907 年的金融危机中，摩根甚至建议总统由摩根集团来拯救这个国家②。

2.2.2　腐败问题

从美国内战结束到进步时代开始这一段时间被称为“镀金时代”（Gilded Age）。镀金时代源自当时美国著名作家马克・吐温（Mark Twain）1873 年撰写的一本小说的书名。在该书中，马克・吐温将美国政治讽刺性地描述为一个自私自利的政治家进行腐败和欺诈的场所。19 世纪 80 年代，英国人詹姆斯・布莱斯（James Bryce）在游历美国之后，撰写了两卷本的《美利坚合众国》（*The American Commonwealth*），他也因此被称为美国“镀金时代”的托克维尔（Alexis de Tocqueville）。与托克维尔对美国式民主进行欢呼相反的是，布莱斯是这样评价美国政治的：无论是民主党还是共和党，对于各种社会问题都没有任何有价值的想法，“两个党都没有任何原则，没有不同的信条……除了对官职的渴望，一切都丧失了”③。19 世纪和 20 世纪之交，美国人发现自己的国家在每一级政府层面都存在着政治腐败，其中主要是商业腐化了政治。“腐败交易”（corrupt bargain）成为当时各级政府的操作模式。而在联邦层面，由于获得了大企业的资金支持，共和党长期成为美国政治的掌权者，进而为大企业效力。1896 年的选举进一步捍卫了共和党的地位。而民主党在中产阶级看来，主要代表了农村和城市下层的激进主义④。

在此背景下，20 世纪初，一批记者在美国掀起了一场专门揭露政治腐败和商业腐败的运动，后被称为“扒粪运动”（Muckraking Movement）。“扒粪运动”引发了各阶层的高度关注，同时将对政治改革的呼吁推向高潮。1902 年，《麦克卢尔》（*McClure's*）杂志刊登了一系列揭露商业腐败和政治腐败的报道。其中，记者林肯・史蒂芬（Lincoln Steffens）发表了七篇揭露城市腐败的文章。他描写了明尼阿波尼斯市（Minneapolis）市长在就职后如何无故解雇了市警察局近一半警察，并和一些留下来的警员谋划了一次偷窃；匹

---

① 埃里克・方纳. 美国自由的故事. 北京：商务印书馆，2002.

② 钱满素. 美国自由主义的历史变迁. 北京：生活・读书・新知三联书店，2006.

③ CALHOUN C W. The political culture：public life and the conduct of politics//FINK L. Major problems in the gilded age and the progressive era. Houghton Mifflin Company，1996：168.

④ FLANAGAN M A. America reformed：progressives and progressivisms，1890s－1920s. Oxford University Press，2007：80－81，99.

兹堡市（Pittsburgh）民主党的政治党魁（political boss）拥有的一家公司获得了该市几乎所有路面建设的合同，而且是以成本高估的方式获得了这些合同。一时间，该杂志畅销全国。随后，其他杂志也开始跟踪报道各级政府的商业腐败、政治腐败和社会黑暗面。1905年，《文学文摘》（*Literary Digest*）杂志刊载了一张美国地图，在上面标明了各州腐败情况。在45个州中，有超过80%的州显示为严重或非常严重的腐败程度。

此外，腐败还体现为行政与立法部门之间的交易，即在人事上的"政治分赃制"，在选举中变相勒索政治献金等。在一些腐败严重的州，如密苏里州和新泽西州，州立法机构和政府的关键职位都被铁路集团控制。1906年，记者戴维·G. 菲利普斯（David G. Philips）以"参议院的叛国"（The Treason of the Senate）为题发表了系列报道，揭露国会参议员的腐败，并公开谴责他们被特殊利益集团收买，只为特殊利益集团服务。菲利普斯的抨击在当时引起了轰动，也让许多政治家，包括那些同样批评政治腐败的进步改革者感到不满甚至愤怒。美国总统西奥多·罗斯福（Theodore Roosevelt）就是其中之一，他给这些新闻报道者取了一个"扒粪者"（muckraker）的外号，"扒粪运动"也因此得名①。

2.2.3 食品药品安全问题

食品药品安全是进步时代人们最关注的社会问题之一，因为其直接关系着人们的切身利益。19世纪中期以前，每个家庭的食品要么是自己生产，要么是从熟悉可信赖的商人那里购买。因此，即使没有政府监管，食品安全一般也不会有太大问题。随着工业化、城市化进程的推进以及市场的扩展，消费从邻里市场扩展到陌生人市场，食品可能要经过生产、包装和销售等诸多环节才能进入消费者口中。

然而，在越来越复杂的食品生产技术面前，消费者对原本熟悉的食品加工过程变得陌生起来，他们逐渐失去了对食品质量的辨别能力。这为食品生产企业提供了"掺假"的机会，它们或是利用劣质原料进行食品加工以降低成本，或是用人造食品替代天然食品进行经济欺诈，高利润使得食品掺假成为普遍现象。当时美国市场监管的缺乏使得唯利是图者为所欲为，"牛奶里面掺水，猪油里面加入棉籽油，罐装食品里加入防腐剂……人们不由发出这样的质疑：到底能够吃什么？食品造假如此严重以至于人们'想到吃就令人作呕'"②。

食品安全问题随着《屠场》（*The Jungle*）③一书的出版而被迅速放大。该书揭露了

① CRUNDEN R M. Ministers of reform: the progressive's achievement in American civilization, 1889-1920. University of Illinois Press, 1984: 164-166; FLANAGAN M A. America reformed: progressives and progressivisms, 1890s—1920s. Oxford University Press, 2007: 98.

② 有关讨论可参见刘亚平. 美国进步时代的管制改革：以食品安全为例. 公共行政评论，2008 (2).

③ SINCLAIR U. The Jungle. Penguin, 1906.

20 世纪初美国肉类加工企业普遍存在的造假和腐败现象。书中的描述让人们的情绪受到极大影响，以至于很多人不敢再吃肉。与之类似，在药品方面，19 世纪中期直至 20 世纪初很长一段时期内，美国政府缺乏统一的法律和专门的机构负责打击假冒伪劣商品，市场上掺假食品和劣质假药泛滥，人们的健康受到严重侵害①。这一切都在强化一个事实，普通人并不具有足够的知识和信息去判断食品和药品的质量，食品和药品安全改革迫在眉睫。

2.2.4　城市管理问题②

城市扩张是美国发展的主要表现之一，而城市也是问题最集中的地方。随着人口增长和城区扩大，城市对基础设施和公共服务的需求持续增长，老城区市政设施不堪重负，城区供水排水、消防和警察服务，道路及其附属设施建设，住房和环境卫生等，都亟待提升和改善。

然而，对于举办学校、医疗机构、图书馆、公园、体育文化设施等影响生活品质的公共服务，许多城市政府有心无力。以芝加哥市为例，1888—1900 年，其地域扩大了 420%，人口增加了 110%，税收收入却只增长了 35%，地方财力日渐捉襟见肘③。1879 年，纽约市贫民窟住宅达到 2.1 万所，到 1900 年增加到了 4.3 万所，容纳居民高达 150 万人，约占当时纽约市总人口的 40%④。贫民窟的住房和市政服务条件极差，住房和街区的采光、通风、照明、排水、管道、消防等条件恶劣，环境卫生也惨不忍睹。

城市不仅不能为市民提供足够的公共服务，而且城市体制本身也存在问题，特别是城市腐败问题日益严重。美国传统政治生活源于农村，乡镇和县是美国民主的发源地。根据乡镇自主原则，人们将自己组织起来，为自己的利益、情感、义务和权利而努力奋斗⑤。城市的选举政治和公共服务复制了农村模式，体现为分散性、直接性和志愿性。然而，当这一传统机制运行于人口稠密的新兴工业城市的时候，却产生了意想不到的扭曲。外来移民进入城市后，形成了以血缘、文化、宗教或经济利益为纽带的移民社区。由于政府无法为移民提供更多的基本服务，在新移民融入主流社会之前，移民社区发挥了重要作用。各社区都建立了自己的族裔组织，并成立了社区管理委员会进行自我管理。但是，这种原本

---

① 许俊才，方宁涛．美国食品药品监督管理局百年发展历程带给我国药品监管体系的启示．世界临床药物，2008，29（7）．

② 有关讨论可参见罗思东，何艳玲．城市应该如何管理：美国进步时代的市政体制及其改革．公共行政评论，2008（2）．

③ GREEN P M，MELVIN G H. The mayors：the Chicago political tradition. Southern Illinois University Press，1987：24.

④ 王旭．美国城市史．北京：中国社会科学出版社，2000：123.

⑤ 托克维尔．论美国的民主．北京：商务印书馆，1989.

以移民生存为目标的组织，却产生了政治机器的大小头目和以政治为职业的城市老板(city boss)[①]。在移民社区形成过程中，部分政治活跃分子利用自己对美国政治的熟悉，以及积极的社会活动，逐步成为族裔集团的政治领袖，即城市老板。城市老板的主要职责是为政党候选人筹措竞选经费，代为征集选票，甚至直接出马参与竞选，并在选举胜利后主导政府职位分配，或用政府掌握的经济利益和好处来犒劳追随者。“他们拉帮结伙，并投靠某一大党为晋升之阶，进而通过层层党派组织操纵竞选、恩赐官职、安插亲信，构成党派机器把持市政。”[②] 同时，城市老板及其政治机器还通过选举控制州议会，州议会干预市政的做法司空见惯，甚至还将一些历来由城市自主组织的服务操纵在州政府手中。

在农村地区政治势力、城市老板和部分私人垄断大企业的联合压制下，如果依然保持城市政府传统的分散结构和有限服务职能，显然与20世纪美国工业化所要求的政治社会化、民主化以及城市管理科学、高效的发展趋势相违背，于是，市政体制改革也就成为必然。

2.3 进步时代改革

当社会问题严重到足以威胁个人的生产与生活之时，抛弃旧理论、改革旧模式的呼声势必更高。不少立足于行政层面的改革措施开始进行，如市政体制改革、文官制度改革、公务员制度改革等。**概而言之，进步时代改革发端于城市，而后推进到州一级，最后到联邦，是典型的自下而上的改革。**

从时间上看，进步时代改革包括四大阶段：(1) 19世纪90年代至1900年，改革主要集中在地方层面，这是改革的早期或启动期；(2) 1900—1912年，改革开始进入联邦层面，成为全国性改革，并在1912年总统大选期间成为全国性政治辩论的焦点，这是改革的上升期，也是进步时代改革得名时期；(3) 1913—1916年，改革进入高潮期；(4) 1917—1928年，这是进步时代改革的尾声期，改革开始出现分歧，出现了反对甚至“抹黑”改革的言论与行动。

2.3.1 反垄断

垄断问题在进步时代之前就已受到广泛关注，但直到1869年，伊利诺伊州才第一个

① 美国历史学家丹尼尔·布尔斯廷（Daniel Boorstin）认为，“联邦制连同其大量的地方政府和分散各处的政治机会，使得爱尔兰人和其他移民相比更易于在被同化之前参与政治”，爱尔兰人为美国政治贡献了“集团政治”这一政治形式。参见 BOORSTIN D. The lost world of Thomas Jefferson. The University of Chicago Press，1993：294，300.

② 王旭. 美国城市史. 北京：中国社会科学出版社，2000：115-116.

颁布了反铁路垄断法令，规定铁路须维持“公正合理的运费”。1870年，州宪法明文规定反对垄断的州增至27个①。1887年，国会通过了《州际商务法》(Interstate Commerce Act)，宣布铁路运输回扣、对农产品的短途运输进行价格歧视和运费协定同盟为非法。该法规定：铁路运费必须“合理和公正”；禁止折扣、回扣等歧视性措施；禁止公司签订旨在控制价格的联营协议；要求将运输价目公开；设立一个由五人组成的联邦州际商业委员会（Interstate Commerce Commission)，委员会有权受理诉讼，检查铁路营业情况。

到1890年，国会通过了《谢尔曼反托拉斯法》(Sherman Antitrust Act)，该法定名为“保护贸易和商业、反对非法限制和垄断法案”(An Act to Protect Trade and Commerce against Unlawful Restraints and Monopolies)。法案只有八条内容，其中有一条认为，“任何契约、以托拉斯形式或其他形式的联合、共谋，用来限制州之间或与外国之间的贸易或商业，都是非法的；任何人垄断或企图垄断，或与他人联合、共谋垄断州之间或与外国间的商业和贸易，都是严重犯罪”；该法案授予美国地区法院司法管辖权，规定各区的检察官可依司法部部长的指示提起衡平诉讼。但《谢尔曼反托拉斯法》的执行状况不甚乐观。一是它对托拉斯和垄断的定义不清，使法院在裁决过程中以“企业的规模”而不是“非法的市场行为”为准；二是联邦政府与各级法院对该法案态度保守，执行不力。1893年美国经济进入萧条期后，联邦和各级政府不愿再对大公司采取打击措施。

1901年9月，美国总统威廉·麦金莱（William Mckinley）被刺身亡，副总统西奥多·罗斯福（Theodore Roosevelt）继任。罗斯福试图严格执行《谢尔曼反托拉斯法》，在其两届任期中，法院共审理了42起反垄断案件。1904年，最高法院宣告北方证券公司违反《谢尔曼反托拉斯法》并将其予以解散，这是反托拉斯活动取得的最大成果。在罗斯福的力主下，国会又陆续通过了一些对大企业行为进行监管的法律。由于铁路是跨州经营的，州政府很难对其进行有效监管，所以在19世纪和20世纪之交，对跨州铁路行业进行联邦监管的呼声越来越高。1906年，国会通过了《赫伯恩铁路价位法》，授权1887年成立的州际商业委员会对投诉进行仲裁，规定合理的铁路运价，调查铁路公司的账目，并制定了统一的簿记方法②。

1908年，威廉·霍华德·塔夫脱（William Howard Taft）当选为美国总统。他继续推行罗斯福的政策。在塔夫脱时期，联邦政府起诉的大企业比罗斯福八年中起诉的大企业还要多，而且扩大了政府管制铁路公司的权力，第一次将电话与电报公司纳入政府管制。此后，在威尔逊上任后，国会于1914年颁布了《克莱顿法》(Clayton Act)，并根据《联

① BURTON T E. John Sherman. Houghton Mifflin，1906.

② 马骏．经济、社会变迁与国家治理转型：美国进步时代改革．公共管理研究，2008（10）：31.

邦贸易委员会法》(Federal Trade Commission Act) 授权，建立联邦贸易委员会 (Federal Trade Commission)，作为负责执行各项反托拉斯法律的行政部门。其职责范围包括：搜集和编纂情报资料，对商业组织和商业活动进行调查，对不正当的商业活动发布命令以阻止不公平竞争，等等。此后，美国的反垄断运动成为常态。

2.3.2 反腐败

对于腐败，州一级政府实行了一些非常重要的旨在“将政府归还给公民”的改革，以摧毁政党机器，让投票人拥有更多控制政府的权利。1900 年以前，此类改革的第一个同时也是最重要的胜利是采用来自澳大利亚的秘密正式投票制度。1902 年，密西西比州首先实行了直接普选制度，由公民而不是政党党魁提名政党候选人。其后，这一制度很快被其他州采用，到 1915 年，有 37 个州采用了这一制度。1900 年以前，只有四个州赋予妇女选举权。20 世纪的前十年，在来自女性改革者越来越大也越来越强的政治压力下，越来越多的州赋予了女性选举权。这些改革都极大地扩大了美国民主的公民参与基础①。

腐败的重要途径是通过对政党的政治性捐款来进行政治操纵，因此反腐败还涉及选举制度改革②。美国政府在这方面所采取的措施主要有三点：

第一，加强对竞选经费的管理，防止金钱对政治的控制。为此，国会相继通过了一系列反腐败的法律，如禁止公司向联邦公职候选人捐款的法律 (1907 年)、《竞选经费公开法》(1910 年)、《联邦反腐败行为法》(1925 年) 等。这一系列立法活动为反腐败提供了法律上的保障。另外，许多州先后制定了反腐败立法，以限制企业的政治性捐款，并规范对竞选经费开支和院外活动等的管理③。1907 年，国会通过了第一个限制筹资的法案，即《提尔曼法案》(Tillman Act)，该法案禁止公司和全国性银行向竞选公职的候选人提供捐款。1925 年，国会通过了《联邦反贪污实践法》，目的是减少违法募集竞选资金的腐败现象。该法律对国会竞选花费进行了限制，规定参议员选举费用的最高限额为 25 万美元，众议员为 5 000 美元，而且规定竞选中所有的花费都应公开，该法律还对公司捐款进行了限制④。这一系列立法活动，从法律上加强了联邦政府对政治性捐款和院外活动的管理。

第二，改变候选人选举方式。1913 年，美国宪法第十七条修正案规定，在全国范围内，国会参议员由各州公民直接选举产生，这改变了过去国会参议员由各州的州议员选举

① DE SANTIS V P. The shaping of modern America，1877—1920. Harlan Davidson，2000：167-169.

② 有关讨论参见倪星，程宇. 美国进步时代的廉政建设及其对中国的启示//马骏，刘亚平. 美国进步时代的政府改革及其对中国的启示. 上海：格致出版社，上海人民出版社，2010：12.

③ 张友伦，李剑鸣. 美国历史上的社会运动和政府改革. 天津：天津教育出版社，1992：195.

④ GRUBERG M. The encyclopedic dictionary of American government. Dushkin Publishing Group，1986：79.

产生的旧制。到 1917 年，除 4 个州外，各州都实行了某些官职的直接预选，其中 32 个州制定了强制性直接预选的法令①。直接预选取消了党魁对候选人提名权的控制，由选民直接投票来选择公职候选人，在一定程度上减少了选举舞弊的行为，削弱了党魁对政治的操控能力，使得腐败行为有所收敛。

第三，财政制度改革。如果“关于政府活动结果的公共信息缺乏，对政府的公开控制就是盲目的、仍在探索中的”②。据此，预算改革成为反腐重要工具。预算不仅是一种效率工具，还是现代社会中维系负责任的民主政府的关键，它可以通过将权力限制在适当的范围以及将权力公开分配到特定部门来消除腐败。在进步时代以前，美国没有一个内在一致的预算体系，导致账目非常混乱，根本无法搞清楚钱从哪里来和到哪里去，公有资产流失严重，贪污受贿现象也因而越发严重。预算改革从纽约市开始，1907 年，一批改革者在纽约建立了纽约市政研究局，并将预算改革列为首要任务，确立了市长在政府内部的预算地位，建立起了集中控制的行政预算体系。1908 年，纽约市推出了美国历史上第一份现代预算，虽然粗糙但是效果却立竿见影，当年纽约市薪金拨款减少了 314 706 美元，第二年节省增加到 1 081 748 美元。纽约市的经验很快引起了美国其他城市的兴趣，它们纷纷索要纽约市政研究局编制的《市政会计手册》，预算改革最后上升到了联邦政府层面。1921 年，《预算与会计法》最终由国会通过并经由哈定（Warren G. Harding）总统签署，全国性预算改革运动算是取得了胜利。

2.3.3　食品安全监管改革

1906 年，《屠场》一书掀起了要求政府在食品和药品领域加强社会管制的强大舆论，此后，国会在短时间内通过了《肉类检查法》和《食品药品卫生法》两部重要法律，旨在打击政商勾结，维护民众利益。国会提供了全国层面的食品管制法律，并将管制的权限交给联邦一级政府。为了回应社会对商业管制的要求，国会和总统将自由放任主义长期以来所奉行的“政府不应对市场实行任何形式的管制和干预”的准则暂时搁置。1909 年，贩卖和吸食鸦片被明令禁止；1914 年，《哈里森麻醉剂法》（Harrison Narcotics Control Act）通过，该法规定，除非经持专业执照的医生许可并用于临床治疗，在其他任何情况下都不得贩卖和使用镇静剂③。对于有着强烈地方自治传统和民众对政府普遍持不信任态度的美国而言，这些方案所受到的阻力是可想而知的。

---

① WALKER R H. The reform spirit in America. Putnam，1976.

② BRUERE H J，ARTHRU L. Applied budgeting. AW Shaw Company，1926.

③ HERRICK J M. The progressive era//MIDGLEY T，LIVERMORE M. The handbook of social policy. Sage Publications，2000：12.

1906 年，美国食品药品和杀虫剂监督管理局成立，1930 年更名为“美国食品药品监督管理局”（U. S. Food and Drug Administration），食品和药品监管有了专门机构，并建立了食品的质量检查制度。在法律执行上，肉品检查的执法权归属农业部，由它及其下属的动物局明确具体实施细则，食品药品检查的执法权归属农业部、财政部和商业劳工部，管理食品药品市场的权力则归属化学局。此外，联邦政府还主动为企业提供咨询，指导企业采取正确的生产方法，以降低企业遵从联邦食品药品监管制度的成本①。

2.3.4 市政体制改革

一般认为，进步主义改革在两个层面同时展开：一是社会改革，主要由新闻记者和一些社会工作者承担，开展“扒粪运动”，关注社会底层，积极影响和促使政府执行进步主义的政策主张；二是结构改革，关注城市政府结构，使政府更加廉洁和高效。当时的市政改革者相信，“结构与法律的改革，比如改变政府形式，重组政府部门并使之职业化，建设地方自治，是其他改革的前提条件”②。可以说，市政体制的改革，在整个进步运动中占据了核心地位③。

市政体制改革首先需要对城市与州的关系进行改革，特别是减轻“狄龙规则”（Dillon's Rule）④ 的束缚，以争取更多的自治权限。州与城市关系中的地方自治（home rule）最早于 1851 年出现于艾奥瓦州，由该州议会通过立法赋予城市地方自治权。1875 年，密苏里州在宪法意义上赋予圣路易斯市地方自治权，被认为是现代城市地方自治的开端。城市获得了不受制于州政府而自主决定城市政府结构与运行机制的权力，为市政体制的改革提供了法律条件。

在 20 世纪前 20 年，作为进步运动整体进展的一个主要方面，三大市政体制得以在美国初步建立，包括“强市长型”市长-议会制、城市委员会制、城市经理制（见表 2-1）。1901 年，得克萨斯州的加尔维斯顿市（Galveston）率先推行城市委员会制；在之后不久的 1908 年，弗吉尼亚州的斯汤顿市（Staunton）出现了美国第一位城市经理。城市委员会制在最初十多年中取得了快速发展，到 1917 年已有 500 多个城市实行委员会制，之后

---

① 刘亚平. 美国进步时代的管制改革：以食品安全为例. 公共行政评论，2008（2）.

② SVARA J H. The shifting boundary between elected officials and city managers in large council-manager cities. Public administration review，1999，59（1）：11-12.

③ 有关讨论参见罗思东，何艳玲. 城市应该如何管理：美国进步时代的市政体制及其改革. 公共行政评论，2008（2）.

④ “狄龙规则”是进步主义改革之前占据绝对主导地位的美国州和城市关系的处理原则。1868 年，艾奥瓦州法官约翰·狄龙在一起诉讼的判词中，对州与城市的关系进行了系统的表述，成为广为引用的经典案例。被总结为“狄龙规则”的判词宣称：“州立法机构为自治机构注入活力，否则自治机构便不可能存在。州立法机构可以创建地方自治机构，也可以摧毁它们。……可以这么说，地方自治机构只不过是寄宿在州立法机构意志之下的房客。”而在另一起诉讼中，狄龙法官明确了城市法人能够拥有和行使的三项权力：第一，州明文授予的；第二，明示权力必定暗含或必定附带的；第三，对于城市法人申明的目标或意图是绝对必要的——不是便利，而是必不可少的。

则出现了持续衰落①。与之相反，经过 20 年的初步实践，城市经理制从大萧条时期开始，特别是随着第二次世界大战后郊区化的兴盛，在美国获得了持续发展，被多数中小城市采用。到 1960 年，城市经理制已经被大多数中等城市采用。

表 2-1　　“强市长型”市长-议会制、城市委员会制、城市经理制的比较

	市长地位	行政立法关系	选举方法	各部门首长产生方式
“强市长型”市长-议会制	行政权力集中，由市长任命部长，对议会有否决权	行政权力集中于市长手中，立法权集中于议会	民选市长	市长任命
城市委员会制	市长民选/在委员中产生，无否决权，主持议会，礼仪首脑	委员集行政权、立法权于一身	委员：超党派普选 市政府官员：民选	委员担任
城市经理制	选民选举/在议员中产生，主持议会，礼仪首脑	行政权掌握在市经理手中，立法权掌握在市议会手中	议会：超党派普选 经理：议会任命 议员：民选	经理选择

2.4　进步时代改革对现代公共行政的影响

进步时代改革虽然发生在美国，但其展现的却是现代国家面临的主要挑战和转型的核心内容。从美国进步时代来看，19 世纪后期经济与社会的变化及其带来的各种问题，要求政府承担各种经济和社会责任，以确保所有民众的福利。经过进步时代的一系列改革，政府开始承担越来越多的经济调节、市场监管和公共服务提供的角色。在此过程中，行政从政治中独立出来，行政的组织和效率受到重视。正是在这个意义上，美国进步时代改革被视为现代公共行政的典型代表，其内在逻辑和气质也已嵌入美国公共行政研究中，同时，又随着美国社会科学在世界范围内的主导地位而得到广泛传播，极大地影响了包括中国在内的其他国家的公共行政实践和研究。

2.4.1　有限政府遇到的挑战

如前所述，美国有很强的有限政府传统，而进步时代改革在一定程度上修正了此传统，这主要表现以下三个方面：

首先，进步主义改革对传统上被奉为美国立国之本的自由主义观念进行了重新认识。进步时代出现的各种社会问题说明，不受任何干预的自由并非真正的自由。在自由

① ADRIAN C R，PRESS C. Governing urban American. McGraw-Hill Book Company，1999：55-56.

主义观念的影响下，自由竞争的极端化制造了可以摧毁自由竞争制度本身的矛盾和冲突，自由资本主义和自由主义统治导致的垄断和特殊利益集团也威胁着美国的传统价值观念——民主和个人自由。

其次，随着工业化和城市化进程的到来，不断涌现的社会问题需要强有力的政府来处理和协调，这就要求重新界定政府角色。为了应对 19 世纪后半期无限制的自由竞争带来的冲突和矛盾，客观上需要一个超脱于所有竞争主体从而能够扼制垄断的协调执行官，以及一个能够解决各种冲突和矛盾的组织者。为了回应实践中的客观需要，政府涉足的领域越来越多，而不再只是扮演“守夜人”角色。

最后，在公共对话和政策制定中，往往需要用社会责任来平衡个人主义。进步主义运动只是一场改革而不是革命，民主和自由仍然是美国人的基本信念。但是，需要在尊重个人权利、个人自由的基础上引入社会权利、社会责任维度，确定民主的社会维度，从而实现个人自由与社会责任的平衡①。

在动荡的变革中，美国社会各阶层开始改变小政府或有限政府的理念，转而接受这样一种观点——“帮助管制经济和为所有的公民提供至少是少量的保护是政府的工作”②。政府的职能领域被大大拓宽，工作数量被大大拓展。于是，“到进步主义时代的时候，人们对全国性的官僚机构已经有相当多的体验，并且在总体上是持肯定态度的”③，独立的、专业化的公共行政呼之欲出。

专　栏

行政国家

“行政国家”作为学术研究概念和理论最早由沃尔多于 1948 年首版、1984 年再版的《行政国家：美国公共行政学的政治理论研究》一书中提出。行政国家首先是一种国家公共行政职能现象，其次是一种国家公共权力现象，同时也是一种国家公共事务管理现象。行政命令权和行政裁判权越来越多地直接管理和介入国家事务与社会事务，从而发挥着最活跃和强有力的作用。其具体表现为：行政部门和行政人员大量增加；行政职能大为扩张；行政权力极度膨胀；行政自由裁量大量增加等。

---

① FLANAGAN M A. America reformed：progressives and progressivisms，1890s—1920s. Oxford University Press，2007：33-34.

② 同①284.

③ 伊丽莎白·桑德. 美国进步时代对中国的启示：三种代理模式. 公共行政评论，2010（4）.

2.4.2　公共行政过程与政治过程相对分离

在进步时代以前，行政的概念被包含在政治概念之中。但在此后，政党政治则被限定在纯粹的政治领域，而分离出一个不受政党政治干扰的、"干净的"行政领域①。

首先，经济发展催生了专业化需求。一方面，在大规模的社会化生产和市场经济的推动下，生产与生活领域被不断分化，社会被分割成无数个专门化、专业化的领域，产生了对专业化专家知识的需求；另一方面，当时的公务员并非专门人员，并无专业知识可言，要处理日益突出的社会和经济问题倍感吃力。在这种困境之下，**迫切需要一个纯粹技术性的领域，合理、高效地实施政府管理，政治与行政的分离也就顺应这一趋势产生了。**

其次，政党政治使得行政与政治分离有了合理基础。政党政治是美国无法回避的历史现实，政党通过竞争性选举获得掌权机会，在政治领域中的竞争往往将社会分化为利益对立集团，为维护各自集团的利益相互斗争，公共利益却成为无人看守的空门。解决这一问题的一个可行的方法是，通过将政党竞争限制在纯粹的政治领域，让弊端丛生的政治远离行政，行政便成为一个独立的技术性领域，能够承担起维护社会秩序和看守公共利益的责任②。

最后，效率成为社会渴求的目标。许多进步时代的改革者目睹了技术变革给社会带来的巨大成就，新的思想、新的发明和新的技术改变了美国人的生活方式，也仿佛在一夜之间改变了社会。改革者很自然地希望将技术运用到社会、政治领域，以提高效率来解决当时面临的问题。改革者认为，要改变低效局面，就必须有一个科学化、技术化的领域来专门负责政府职能的执行。如此，把行政从弊端丛生的政治中"隔离"出来的想法就被正式提上了议事日程。

进步时代形成的公共行政完全不同于 19 世纪以政党和法院为基础的公共行政路径③，正如古德诺所说，这种模式将"国家意志的表达和国家意志的执行"区别开来④，其核心精神集中体现在纽约市政研究局（创建于 1907 年）、塔夫脱经济和效率委员会（1910—1912 年）、布朗洛委员会报告（1937 年）和第 8248 号行政命令（1939 年，它建立了总统

① 麦克斯怀特．公共行政的合法性：一种话语分析．北京：中国人民大学出版社，2002：137.

② 张康之，刘柏志．公共行政的继往开来之路：纪念伍德罗·威尔逊发表《公共行政研究》120 周年．湘潭大学学报（哲社版）．2007（1）.

③ LUTON L S. Administrative state and society：the US case//B. GUY P，PIERRE J. Handbook of public administration. Sage Publications，2003：172.

④ GOODNOW F J. Politics and administration//SHAFRITZ J M. Classics of public administration. Moore Publishing Company，1998：28.

行政办公室）之中①。由此开始，美国公共行政开始考虑使用科学和理性的手段来达成行政目标，并通过对行政组织的专门研究来保证组织命令的稳定性和结果的可预测性。

本章小结

工业时代的来临为整个美国的经济和社会带来巨大变迁，在经济增长的同时，各种利益冲突越演越烈，而政治系统却没有做好准备来应付由工业化、城市化兴起所带来的挑战，这使得国家治理结构亟须转型。

在解决这些问题的过程中，政府开始承担越来越多的经济调节、市场监管和公共服务提供的职能。同时，在进步时代改革运动中，专业的公共行政的重要性日益凸显。进步时代开启了美国公共行政新时代，它不仅是美国 200 多年历史中具有转折意义的关键时期，也是公共行政学史上具有重要意义的阶段，其对公共行政学的话题、方法及发展都产生了重要的影响。

关键术语

进步时代　进步时代改革　行政国家

本章推荐阅读

DE SANTIS V P. The shaping of modern America，1877—1920. Harlan Davidson，2000.

DINER S J. A very different age：Americans of the progressive era. Hill and Wang，1998.

DUNLEAVY P，HOOD C. From old public administration to new public management. Public money & management，1994，14 (3)：9-16.

HAYS S P. The politics of reform in municipal government in the progressive era. The pacific northwest quarterly，1964，55 (4).

HOOD C. Contemporary public management：a new global paradigm. Public policy and administration，1995，10 (2)：104-117.

LARRY W，WILSON W. Progressive reform，and public administration. Political science quarterly，1989，104 (3)：509-525.

① LUTON L S. Administrative state and society：the US case//Peters B G，PIERRE J. Handbook of public administration. Sage Publications，2003：173.

FLANAGAN M A. America reformed：progressives and progressivisms，1890s—1920s. Oxford University Press，2007.

PIERSON P. Politics in time：history，institutions，and social analysis. Princeton University Press，2004.

STIVERS C M. Bureau men，settlement women：constructing public administration in the progressive era. University Press of Kansas，2002.

第 3 章

基石：政治–行政二分、科层制与科学管理

首先，政府能够适当和成功地做什么；其次，怎么样以最高的效率和在资金与资源上最少的消耗来完成这些事情①。

——伍德罗·威尔逊

本章导言

要理解公共行政学特别是美国公共行政学的发展逻辑，必须准确理解政党分肥制。在政党分肥制下，公务员任用确实打破了以往精英和上流阶级垄断的局面，但公务员任免和选举政治的捆绑却又使公务员陷入了选举政治的恶斗之中。在进步主义运动的推动下，探索能够高效整合社会和经济活动的政府管理结构成为公共行政学的重要议题，由此逐渐形成了传统公共行政理论的基本范式，包括：将行政从政治领域中分离出来，构建科层制组织和采纳“科学–效率”管理方式，改革文官制度，等等。公共行政的倡导者希望通过专业化手段提高公务员的素质和行政能力，并通过与政治分离，使公共行政摆脱政治恶斗，成为执行公民意志的专门部门。

准确理解政党分肥制（spoil system）是深刻理解公共行政学特别是美国公共行政学发展不可缺少的一步。对政党分肥制的理解不能超脱于其所处时代，只有认识到其产生的

① WILSON W. The study of administration//SHAFRITZ J M，HYDE A C. Classics of public administration. 北京：中国人民大学出版社，2004：200.

缘由、针对的问题以及背后的理论依据，才能真正认识到从建立政党分肥制到取消政党分肥制的系列改革背后所蕴含的公共行政范式变化，在此基础上，才可能理解传统公共行政学的指向和基本精神。

3.1　政党分肥制

政党分肥制一开始是作为一项重要的民主改革运动而出现的。在美国建国之初，尤其是在华盛顿时代，公务员的工作被视为只属于出身好并受过良好教育的上流阶级所有。例如，杰斐逊（Thomas Jefferson）和其他联邦党人就认为公务员需要由更好的人（better people）来担任①。只有上流阶级出身且有良好教养的人才能胜任公共服务的工作，在这一观点的影响下，美国公共行政特别是公务员任免出现了强烈的贵族化倾向，公务员岗位被特定阶级和小团体垄断。原本理应为全民所有、为全民服务的公共岗位成为特权阶级专有岗位。安德鲁·杰克逊（Andrew Jackson）总统严厉批评了公务员贵族化模式和小圈子垄断公务员岗位的情况，认为这样的公务员任免制度在根本上违反了民主精神。如果公务员岗位实际上意味着一种利益的话，那么让更多的人可分享到此利益才是民主精神的根本体现。因此，要使政府民主化，当务之急是使获得政府工作岗位的途径民主化，要让小人物（little guy）也能获得更多机会成为公务员。在这样的观念的影响下，政党赞助制（patron system），也就是后来所谓的政党分肥制，在杰克逊总统任期内被广泛采纳，并被后续的共和党政府固化下来。

在此模式下，无论是在地方、州，还是在联邦政府部门，公务员岗位均由胜选的政务官分配，以增加其民主特性和代表性。杰克逊总统强调，所有诚实、正直的人实际上都能胜任公务员工作，公务员并不一定要由贵族般的上流阶级的人来担任。当一个人长期担任特定政府工作岗位后，他就会把这份工作视为自己理所当然的所有物。在贵族化的公务员任免模式下，这些长期霸占公务员岗位的人，并不会因为他们出身上流社会就有贵族式的荣誉感和道德情操。他们开始变得不诚实，而且不愿回应选民愿望。在这种情况下，由胜选的官员来安排公务员岗位，既可以让公务员岗位保持流动性，又可以让人们共同参与，还能更好地体现选举代表性，并最终体现民主精神。

在某种程度上，杰克逊的改革打破了上流社会垄断政府岗位的情况，并为公务员岗位带来了高度流动性。1867 年一项有关联邦财政办公室职工背景的调查显示，这些公务员的原职

① WHITE L D. The Jeffersonians：a study in administrative history，1801−1829. Macmillan，1951：368.

业分别为，“会计7人，银行家13人，出纳18人，店员27人，侦探1人，药剂师2人，编辑1人，农民5人，马车夫1人，管家1人，酒店服务员1人，工人16人，律师1人，机械师1人，手工艺人1人，机修工8人，商人14人，信使2人，牧师1人，侍童1人，搬运工1人，邮递员1人，售货员2人，雕刻师1人，学生12人，测量员1人，教师24人，报务员2人，县财务主管1人，餐厅服务员1人，洗衣女工1人，更夫1人，无业112人”①。可见，在取消了出身背景门槛之后，许多原本身世不显赫的人，也通过胜选政务官的任命成了公务员。

但这一体制也出现了一些问题。首先，公务员变成了没有安全感的工作。因为公务员岗位被作为政治家对忠诚支持者的回报，他们必须不断参加政治活动，拥戴相应的政治家才能保住工作。一旦公务员所拥戴的政治家失势，即使仅仅是在党内失势，公务员也可能失去工作。例如，在1876—1881年，纽约一直由共和党执政，在这段时间内，纽约海关平均每天都有超过1名公务员因为共和党的党内斗争而被辞退，以致五年下来，被辞退的公务员人数相当于纽约海关额定人数的两倍②。

其次，公务员任命与选举挂钩并没有如预期中那样改善公务员道德水平。在政党分肥制下，因为公务员有可能突然被辞退，他们需要把握政治方向，并且进行多方运作才能相对安全地保住工作岗位。公务员因此要忠于自己派系的政治家，其与派系领导构成了一荣俱荣、一损俱损的关系。大量公务员在选举时离开自己的工作岗位，回到他们所在的选区参加选举活动。当时的内政部改革秘书长雅各布·考克斯（Jacob Cox）曾尝试禁止其主管部门的公务员离开工作岗位去参加竞选活动，结果他的上级政务官随即通过行政上下级命令强制其收回命令。政党分肥制下政治家和公务员的相互关系由此可见一斑。

在政党分肥制下，政治家通过直接资金补助和职务任免强力控制公务员，甚至凌驾于行政领导之上，而公务员则通过对政治家效忠而获得工作和相应资金补助。在1882年，公务员从政治家那里获得的补助达到其全年岗位收入的2%～7%，这些都来自竞选经费。当派系政治领导需要人力、物力支持其竞选的时候，捐输竞选经费则变成了公务员的强制义务。当时，弗吉尼亚州的一位邮政局局长出于开玩笑的心态，用一张美国内战时期南部邦联的20美元纸币缴纳了强制的政治捐款，随后他所在整个邮局就被裁撤了。

在此背景下，原本设想中捍卫民主价值的赞助制变成了实际上的政党分肥制。美国公务员体制因此陷入了两难境地：如果仍按原来的精英理念，仅让上流社会子弟出任公务员，公务员就会变成贵族专利；但一旦把公务员和选举政治捆绑起来，公务员并没有如选举理论所设想的那样变得更有回应性和代表性，相反还陷入政治恶斗之中，使公务员处境

①② HOOGENBOOM A. The Pendleton Act and the civil service. American historical review, 1959, 64 (2): 301-318.

变得更为不堪。如何在此两难境地中找出一条路，既能使公务员招聘变得公平、公开，让出身并不显赫的人也能有机会担任公务员，又能使公务员不陷入派系政治与暗箱金钱交易的困境，这成为当时公共行政的重要问题。

由此，一系列面向专业化、功绩制的改革成为兼顾公务员录用公平性和摆脱派系政治的新方向。探索能够整合社会和经济活动的政府管理成为公共行政的重要议题，由此形成了传统公共行政理论的基本内容，包括：将行政从政治中分离出来，构建科层制组织形态和采纳"科学-效率"管理方式，改革文官制度，等等。同时，学者们开始对政治与行政加以区分。这是公共行政学成为独立学科的真正开始。

3.2　政治-行政二分

虽然前面已提及，政治与行政相对分离的倡导者并非试图给公共行政限定一个狭窄视角，而是试图完整地描述政治制度领域的复杂性①，但**政治与行政的区分，确实是公共行政学成为独立学科的开始。**因为，这意味着大家开始意识到选举出身的政务官和执行日常行政事务的事务官之间的不同，政党分肥制初期朴素的选举至上观念也得以改变。研究者们开始真正从公务员工作的实际和特殊性的角度去思考和分析公共行政，而不再囿于那种认为只要把官员任免和选举结合起来就能保证政府良好运作的传统想法。这成为日后公共行政学确立和发展的重要基础。

3.2.1　威尔逊对行政独立的强调

本书第2章提及，进步时代以来普遍强调对行政和集中化的尊重，并认为行政应该是脱离于政治的，威尔逊的系列作品②就反映了当时这种新式的美国观念。威尔逊于1887发表在《政治科学季刊》(*Political Science Quarterly*)的《行政研究》一文被认为是公共行政研究的开山之作③，其主要贡献在于把公共行政研究从政治学中分离出来，第一次将公共行政纳入了专门研究的视野。在该文中，我们看到了贯穿公共行政大部分时期的两个突出主题，即"政治（政策）-行政的区别与使组织提高效率的政府行政科学原则"④。

① WALDO D. Development of theory of democratic administration. American political science review，1952，46 (1).

② 威尔逊的著作主要包括：《国会政府：美国政治研究》(*Congressional Government*：*A Study in American Politics*，1885)，《分裂与重新联合》(*Division and Reunion*，1893)，《美国公民的历史》(*A History of The American People*，1902)，《合众国的宪法政体》(*Constitutional Government in the United States*，1908)。

③ 尽管有学者考证，自1890年至第一次世界大战的政治学或公共行政学的重要文献中，这篇论文都没有被引用，甚至直到20世纪50年代该文都没有什么显著影响，但该文无疑是威尔逊担任美国总统期间（1913—1921）政治实践的指导性理论，作为一个"象征性的起点"，该文构成了公共行政学者们建构共同身份感的基础。

④ 丹哈特．公共组织理论．北京：华夏出版社，2002.

1. 行政及行政研究的重要性

在19世纪末20世纪初，也即威尔逊所处年代，资本主义进入了快速发展时期，美国经济和社会结构发生了根本性变革，公共事务日益增加，政府所处的环境与过去俨然不同，职能不断扩大且更加复杂，处理的问题也更加困难。"没有任何一种政府职责而今不是变得复杂化起来，尽管它当初一度是很简单的，政府曾经仅仅由少数人主宰，而今它却由大批大批的人主宰。"①

由此，威尔逊在《行政研究》开篇就道出了关注行政研究的目的：任何一门实践科学，只有在人们有需要的时候才会去研究它，而公共行政学产生的背景正在于此，即"**在现今的政治实践中，与宪法的制定相比，宪法的实施越来越困难**"。

威尔逊主张重新认识权力和授权，"如果对权力控制和使用得当，那么这种集中的权力就能够更好地为国民造福，这种权力越大越好"。传统观点主要集中在政治过程，对于如何实施法律则不够重视。威尔逊主张，应当把研究重点放在行动的政府上，即放到行政(administration)方面。他还提出，应在对政治与行政这两个概念进行正确区分的基础上，将公共行政理论从政治学中分离出来②，对它进行专门研究。

专　栏

伍德罗·威尔逊

伍德罗·威尔逊（1856—1924），美国第28任总统。1856年生于弗吉尼亚州的斯汤顿。1879年毕业于普林斯顿大学，随后进入霍普金斯大学研读政府学和历史。其著作《国会政府：美国政治的研究》(*Congressional Government: A Study in American Politics*) 于1885年出版，并作为博士论文，帮助他于1886年取得哲学博士学位。威尔逊从霍普金斯大学毕业后，先后在宾夕法尼亚州的布林莫尔学院（Bryn Mawr College)、康涅狄格州的卫斯理大学任教，并于1890年回到普林斯顿大学担任法学和政治经济学教授，1902年被普林斯顿大学校董会任命为该校校长。1912年代表民主党获选美国总统。

---

① WILSON W. The study of administration//SHAFRITZ J M, HYDE A C. Classics of public administration. 北京：中国人民大学出版社，2004.

② 颜昌武. 瓦尔多行政思想述评. 公共管理研究，2008（6).

2. 政治-行政分离

在威尔逊看来，“公共行政是政府工作中极为显著的一部分，它就是行动中的政府；它就是政府的执行、政府的操作，就是政府工作中最显眼的部分，并且具有与政府本身同样悠久的经历”①。他提出政治-行政二分的出发点在于去除政党分肥制的弊病，有效应对当时的社会挑战。从进步主义的立场出发，他认为政党分肥制是由于将行政领域和政治领域混合在一起造成的，“如果行政人员过多地以一种政治方式行事，无论是由于任命他们的过程还是由于他们继续在政党组织中扮演原有角色，均可能产生贪污腐化，也几乎肯定会出现独断专行的决策”②。“行政领域是一个事务性的领域，它与政治领域的混乱和冲突相去甚远。”“政治是‘在重大而且带普遍性的’方面的国家活动，而行政则是‘国家在个别和细微事项方面的活动’。因此，政治是政治家的特殊活动范围，而政府行政则是技术性职员的事情，政策如果没有政府行政的帮助就将一事无成，但政府行政并不因此就是政治。”③

可见，《行政研究》的主要内容和目的不是阐述政治-行政二分，但毫无疑问，政治与行政的关系构成了其研究基础。虽然威尔逊首先强调了宪政之于美国社会的基础意义，但他更强调政治应该运行于政策决策领域，而将不受政治杂乱事务（political meddling）影响的技术运用留给行政，要通过对宪法行政执行的关注来维护宪法的政治基础。他明确提出要把行政研究作为政治付诸实践的一种手段，在行政意义上促进民主政治的一种手段。他认为政治是政府过程不可避免且必不可少的组成部分，但是政治必须控制和局限于特定的范围，即人们意志的表决、决定及具体化。而行政则是政治过程所做决定的具体实施。行政位于政治的领地之外，虽然政治为行政确立任务，但行政部门不应受政治的操控之苦④。

需要注意的是，威尔逊虽然强调政治与行政之间的区别，但他并不认为二者是绝然割裂的。沃克（Robert H. Walker）就认为，“威尔逊从来没有试图在政治与行政之间建立一道隔离墙……威尔逊非常想改变 1887 年的文章给人们造成的（政治与行政）严格分离的印象”⑤。登哈特（Robert B. Denhardt）⑥ 也指出，这一二分法从来没有像很多评论家乐于相信的那样界限分明⑦，威尔逊只是要“把公共行政研究作为将政治付诸实践的

---

①④　WILSON W. The study of administration//SHAFRITZ J M，HYDE A C. Classics of public administration. 北京：中国人民大学出版社，2004.

②　休斯. 公共管理导论. 北京：中国人民大学出版社，2007.

③　彭和平，竹立家. 国外公共行政理论精选. 北京：中共中央党校出版社，1997.

⑤　WALKER R H. The reform spirit in America. Putnam，1976.

⑥　也被译为“丹哈特”，本书采用“登哈特”的译法，但在注释中，华夏出版社 2002 年出版的《公共组织理论》的作者，仍保留该书“丹哈特”的译法。

⑦　丹哈特. 公共组织理论. 北京：华夏出版社，2002.

一种手段，作为从行政意义上促进民主政治的一种手段”。对威尔逊而言，政治-行政二分的意义在于为行政划定独立的领地，使行政发展成为一个摆脱政治干涉的独立领域。独立出来的、以去政治化原则为基础的行政体系纯粹是工具性的，它只是在技术上具有优越性，不宜介入政治价值的论辩过程，而应努力成为实现政治价值的手段。

3. 独立行政研究的开展

作为进步主义的继承者，威尔逊极力想改变人们只关注宪政原则和政策制定而忽视政策执行的状况，他认为这是美国政府效率低下的原因。**他关注行政研究的目的就是把行政执行从经验的混乱和浪费中拯救出来，并使之深深地根植于稳定原则之上。**对于具体的公共行政实践，威尔逊特别关注美国公务员制度。他认为公务员制度改革需要从三个方面着手：首先是公务员要通过考试择优录取；其次是要进一步提高公务员素质；最后是要克服官僚主义。正如威尔逊所说，“由于害怕我的研究结果会导致出现一个盛气凌人、狭隘的官僚主义，我最想坚持的原则是，美国政府的政府行政者必须时刻保持对民意的灵敏性”①。

威尔逊还意识到公共行政研究早已在欧洲国家展开，因此美国有必要学习借鉴欧洲，且使之“美国化”。威尔逊认为，美国尽管没有专门研究公共行政，但其管理国家已有相当长的历史，在这方面展现出了充分的智慧。因此，公共行政研究应该采用历史研究的方法和比较研究的方法。

3.2.2 古德诺的政治-行政关系观

在古德诺的诸多著作中②，1900 年的《政治与行政：对政府的研究》一书集中地阐释了他对于公共行政学的认识和有关政治-行政二分的理论逻辑。此书被认为是对威尔逊公共行政学思想的详尽阐述，其最广为人知的表达是：**政治的任务体现在对国家意志的表达……而行政，在另一方面，是执行国家意志。**相对于作为国家意志的政治，行政领域更关注方法、技术和执行。这种功能性的划分对美国早期的行政和政府组织改革产生了重大影响，并将功能性概念，例如效率、科层、纪律等，都引入了公共部门。由此，高效行政被确立为一种政府应该重视和追求的价值。同时，这种功能性划分为公共行政划出了一定的独立空间，并将专业化、标准化确立为可与政党分肥制所持民主旗号相抗衡的规范价值。将行政功能性地定义为方法、技术和执行领域，一方面有效降低了把行政与选举捆绑

---

① WILSON W. The study of administration//SHAFRITZ J M, HYDE A C. Classics of public administration. 北京：中国人民大学出版社，2004.

② 古德诺的主要著作有《比较行政法》(*Comparative Administrative Law*, 1893)、《政治与行政：对政府的研究》(*Politics and Administration* : *A Study in Government*, 1900)、《合众国的行政法原则》(*Principle of Administrative Law of The United States*, 1905)、《社会改革与宪法》(*Social Reform and The Constitution*, 1914)、《宪法政府的原则》(*Principle of Constitutional Government*, 1916) 等。

的政治干扰，另一方面降低了人们对于政府背离民主的担忧。

专　栏

弗兰克·古德诺

古德诺是美国政治学会的主要创建人，并于1903—1904年担任该学会第一任主席。由于对美国早期公共行政学贡献良多，被喻为美国“公共行政之父”。古德诺曾于1913年到北京担任政府的法律顾问，并于1915年发表《共和与君主论》一文。

同时，政治与行政如何协调也是古德诺有关政治-行政关系的研究重点①。古德诺认为首先要保证政治对行政的适度控制，“一方面，为了保证国家意志的执行，政治必须对行政进行控制；另一方面，为了保证政府的民主性和行政的高效率，又不能允许这种控制超出其所要实现的合理目的”。其次，政治与行政的协调需要行政的适度集权，行政集权是实现国家意志执行的必要途径。他甚至劝说：“在我们对集权的传统恐惧中，我们可能受到了一个由体制设计者幻想出来的魔鬼的恐吓。”再次，他还提出了政党制度的特殊作用。他认为政党不仅负责表达国家意志，而且也提供意志的执行人员，从此意义上说，政党是政治与行政的中介。“如果政府要成功地运行，就需要保证政党制度的存在，以促进政治和行政功能之间的和谐。”最后，政治与行政的最终协调不可能单纯依靠政府组织机构设计实现，而必须依赖于人们对国家意志的表达和执行都有足够的控制②。

> 详细的法律和执行的司法控制都不足以有效地协调政府各个部分，即国家意志的表达和通过政府权威对其的执行……行政人员可能不会按照立法机关原意去执行。而司法人员在对行政人员进行控制时，对法律的理解也可能会与立法机关不同。在政府组织中，还没有提供措施来解决这些问题，以保证国家意志的表达和执行之间的和谐。作为民主政府最高主权的拥有者，公民必须能对表达他们的意志和执行他们的意

---

① 古德诺. 政治与行政. 北京：华夏出版社，1987.

② GOODNOW F J. Politics and administration//SHAFRITZ J M. Classics of public administration. Dorsey Press，1987.

志的政府人员都有足够的控制。

作为两种功能类型，政治与行政总是相互连接的。古德诺自己也表示：尽管政府的两个基本功能有可能被区分开来，但我们却不能清楚地界定发挥这两种功能的机构，不存在某个单独的机构在执行政治或者行政的某个功能，将政治与行政的功能分给某个单独的机构是不现实的①。古德诺将政治与行政进行划分，表明他认同在政府部门内部的确存在这两种功能的区别，但更重要的是，他试图为政府的运作提供新的思路，以改善传统的按照“立法、行政、司法”进行的部门划分。

3.2.3 政治-行政二分思想的影响

为了更好地阐述政治-行政二分思想的影响，让我们再一次回看历史。

政治-行政二分本身是改革政党分肥制的产物，是在政党派系的政治干扰和选举政治对行政施压的情况下在规范领域所形成的反弹，其核心是希望在承认民主政治规范价值的前提下，在政府内部开辟一块免于选举政治干扰的自留地，并为这些不受选举政治影响的公务员岗位提供合法性依据。当政党分肥制的支持者认为选举就是好，与选举挂钩可以使公民监督政府，让公务员都有回应性与代表性而不再高高在上的时候，当时的美国公共行政研究者一方面不能反对选举在公共事务中的规范价值，另一方面又看到现实中存在的行政人事混乱和政府效率低下，在这种情况下，分离政治与行政，并强调行政的工具性与执行性，的确是一种历史选择。

但政治-行政二分之所以成为公共行政学基石，并不完全取决于其在美国行政改革史上策略性的选择与角色，而更在于其所建立的基于功能主义的系统分析方法为此后的公共行政研究者所继承。在威尔逊、古德诺之后，细分政府内部不同的功能和公务员扮演的不同角色成为非常重要的公共行政研究路径。例如，威洛比（William F. Willoughby）认为，政府不像一般人所认为的那样分为立法、行政和司法三部分，而是分为五个权力层次②：立法——制定法律；司法——监督法律；行政——政治性，制定政策；民选官员——反映民意，制定政策；管理——协调部门，综合管理。“监督法律的实施和实际实施法律的要求是有区别的。”在他看来，“行政功能的本质是政治性的，管理功能关注的是让其他部门的决策生效”③。

① LYNN L E Jr. Globalization and administrative reform: what is happening in theory? Public management review, 2001, 3 (2).

② 丹哈特. 公共组织理论. 北京：华夏出版社，2002.

③ WILLOUGHBY W. F. The government of modern states. D. Appleton-Century Company, 1936.

在学者对政府功能不同的划分中，政治与行政也被赋予不同的定义与理解①：其一，政治与行政指的是两种不同的活动，前者是指政策制定，后者是指政策执行②；其二，政治与行政指的是两类不同的人，一类是政治家，另一类是行政人员③；其三，政治与行政分别指的是目标和手段，政治为行政设定目标，而行政则是执行政治意愿的手段④。可以说，**真正使政治-行政二分成为公共行政学基石并影响后世的是其蕴含的功能主义系统分析理念，而非其观点本身。**

读过威尔逊、古德诺的著作之后都会意识到，他们在区分政治与行政的过程中，并未想过将政治与行政简单对立或割裂。不管是威尔逊还是古德诺，都强调政治与行政的划分是功能划分，并不是要依据这个标准进行部门区分，更不是要据此进行部门设置。国家意志的表达不是政治的全部，意志执行也并非公共行政的全貌，以政策制定和执行来切割政治和行政是不合理的。事实上，这种切割从来都是被批评的，传统主义的学者也没有为政治与行政的关系做明确划分和分离⑤。这里的问题在于，依据不同的现实需要，对经典理论的解读并不一定与经典理论本身相符。例如，在后来管理主义的改革中，为了提高市场化改革口号的合法性，管理主义者就刻意把政行分离描绘成政治与行政的截然区分，乃至政治与行政的对立，由此配合公共服务外包、市场化改革等一系列政策，以实现管理主义改革的目标。

可以说，“作为一个理论问题，政治-行政二分不久便寿终正寝（尽管或许更准确地说应该是从未存活过）……（但其）作为一个实用性问题继续存在于公共行政的建制性定义之中”⑥。也即，作为与政党分肥制进行策略性斗争的工具的政治-行政二分，随着政党分肥制不复存在而早已成为历史，但作为一种功能主义的研究思路，以及一种为后世公共行政提供“借古喻今”平台的实用性工具，政治-行政二分一直影响着此后的公共行政学的发展。

3.3　韦伯的科层制

将行政从政治中分离出来仅仅是第一步，关键还在于提高行政运作的有效性。马克

① 刘亚平，山姆·布朗．政治行政两分：起源、争议与应用．中山大学学报（社会科学版），2010（6）．

② 古德诺．政治与行政．北京：华夏出版社，1987．

③ WILSON W. The Study of Administration//SHAFRITZ J M，HYED A C. Classics of public administration. 北京：中国人民大学出版社，2004．

④ NALBANDIAN J. Politics，administration，and the city manager//FREDEICKSON H G. Ideal and practice in council-manager government. International City/County Management Association，1989.

⑤ GOLEMBIEWSKI R T. A critique of “democratic administration” and its supporting ideation. The American political science review，1977，71（4）．

⑥ 丹哈特．公共组织理论．北京：华夏出版社，2002．

斯·韦伯（Max Weber）由此提出的科层制（或称官僚制）和文官制度就是遵从“科学-效率”的管理方式。文官制度是在政治-行政二分的基础上产生的，科层制则被认为是最有效率的组织形式。

3.3.1 科层制的提出

韦伯对科层制的关注源于其对社会理性化进程的理解，科层制的设计所隐含的是韦伯对现代社会理性化趋势的觉察，科层制的扩张过程其实也是现代化理性思维扩张的过程。正如法国思想家阿隆（Raymond Aron）所说，在西方社会理性文化历史进程中，**科层制体现了超越以前所有文明的重大技术进步，是一切现代社会的特征，也是所有制度的一个重要组成部分**①。所以，与其说是韦伯创造了科层制，不如说是他发现了科层制。

专　栏

马克斯·韦伯

马克斯·韦伯（1864—1920），德国政治经济学家、社会学家，被公认为现代社会学和公共行政学最重要的创始人之一。韦伯最初在柏林洪堡大学开始教职生涯，并陆续于维也纳大学、慕尼黑大学等任教。韦伯将国家定义为一个“拥有合法使用暴力的垄断地位”的实体。

1. 科层制的合法性基础

科层制的实践在韦伯给它一个名称以前就已存在，韦伯所做的是对其赋予完整的逻辑解释。在韦伯看来，资本主义企业遵守的是合理的经济行为，现代国家机关遵守的是合理的管理行为，总之二者遵守的都是有目的的理性行为②。

韦伯认为，一个制度的合法性可以通过外部强制性力量，或者说制度（包括惯例和法律）来保证。这种合法性可能来源于以下三个方面：(1) 理性，建立在对“法律”的信仰之上，受制于一系列的规范性条文，而从权力上升为权威也是依据这些规则所发出的命令。(2) 传统，合法性地位的取得和权威的行使依赖于对远古传统的信仰即神圣性的信

① 雷蒙·阿隆. 社会学主要思潮. 上海：上海译文出版社，1987.

② 哈贝马斯. 哈贝马斯精粹. 南京：南京大学出版社，2009.

仰。(3) 魅力，依赖于某种特别或突出的神圣性，出现某个具有英雄主义或者模范作用的个人，无论是规则的建立还是命令的决策和发出都由他决定①。基于此，韦伯总结了三种类型的合法性：法理型（rational-legal type）权威、传统型（traditional type）权威和个人魅力型（charismatic type）权威。

资本主义发展所带来的直接结果就是社会的日益理性化，社会发展的合理化和制度合法性的理性化则是韦伯假设的基础。韦伯认为，以效率和目标追求为标志的市场经济运作模式必然也要求政治体系的运作以结果和效率为基础，而随着文艺复兴而来的人类理性的扩张，使个人魅力型和传统型的统治方式日益变得不可能。理性化的发展，需要理性化的制度统治。韦伯认为，对理性统治观念来说，至少要满足两个条件，统治才是合法的，这两个条件是：第一，必须从正面建立规范秩序；第二，在法律共同体中，人们必须相信规范秩序的正当性，即必须相信立法形式和执法形式的正确程序②。所以，理性化的统治，又必然是建立在法律和规则系统之上的，对规则、法律或者制度化的民意负责是政府机构的主要特征。

于是，韦伯得出结论，理性的国家是建立在专业的官员制度和理性的法律之上的，科层制可以被理解为一种理性社会发展的必然产物：科层制是适应现代工业文明社会合理化倾向需要的，具有专业化、综合化的设层分职能的一种统治与管理体制。在契约和产权制度化的社会中，一切法人组织都只能选择科层制。可以认为，韦伯将现代生活中日益增强的理性化视为现代人的“命运”，从而暗示了它的必然性③，基于此，他认识并揭示了科层制在人类社会中的必然性。

2. 科层制的理性化特征

从前面的论述可以看出，科层制与早期模式主要的差别在于，运用以规则为基础的非人格化行政取代人格化的行政④。韦伯认为，科层制是现代政治体系取得合法性的必然途径。这种合法性，是基于法律和合理性认同之上的合法，它代表着现代社会的理性特征，以区别于对传统的信仰和对个人魅力的崇拜。在《经济与社会》(*Economy and Society*) 一书中，韦伯将这种特殊的运作方式表示如下⑤：

> 固定和法定的管辖范围原则，它一般是通过各种规则来规定，包括法律或者行政规章。
>
> 公职等级制和权力等级化原则，这意味着一种稳定而有序的命令系统，在其中，

① 马克斯·韦伯. 经济与社会：上卷. 北京：商务印书馆，1997.

②⑤ 马克斯·韦伯. 经济与社会：下卷. 北京：商务印书馆，1997.

③ 丹哈特. 公共组织理论. 北京：华夏出版社，2002.

④ 休斯. 公共管理导论. 北京：中国人民大学出版社，2007.

较低职位受到较高职位的监督。

现代公务管理是建立在保留原初形式的书面文件（“档案”）的基础上的，一批积极从事“公共”事务的官员与其各自的物质工具设备和文书档案便构成了一个“机构”……一般来说，科层制把官方活动看作与私人生活明显不同的事务……公共经费和设备与私人财产分离。

公务管理，至少是专业化的公务管理——而这种管理显然是现代的——通常以全面而熟练的训练为先决条件。

当公职得到充分发展的时候，官方活动要求官员完全发挥其工作能力……在从前的任何情况下，对国家正规事务的处理情况恰好与此相反，官方事务是作为一种次要的活动而被执行的。

公职管理应遵循一般性规定，这些规定或多或少是稳定的、全面的，并且是可学习的……有关这些规定的知识——包括法学、政府行政或企业管理知识在内——代表着官员所具备的一种专门性技术学问。

韦伯进一步认为，科层制以理性化为主要特征，强调法律和规则的基础性。理想的科层制具有如下特征：专业化（functional specialization）、层级化（hierarchy of authority）、规则化（administrative rules）、非人格化（impersonality）、技术化（technical qualification）、明确的方向（settled orientation）。韦伯认为，制度化权力的扩展不是基于经济体系而是现代社会的官僚化，科层制结构是有组织地达到社会目标的最理性的方式①。

3.3.2 文官制度

现代文官制度，是在反对官吏恩赐制的过程中逐步形成的，是新兴资产阶级与贵族争夺统治权的胜利，是吸取政党分肥制教训，为了稳定政局和保持政策执行连续性，在政治实践中逐渐摸索而形成和发展起来的。严格区分政务官与事务官、强调政治中立、公开考试择优录取、实行功绩制原则、强调官风官纪和职业道德，构成了各国公务员制度的主要特点②。

1883年，美国国会通过了《彭德尔顿文官改革法案》(Pendleton Civil Service Reform Act)，简称《彭德尔顿法》，确立了美国文官制度的一些重要原则，如政治中立原则、功绩竞考原则、职位常任原则等，标志着美国文官制度的建立。《彭德尔顿法》的精髓是功

① 马骏，叶娟丽．西方公共行政理论前沿．北京：中国社会科学出版社，2004.

② 夏书章．行政管理学（第四版）．广州：中山大学出版社，2008.

绩制，主要包括以下内容[①]：第一，文官必须通过竞争考试，择优录用；第二，文官不得因为政党关系等政治原因被免职，也不得强迫文官参加政治活动或提供政治捐款；第三，文官在政治上要保持"中立"。然而，《彭德尔顿法》的颁布与美国文官制度的建立，只是解决了政党分肥制带来的经常性政治更迭问题，而如何对文官进行管理尚未明确。到了 1923 年，美国颁布了第一个文官职位分类法，1949 年又颁布了《新职位分类法》。文官的分类至此逐步走向系统化、科学化与现代化，根据功绩制进行逐级分类的联邦文官也在不断增加[②]。

可以看到，无论是在公共行政实践还是理论方面，强调中立化和专业化的科层制都得到了广泛承认和遵循。现代文官制度反映了韦伯科层制的基本特征，也是建立现代公共行政的必备要件。如韦伯所说，"正如自从中世纪以来所谓的迈向资本主义的进步是经济现代化唯一的尺度一样，迈向官僚体制的官员制度的进步同样是国家现代化的明确无误的尺度"[③]。

3.4　泰勒的科学管理思想

如果说政治-行政二分、科层制提供了应对政党分肥制的制度安排及组织架构，那么科学管理则提供了这一制度和组织得以有效运作的必要技术。泰勒（Frederick W. Taylor）被称为"科学管理之父"，他的著作《科学管理原理》扬起了科学管理的旗帜。

3.4.1　效率至上

泰勒的科学管理以提高生产效率为中心。泰勒认为，提高生产效率，不但会降低成本和增加利润，也能增加工人收入。生产率是劳资双方都忽视的问题，部分原因是管理人员和工人都不了解什么是"一天合理的工作量"和"一天合理的报酬"。他相信，应用科学方法发现最优工作模式，以此来代替惯例和经验，可以获得较高的生产率。在此过程中，因为生产率的提高，一方面，工厂可以压低工人的计件工资率，即每生产一件产品可以付给工人更少的工资；另一方面，同样是由于生产率的提高，工人在低工资率的情况下，由于总产出上升，依然可以获得更高的收入。泰勒相信，如此就可以达到双赢。

---

① VAN RIPER P P. History of the United States civil service. Row, Peterson, 1958: 537.

② 石庆环. 20 世纪美国文官制度的历史回顾. 美国研究，2001 (2).

③ 马克斯·韦伯. 经济与社会：上卷. 北京：商务印书馆，1997.

泰勒本身关注的是工厂管理而非政府管理，但其追求效率的思想却适应了当时行政专业化的需要。在公共行政领域，科学管理的支持者认为，政府部门同样需要对人员进行分工，通过计划做决策，设法激励和对人、财、物、时间进行最优配置。这使得行政领域运用科学管理原理和原则成为可能。

3.4.2 最优法（one best way）

政治-行政二分使得公共行政的主要目标被简化成追求政策实施的效率，而科学的方式（科学管理）就是达到这个目的的手段①。泰勒试图通过自然科学式的研究，为管理建立一种通用原则。在《科学管理原理》一书中，他提出了以“最佳工作”为中心的科学管理原则②：第一，建立一种严格的管理科学；第二，科学挑选工人；第三，教育和培训工人；第四，管理部门和个人之间亲密无间地进行友好合作。这里主要有两个方面的内容：第一是标准化的工作，也就是探寻“一种最佳工作方式”；第二是“实行广泛而严密的控制，为维持所有这些标准提供保证”。

关于第一个方面，泰勒认为要通过各种标准化的设计来使工人的效能得到最好的发挥，最主要的是收集那些已经存在于工人头脑之中但没有归类的知识，并将它们简化成为规律和公式。这就需要建立一种管理科学，对工人操作的每个动作进行科学研究，用以替代过去的单凭经验操作的工作方式。为此，泰勒进行了一系列实验，对铲子的大小、工人的动作和程序等进行观察和总结，确定时间以及工人一天的标准工作量，他希望通过这些来寻找最佳的生产方式，建立科学的作业方式，使得每个人都发挥最高的工作效率。

关于第二个方面，泰勒认为要实行广泛而严密的控制，包括：挑选一流的工人，对工人进行科学的培训，实行刺激性的工资制，改变组织职能，保持劳资双方的合作关系，等等。泰勒希望通过这些控制措施将科学与工人结合起来，以保证一切工作都按照已确立起来的科学原则来开展。

可见，泰勒寻求的是根本性变革，即用效率和科学取代一时心血来潮的决定③。可以说，**科学管理有着提高效率的现实目的，但更重要的是，其指向的是管理“心理革命”。**泰勒希望通过塑造一种公认准则，说服工人接受较低的工资率，从而使工厂主所获利润提高，但同时又因工作效率提高使得工人的总收入也会增长，由此出现双赢局面，并因此缓解当时激烈的劳资冲突。因此，虽然泰勒的科学管理并不严谨，当其工作工序细分成每个细节后，不同的最优法在许多情况下会相互抵触（这也是被西蒙等逻辑实证主义者诟病最

① 马骏，叶娟丽. 西方公共行政理论前沿. 北京：中国社会科学出版社，2004.

② TAYLOR F W. Scientific management. Harper & Row，1923.

③ 休斯. 公共管理导论. 北京：中国人民大学出版社，2007.

多的一点），但泰勒对于最优法的强调深深影响了公共行政学发展，并启发了后续科学主义公共行政学建立客观、可测的公共行政学的观点。例如，管理理论之母、美国学者玛丽·P. 福莱特（Mary P. Follett）一方面在原有的政治学领域秉持传统政治学的价值取向，另一方面受泰勒吸引开始通过独立分析与研究来探寻效率问题。

专　栏

弗雷德里克·泰勒

弗雷德里克·泰勒出生于美国费城一个富有的律师家庭，中学毕业后考上哈佛大学法律系，但因眼疾而不得不辍学。1875 年，他进入一家小机械厂当学徒工，1878 年转入费城米德瓦尔钢铁厂当机械工人并一直干到 1897 年。在此期间，他很快先后被提升为车间管理员、小组长、工长、技师、制图主任和总工程师，并在业余学习的基础上获得了机械工程学士学位。泰勒的经历使他有充分的机会去直接了解工人的种种问题和态度，并看到提高管理水平的极大可能性。为了促进科学管理的传播，1911 年他还协助创立了“工业管理科学促进会”。

本章小结

毫无疑问，政治-行政二分、科层制、文官制度、科学管理等思想至少在历史上曾经成为公共行政的强心剂。这些理论第一次指出了一条新路径，使公务员不再处于贵族化或政党分肥制的两难之中。专门的管理知识让公务员以行政专家的姿态超然于政治恶斗之外，又让普通人有了通过学习考试获得公务员职务的可能。

产生于美国的公共行政学从一开始就带着极强的问题指向，除了韦伯的科层制更多是理论推演外，**不论是政治-行政、科学管理，抑或是各种行政原则的提出，都得益于美国政治实践的推动**。此时，关注政治实践的现实不是一句空话，而是代表着这些理论可能的假设基础和推演条件。可以发现，从传统公共行政理论产生到传统公共行政理论原则化的演变，这一时期的公共行政理论的注意力更多是放在具体事务上。作为一种管理思想，它们是随着现代工业的扩张而出现的，以效率为导向的社会运行必然要求重新设计原有的运作模式。作为一种政治回应，泰勒等人的管理思想是顺应行政地位的凸显和独立而出现的，他们的目的，是为具体的行政事务寻求到一种最佳的方法，去实现组织目标。

对于庞大复杂的公共行政领域来说，传统公共行政学是不完整的，其实用主义也让它难以面对迅速变动的公共行政事务，它对公共行政世界的解释也越发乏力。很快，赫伯特·西蒙、罗伯特·达尔、德怀特·沃尔多等人展开了对传统公共行政学的批判。公共行政学的发展进入了一个新阶段。

关键术语

政党分肥制　政治-行政二分　科层制　科学管理

本章推荐阅读

GOODNOW F J. Politics and administration: a study in government, Transaction Publishers, 1967.

HOOGENBOOM A. The pendleton act and the civil service. American historical review, 1959, 64 (2): 301-318.

LYNN Jr L E.. The myth of the bureaucratic paradigm: what traditional public administration really stood for. Public administration review, 2001, 61 (2).

NORTHCOTE S H, TREVELYAN T E. Report on the organisation of the permanent civil service, 1854.

WILSON W. The study of administration. Political science quarterly, 1887, 2 (2).

WOODRUFF C R. A new municipal program. D. Appleton and Company, 1919.

古德诺. 政治与行政. 北京：华夏出版社，1987.

马克斯·韦伯. 经济与社会：上卷. 北京：商务印书馆，1997.

马克斯·韦伯. 经济与社会：下卷. 北京：商务印书馆，1997.

泰勒. 科学管理原理. 北京：中国社会科学出版社，1984.

第4章

初创：公共行政学的产生

在行政的科学中，不管是公共还是私营，最基本的“善”就是效率①。

——卢瑟·古立克

本章导言

基于学科专门化的需要，公共行政学开始了对提高行政效率的研究，在此过程中大量借鉴了管理学的研究方法和思想传统。公共部门被视为一种人、财、物的组织模式，因此适用于组织的研究方法和研究路径也被认为可以适用于提高政府行政效率与效能。在此背景下，怀特、威洛比、古立克、福莱特、巴纳德等人的公共行政理论构成了公共行政学发展的正统时期，公共行政学发展进入鼎盛时期。可以说在这一阶段，传统公共行政学完成了建构学科的研究范围、研究体系、研究目标和研究方法的任务。从公共行政实践来看，公共行政学在变动的社会经济环境中也施展出了巨大能量。

要理解初创时期的公共行政学，也就是传统公共行政理论，必须理解传统公共行政理论的成因，以及它所面对的社会问题和社会环境。由此，我们才能理解为何沃尔多认为传

① GULICK L，URWICK L. Papers on the science of administration. Institute of Public Administration，1937.

统公共行政理论是一场政治运动的结果，而非对科学的奠基①。

在这一章，我们将呈现公共行政学史中非常特殊、充满矛盾的时期。一方面，在这一时期，公共行政学的声望如日中天。随着1937年古利克和厄威克《行政科学论文集》② 的出版，以及在实务界布朗洛报告的发布，传统公共行政理论一度成为理论界与实务界的共识。并且，随着怀特1926年的《公共行政学导论》和威洛比1927年的《公共行政学原理》(*Principles of Public Administration* ）两本教材广泛用于培养学生，传统公共行政理论的政治-行政二分、科学管理预算、科学人事管理、竞聘上岗的中立文官（neutral competence)、行政法控制等观念也随之深入人心③。在某种意义上，这是公共行政学历史声望的最高峰，此后的公共行政理论再也没有形成如此高度统一的范式。

但另一方面，这种如日中天的地位，并不意味着公共行政学思想无可挑剔。沃尔多就批评道，传统公共行政理论粗糙、自以为是以及不严谨，一些结论可以说是错误的且在方法论上是幼稚的，整体上是狭窄的④。因此，传统公共行政理论在后续更严谨的公共行政学者的攻击下，基本失去了抵抗能力。沃尔多对此给出了一个生动的比喻：**传统公共行政理论像一把“浅的铲子”，只能刨出肤浅的“答案”（answer）而给不出针对问题的“解决方案”（solution)**，甚至连系统地发现根本性问题的能力都没有⑤。无论这些批评如何，总体而言，传统公共行政理论有着鲜明的时代色彩，因此必须回归当时的时代来介绍与分析，否则，其秉持的许多观念从当代政府公共行政体验中是难以理解的。

4.1 公共行政理论的产生

学科的形成有两个主要指标：第一，是否有自身的研究领域；第二，是否有自身的对话体系，以促进该领域的研究者的对话和交流，并能对不同的研究结果进行评价，同时促进研究成果的传播。前者表现为是否有教材和专著；后者表现为学术出版物出版、学会成立和教育机构跟进，等等。

对公共行政学来说，从教材来看，1926年出版的怀特的《公共行政学导论》，第一次概括描述了公共行政学这门学科的全貌，并完成了公共行政研究的系统化。它与1927年出版的威洛比的《公共行政学原理》一起成为当时最重要的教材。这两本教材奠定了传统

①④ WALDO D. Organization theory: an elephantine problem. Public administration review, 1961, 21 (4): 210-225.

② GULICK L, URWICK L. Papers on the science of administration. Institute of Public Administration, 1937.

③ SAYRE W S. Trends of a decade in administrative values. Public administration review, 1951, 11 (4): 1-9.

⑤ WALDO D. The administrative state. Ronald Press, 1948.

公共行政理论向学生传授的基本思想，成为理解传统公共行政理论教育的重要来源。

从专著来看，1937 年出版的古利克和厄威克所编的《行政科学论文集》，几乎囊括了传统公共行政理论所有最具代表性学者的论文，成为传统公共行政理论最具代表性的专著。这本论文集也在后世几乎成为传统公共行政理论的代名词。

学会的成立也是公共行政学初创时期的重要标志。1939 年 12 月，美国公共行政学会（American Society of Public Administration，ASPA）在美国政治学会年会上成立。1945 年制定的学会章程反映了其使命：促进对公共行政领域感兴趣的人员的经验及知识交流；鼓励对公共行政相关信息材料的收集、汇编和传播；在总体上提升公共行政科学、过程与艺术。美国公共行政学会的主要活动是发行学术期刊《公共行政评论》（*Public Administration Review*）① 和组织美国公共行政学会年会。

同时，作为一门和实践紧密相连的学科，公共行政学的建立也直接推动了政府机构的相应调整和改革。比如，美国国家行政学院（National Academy of Public Administration）于 1967 年成立，后来成为政府所倚重的高层次智囊机构之一。它是以研究政府管理、推动政府工作效率化为目的的非官方组织，并集结了经验丰富、具有专业知识和管理才能的社会各界人士。1983 年，美国国会参众两院以立法形式先后通过了给该机构的“特许状”。里根总统在“特许状”批文上留下赠言：“我希望并确信，未来的政府和国会将受益于国家行政学院所提供的研究和咨询，从而提高政府的效率。”

学科建立同样也推动了相应的公共行政学教育机构的发展。1970 年，全美公共行政与公共事务学院联合会（National Association of Schools of Public Administration and Affairs，NASPAA）成立，其主要任务是从事公共管理学科发展与课程内容的研究，促进公共服务教育质量的提升。NASPAA 开发了一套完整的评估体系，以对各高校公共行政学科的教育质量进行科学、公正的评估。著名的 NASPAA 认证是该机构对相关高校公共管理硕士等专业学位教育已达到一定水平的一种资格证明和认定，其目的是通过测评来确保相关教育机构能够向政府和公共部门输送有竞争力的优质毕业生。

4.2　传统公共行政理论的整体思路

如前文所述，美国公共行政学的产生与人们对建国初期朴素的民主思想、政党分肥制

① 本书正文中提到的《公共行政评论》均指美国公共行政学会会刊 *Public Administration Review*，而非在中国国内出版社发行的《公共行政评论》。

及一系列行政分权制度的批评密不可分。这一时期的美国政府面对着一组悖论：一方面，用以设计政府行政架构的是至少听起来非常美好的民主理论；另一方面，老百姓每天接触的却是现实中实实在在的令人失望和不满的政府行政。正如登哈特所描述的[①]：

> 在这一时期，杰弗逊主义的民主主张相当强大，或许比建国先驱们（当然肯定比汉密尔顿）所预想的还要强大，结果形成了主张政府高度分权的观点。地方政府，包括城市、县和特区政府，在运作中拥有相当的自治权。政府的不同部门也彼此分离，例如，官员是选举而不是任命的，从而能够拥有某种独立性。这种观点虽然在很多方面都很吸引人，但也导致了很多问题。自治很容易就变成了自大，分离变成了隔离，独立变成了任意。受政党分肥制遗留影响的驱动，政府不光分散了，也分离了，而且有时变得完全虚伪了。

可见，这一历史背景与后来政府和市场对立的环境有很大差别。此时，与政府行政相对立的是选举政治和杰弗逊民主主义的政府架构，而非私人企业系统或市场机制，正如沃尔多所说，“民主”之后不可避免地要付出的代价是实际的“独裁”[②]。因此，传统公共行政理论者一方面希望将政府部门从选举政治中解放出来，让政府承担更多职能，另一方面又强调用企业式的方式来进行管理，以高效行政挽救民主体制。正如威尔逊式的公共行政理论所强调的，如果民主要存在下去，就不能无视集权、等级制和纪律的重要性。**在传统公共行政理论所处时代，企业式的管理模式并不象征着反对科层制、扁平化管理和企业家精神，反而象征着理性科层制、集权和内部管理纪律，与之相对的是打着民主旗号的碎片化、官员独断与行政混乱。这是传统时期公共行政学与后续管理主义的显著区别。**

这种企业式的政府行政思维可追溯至威尔逊 1887 年的著名论文。如前所述，威尔逊认为与宪法的设立相比，宪法的执行变得越来越困难，在此情况下，应该用企业式的原则来指导公共机构的运作，从而提高政府运作的效率。因此，他认为“行政的领域是一个企业的领域”[③]。既然企业可以通过科层制的单一权力结构来提升企业的责任管理水平和生产效率，那么政府也不该教条地执行杰弗逊式的分权民主，相反也应该建立更为综合和集中的结构，只要掌握管理权力的政府部门负责人是在民主制度的控制下，就没有滥权的危险。

显然，按照此逻辑，要提高政府效率就必须达成三个条件：第一，行政要脱离政治的不确定性，尤其是必须应对杰弗逊式的分权民主；第二，效率至上，其中包括采用企业管理技术，并总结出高效率的原则，作为公共行政学知识；第三，拓展政府部门，形成一个

① 丹哈特．公共组织理论．北京：华夏出版社，2002：45-46.

② WALDO D. The administrative state. Ronald Press，1948：47.

③ WILSON W. The study of administration. Political science quarterly，1887，2（2）：207.

系统性的整体管理系统，打破美国传统的碎片化政府结构。而对于这些条件的强调，则进一步衍生出了传统公共行政理论的理论路径。

4.2.1　行政对政治不确定性的规避

首先，基于与美国改革政党分肥制度、建立文官制度等一系列改革的历史联系，**传统公共行政理论对杰弗逊式民主主义与现实中的政府行政低效持有先天警惕。**政治的不确定性被认为是导致行政低效的重要病因，因此，**将政治不确定性隔离在行政活动之外成为传统公共行政理论开出的重要药方。**而韦伯所总结的只有理性科层制所蕴含的稳定预期才能带来效率提高的思想，也进一步促进了隔离政治不确定性的观念。对政治不确定性的怀疑体现在传统公共行政理论的多个方面。如威洛比在《公共行政学原理》一书中，将选举官员和行政人员定义成两种截然不同、不相重叠的角色。他认为选举官员的"首要功能"（prime function）是"制定政策并给出实行这些政策的必要命令"[①]，而行政人员的功能则是"执行政策和其他相关部门的命令"。威洛比的观点反映了当时对公共行政定义的转变：在传统公共行政理论发端以前，行政（administration）更多是指组织内部的一种功能，任何组织，包括立法、司法部门，都有行政功能，也就是中文语境下的"办公室"业务，其通常涉及人事、财会、廉政监察等业务。但在公共行政学兴起以后，正如威洛比所给的定义，公共行政（public administration）被认为是"仅包括行政分支的运作"[②]，**这使得对公共行政的理解落实成了一项专属的公共职能，而非所有部门都要进行的内部行政。**这种将行政概念再定义，并且把立法、司法等部门的行政从公共行政研究中去除的观点，为论证行政和政治是不同的角色和职能，以及摆脱政治不确定性创造了可能[③]。

其次，传统公共行政理论也对公民参与乃至公民政治运动对政府行政的影响保持高度警惕，因为这有悖于稳定的科层制能达到高效的观念。古利克就最直白地表达了这样的观点。他认为，"对民主的成功运作绝不能寄希望于公民扩大的或持续的政治运动，也不能寄希望于稀世的知识与智能来解决复杂的问题……公民不能参与复杂的规划过程"[④]。古利克认为，必须要有一个整体协调的、所有地方部门都被整合到其中的政府系统。否则，即使把行政从政治中分离出来，如果政府依然是相互隔离的松散分权体制，那么政府规划的功能又会被推回（thrust back）到公民手中。而公民是没有能力做规划的，结果就是行

---

① WILLOUGHBY W F. Principles of public administration. The Brookings Institution，1927：2.

② 同①1.

③ DENHARDT R B. Theories of public organization. Brooks/Cole Publishing Company，1984：49.

④ GULICK L. Politics，administration，and the "new deal". The annals of the American academy of political and social science，1933，169 (1)：55-66.

政被意外、机会和政治老板（accident，chance，and the political boss）所控制。

因此，传统公共行政理论致力于追求结构化、制度化来消除不确定性，也即通过建立适当的正式组织和对行政人员施加合理的限制来提高效率。正如威洛比在其《公共行政学原理》一书的序言中所说的，“总之，现在已经确认，一个被广泛控制（popularly controlled）的政府将极易浪费财政和低效行政”①。因此，杰弗逊式的分权制衡思想需要反思，因为行政责任需要集中和协调。政府事务性工作应该与商业世界中的类似工作有同等的效率和效能，当企业可以通过其上下级内部管理系统协调一致时，政府也应该如此。

4.2.2 效率至上的价值观

不像后来者往往将效率包装成事实或者客观中立的指标，传统公共行政理论大方坦承效率是政府部门的最高价值。正如怀特认为的那样，“公共行政的目标是最高效地利用公务员和政府雇员所掌握的资源”②。古利克在为他和厄威克所主编的《行政科学论文集》所写的文章中也明确表示，“在行政科学中，无论公有或私有，基本的‘善’就是效率”③。事实上，在这一时期，**传统公共行政理论者们并不认为效率作为价值会与其他民主价值冲突。**相反，正如在前面所介绍的，传统公共行政理论者认为，只有高效行政才是挽救民主价值的根本条件，而低效行政则会在现实中葬送看似美好的民主价值。也正因为如此，主流的传统公共行政理论并不需要掩饰其将效率作为一种价值观的想法，也不需要将其包装成一个客观指标，效率对于政府来说就是保证其他价值存在的基础。防止公民进入政策过程从而维护效率的观念，看起来或许会觉得有悖于我们当下已被普遍接受的一些行政伦理，但对于面对着杂乱无章、各自为政的碎片化政府的传统公共行政理论者来说，这却是他们因时因地的经验总结。正如古利克自身对价值冲突所做的解释，“有的高度无效率的安排像公民委员会或小的地方政府或许对民主是有必要的”，但它们却会对效率造成干扰，效率是“行政科学得以确立的根本价值”④。

更重要的是，传统公共行政理论者相信效率是可以通过总结经验、提炼原则而得到的。登哈特将这种思路总结为三个中心要素：“第一，科学方法可以被应用于行政研究；第二，科学可以制定行动指南；第三，行动指南将改进组织的效率，而效率是评价组织工作的主要标准。”⑤ 同时，基于对泰勒主义的认同，以及对不稳定政治活动的反对，传统

① WILLOUGHBY W F. Principles of public administration. The Brookings Institution，1927.

② WHITE L D. Introduction to the study of public administration. Macmillan Company，1926：2.

③ GULICK L，URWICK L. Papers on the science of administration. Institute of Public Administration，1937：192.

④ 同③193.

⑤ 登哈特．公共组织理论．北京：中国人民大学出版社，2003：58.

公共行政理论更关注组织结构的设计，即希望发现最高效率的组织结构和管理制度。例如，威洛比就相信行政部门也需要遵循科学的政府行政原则，按照其他高效的私营组织的模式，统一指挥、设定权责一致的等级制权威和避免管辖权冲突的劳动分工，政府行政效率就能得到提高。与之类似，古利克也将提高效率的重点落在组织部门分工，明晰管理者与命令服从链条，理清控制幅度和控制性质，以及跨部门协调上。古利克在此基础上总结了著名的"POSDCORB 管理七职能"，作为组织管理的七项应然职能，即计划、组织、人事、指挥、协调、报告、预算。古利克的见解强化了传统公共行政理论的特色，即对管理和行政的研究集中于上层管理部门的角色。

4.2.3　扩大政府部门

传统公共行政理论提出，政府部门应该扩大。如古利克所说，"在变化的时代，政府必须强化那些进行政府行政的部门，也就是进行协调、计划、人事管理、财务控制和调研的部门。这些部门是组织的大脑和意志（brain and will）"①。这其中的逻辑是，既然在私人部门中，企业老板不可能仅靠自己的决策和生产就能运转一个企业，而是需要一系列的协调、计划、人事、财务等行政部门来维系企业的运作，那么，政府作为一个组织，也就不可能仅凭政治程序，不需要相应的行政部门就能进行有效的政府行政。因此，政府也需要像企业那样扩展自己的行政部门。

这种企业有诸多行政部门则政府也应该有相应行政部门的观点，在传统公共行政理论者中并不少见，威洛比就把立法者比作企业中的理事会。怀特也在其所写教材序言中直接否定了政府基于公法传统的特殊性，并认为，"公共行政研究应该奠基于管理而不是法律，因此行政更应该被吸收进美国管理协会（American Management Association）事项中，而不是法庭的判决"。据此，我们也就不难理解古利克对提高行政效率所开出的药方：按照劳动内容分工来组织政府部门，将相同的业务整合进统一且单一的行政权威之下；如此，行政就成为一个大机关，而不是许多临时的小部门，也因此行政就有了更宽广的基础；随之而来的就是更细的劳动分工和专业化，为公务员提供更好的职业机会，给高级行政领导更高的地位。只有这样，政府才能在不增加成本的情况下，聘用更优秀、有着更好的知识素养的人才到政府工作岗位上②。简而言之，一个扩大的行政分支，也将提供大企业给员工的一切诱人因素和大企业的优点，因为这些因素和优点并不来自企业的特殊性，而是来

---

① GULICK L，URWICK L. Papers on the science of administration. Institute of Public Administration，1937：13.

② GULICK L. Politics，administration，and the "new deal". The annals of the American academy of political and social science，1933，169（1）：55-66.

自其规模和组织形式。

4.3 传统公共行政理论的其他面向

当然，作为公共行政学最为如日中天的一段时期，传统公共行政时期并不是仅关注组织结构这一单一面向。在尝试提高组织效率和认识组织内人际互动的过程中，传统公共行政学也关注其他面向。特别是，从总结日常管理实践出发，传统公共行政理论意识到许多对工人进行管理的社会因素。

4.3.1 政府行政过程中的人及其对环境的动态适应

作为传统时期的公共行政学者，美国社会心理学家玛丽·福莱特也关注到了如何改进组织才能提高效率，但她还关注到另一个面向，即如何理解组织中的个人和群体的行为动机和欲望，以及组织该如何控制成员。她认为，人并不是简单地被控制或者服从权力，组织是群体合作的场所，研究人与人怎样才能更高效地合作才是提升效率的关键。她指出，专家不一定是阐述真理的人，事实上，他们做的可能正好相反。在工商业及其他行业中，我们需要确定自己的目标、培养创造性思维，而不是依靠专家。我们需要用一种整体的眼光看待一个企业，而不是只盯在个别的细节上。福莱特在其 1924 年的著作《创造性的经验》(*Creative Experience*）中就提出：第一，依靠自己，独立思考；第二，更加注重工商业中涉及的人的问题，而不仅仅是机器的问题。

专　栏

玛丽·福莱特

玛丽·福莱特（1868—1933）是在科学管理理论和行为科学理论之间起着桥梁作用的美国管理学家。她对组织中冲突发生的机制和解决做了深入梳理。她的主要著作包括：《新国家》（1918年)、《创造性的经验》（1924 年)、《作为一种职业的管理》（1925年)。

在福莱特的著作中，有关冲突的分析占据了重要地位。她认为，我们应该将冲突视为组织中任何活动的一个正常过程，冲突并不就是斗争，它只表明一种差别——意见的不统一或利益上的差别。存在于相互作用的期望之中，冲突并不是只具有破坏性，而是更具有建设性，它作为表现和累计差别的要素可能成为组织健康的标志和进步的象征。福莱特提出三种处理冲突的办法：第一，压服，这意味着冲突一方战胜了另一方；第二，妥协，这意味着冲突双方都做出一定让步缓和冲突，从而使被冲突所困扰的活动能够继续进行；第三，整合，即把冲突双方的利益和愿望结合起来，双方诉求得到充分满足而无须任何一方做出牺牲。高效的行政往往来自整合，在整合模式中，管理链条上下各个环节的人员都相信组织的工作反映了自己的利益和愿望。

从这一视角出发可以认为，组织中群体的形成是一个整合“愿望”（wishes）的过程。在此过程中，群体塑造了人格（personality）、权力（power）和自由（freedom），并持续生产目标（purpose）。而群体中个体的忠诚正是个体作为群体的一部分的结果，即个体组成群体、群体也在塑造个体，而不是源自“想象的整体”（imaginary wholes）或“选择的整体”（chosen wholes）。群体作为一个过程，它遵从着个体间关系（inter-individual mind），而不是超越个体的关系（over-individual mind）。要使管理高效顺畅，就要分析和关注个体间关系。

因此，福莱特认为，要实现群体原则并通过整合方法来解决利益冲突，就必须重新考虑关于权力和权威的概念。权力是使事情发生的能力，包括“统治的权力”和“共享的权力”；权威是既得的权力，起源于正在执行的任务，来源于特定的情境。福莱特试图用“共享的权力”来代替“统治的权力”，用共同行动来代替同意和强制，变服从命令为服从“情境规律”（law of situation），即命令来自事实和环境，而不是发布者的意志。她指出，不应该由一个人给另一个人下命令，而应该是双方都从情境中接受命令。如果命令只不过是情境的一部分，那就不会产生某些人发布命令而另一些人接受命令的问题。而是管理和被管理双方协力，就事论事地依据情境制订出合适的应对方案。所以，控制应该是对事，而不是对人。控制应该是事实控制而不是由人控制，事实随情境的变化而变化，它是相互关联的，而不是由上级强加的。

福莱特同时指出，**人们在团体中寻求归属感，在联合中寻求安慰，在隶属中寻求实现，所以管理的本质是寻求合作**。控制和权威源于正确的协调，组织的首要任务就是协调，即将处于特定情境中的所有因素联系起来并促进该组织的整合统一。福莱特因此提出“组织的四项基本原则”：协调是涉及一种情境下所有因素的“交互关系”；应通过直接接触实现协调；协调应在早期阶段进行；协调是一个连续的过程。

4.3.2　行政组织理论

传统公共行政时期的另一位管理学家切斯特·巴纳德（Chester Barnard）也非常重视

组织理性。与福莱特类似，巴纳德认为组织作为合作体系有赖于个体的积极参与，因此，理解个人动机和满足组织中的个体欲望对于提高效率非常重要。

巴纳德认为，服从本质上来自管理者的说服能力，而非管理者在科层制中的地位。他在 1938 年撰写的《经理人员的职能》（*The Functions of the Executive*）一书中总结了服从的原因：被管理者理解和支持管理者的说辞；被管理者相信命令与组织的目标并不冲突；被管理者相信命令与他个人利益一致；被管理者心理上和身体上有能力服从命令；命令的内容属于被管理者心里的“无差区域”（zone of indifference），即属于个人不会有意识地去思考、质疑，很自然就接受的范畴①。由于命令并不会天然地被执行，下级也不是无条件就会服从上级，因此仅仅建立科层制和集权并不足以保证管理的效率，还应该保证科层制是一个有效合作的系统。巴纳德在《经理人员的职能》一书中着重讨论了合作效应。他认为，组织是一个合作系统，为实现其合作效应，组织内部的沟通驱动力应来自组织下层，而不是来自组织上层的权威，而且对核心力量——领导人的能力提出了要求。

巴纳德的行政思想是围绕组织这一核心展开的。组织是行政的核心，经营者的职能及其管理过程，都只是组织的一项专门职能。巴纳德淡化了传统组织理论对于行使正式权力和组织内自上而下的控制的强调，在传统组织理论的组织形态论和组织原则的基础上，针对组织结构提出了组织平衡理论。为了使组织能在变化的环境中存续，必须保持组织内外平衡。作为协作系统的组织，它是由不同的人组成的，因此，保持组织平衡的关键是要清楚组织的本质是什么，以及人在组织中是如何行动的。

在巴纳德的理论框架中，一切正式组织都是由共同目标、协作意愿和信息联系三个因素构成的。组织犹如人体，行政系统则如人体的神经系统。为保证组织各组成部分在统一指挥下有序开展活动，组织的横向机构与纵向机构都要有良好的沟通。因此，就必须有一套健全的信息沟通系统，这个信息沟通系统是组织协调组织成员活动的必要条件，而管理人员处于这个信息沟通系统的中心位置进行活动的指挥和组织。管理人员是组织运转的枢纽，指导组织的运转，实现组织的目标，是组织生存和发展的关键。巴纳德将管理人员的基本职能对应组织的构成要素归结为三项，即建立和维持信息交流的体系、促成组织成员提供必要的服务和规定组织的目标。

巴纳德认为，**在正式组织之外，非正式组织也非常重要**。“在大部分组织中，知晓组织中的规矩（ropes）主要是了解在组织的非正式社会中谁是谁，什么是什么，为什么是为什么。”② 与将非正式组织作为部门中的小团体、潜规则等负面现象的观点不同，巴纳

① BARNARD C I. The functions of the executive. Harvard University Press，1938：165-167.

② 同①121.

德将非正式组织作为提升效率的积极力量。他认为非正式组织可以提升组织内沟通水平及正式组织内的凝聚力，并在一定程度上保证组织成员的个体道德。在正式组织尝试消除个体人格的情况下，非正式组织可以有效地维护正式组织中的个体人格[①]。可见，巴纳德对人事管理的理解有其鲜明特色，他将个体的人格和自由意志与组织的理想章程视为一种人事管理中的平衡。

切斯特·巴纳德

切斯特·巴纳德（1886—1961），系统组织理论创始人，现代管理理论之父。他既是一位管理理论家，又是一位成功的商人。对于这位西方现代管理理论中社会系统学派的创始人，管理学界一致认为，巴纳德对组织中的非正式组织进行了开创性研究。由于他在组织理论方面的杰出贡献，他被授予了七个荣誉博士学位。他的代表作有《经理人员的职能》《组织和管理》。

4.4　被质疑的传统公共行政理论

正如林恩（Laurence E. Lynn，Jr.）所描述的，传统公共行政理论一度如日中天，但在下午就死了[②]，这其中的一个重要原因就是传统公共行政理论虽然一直强调科学，但实际上并不科学，也就是，是不科学的“科学管理”。泰勒在国会听证会上对科学进行了解释，认为科学是“某种有分类或有组织的知识”，或者说是“收集存在于工人脑中但没有分类条件的知识，然后将这些知识抽象为规律、规则和公式”[③]，这就是泰勒认为的科学。可见，在这些论述中，泰勒并没涉及前提（assumption）、假设（hypothesis）、实验控制、信度、效度等因素。这种科学本质上是对工作经验的朴素总结和整理，而非科学实验。因此，这其中充满了矛盾，同样的情况可以给出不同的解释，各种看似有道理的观点可以彼

① BARNARD C I. The functions of the executive. Harvard University Press，1938：122.

② LYNN L E Jr. The myth of the bureaucratic paradigm：what traditional public administration really stood for. Public administration review，2001，61（2）：144-160.

③ TAYLOR F W. Scientific management. Harper & Row，1923：41-42.

此适用。

4.4.1 “不科学”的公共行政学

针对各种管理问题，传统公共行政理论似乎都能给出看起来睿智的答案，但真正探究在什么情况下用什么方式能真正解决问题，或者发现真正的根本性问题，传统公共行政理论只能诉诸因时因地的管理艺术，或者情境下的权衡。

所以，传统公共行政理论确实能让读者获得收获和启发，但如果我们认为学习了这些知识就能更高效地进行政府行政，那似乎又不太可能。事实上，无论如何强调推崇科学，传统公共行政理论本身的不可重复性就已损失了其理论信度。如后来文森特·奥斯特罗姆所批评的，“受过公共行政教育的人在实践上不比未受过公共行政教育的人更加成功，他们还可能比未受过这类教育的人更不成功”。因此，**“我们的学说包含着很坏的药”**①。

不科学地进行科学研究可以说几乎是传统公共行政理论的通病。无论在哪个面向，传统公共行政理论经常会告诉你要做什么，例如要统一指挥、要集权、要权责一致、要专业化、要重视下属的意见、要重视非正式组织等，但如何才能真正可重复地、有保证地做到这些，传统公共行政理论往往只能依赖非科学的策略。泰勒的《科学管理》算是一个典型。在介绍最优方法时，他似乎把效率作为一个客观现实，但当他在解释如何推进计件工资并平息工人的愤怒抗议时，他所介绍的经验却依赖于他个人的特有身份：他不是工人家庭出身，属于中上流出身，但同时有多年的工厂学徒经历，所以他在劳方和资方都有相当的声望，两边都信任他。这无疑会产生一个问题：如果另一个管理者并没有泰勒这样的个人经历和出身背景，无法靠自身的工厂资历和威望平息工人抗议，则可能导致计件工资制在工人的抗议和纠葛中效率更低（事实上，在和泰勒同期推行科学管理的工厂经理中，就有许多并没有达到泰勒的效果）。

那么，这到底是科学管理理论的错，还是个人经历不符合的错，还是科学管理不能用于管理“无知”的工人？科学管理理论无法解释这些问题，也无法面对时灵时不灵的问题。即使与泰勒最优法相对立的其他传统公共行政理论面向的学者，如福莱特和巴纳德，也无法解释如何才能真正有保证地整合上下层级愿望，或者帮助非正式组织提高组织效率，或形成他们认为可以提高效率的其他管理模式。

4.4.2 传统公共行政理论的重要影响

当然，无论传统公共行政理论如何不科学，其仍然产生了深远影响。

---

① 文森特·奥斯特罗姆．美国公共行政的思想危机．上海：上海三联书店，1999：13.

首先，公共行政学需要与政治分离并以效率为基础而自立的观点影响了后世的管理主义公共行政学的发展。虽然传统公共行政理论所提倡的方案被放弃，但以效率优先来审视政府行政的思维，在后来的管理主义公共行政学中被发扬光大。通过二分法将公共行政学限定在某些特定领域，以及在学科论述中排除效率以外的价值以推广改革的思路，都鲜明地体现在后来的管理运动之中。例如，我们很熟悉的"掌舵"和"划桨"的二分法，本质上与政治-行政二分具有同样的逻辑，都是通过重新划分行政的定义来推广新的行政模式。而戈尔报告，即《从繁文缛节到结果：创造一个少花钱多办事的政府》(From Red Tape to Results：Creating A Government that Works Better & Costs Less)，则通篇都在强调政府效率低下，几乎绝口不提对政府的民主问责，其比传统公共行政理论更鲜明地体现了效率至上。也就是说，我们可以轻易地在后续的一些政府改革中找到传统公共行政理论的思想轨迹。

其次，传统公共行政理论被后续的不同学派赋予了不同解读，既为后来理论提供了古典依据，也重塑了对传统公共行政理论的理解。因此，重要的不是传统公共行政理论本身是什么观点，重要的是传统公共行政理论被解读成了怎样的观点。例如，在后来的新公共管理运动中，政治-行政二分的思想及其行政原则就被刻意解读，以至于有人认为，效率至上的价值之于新公共管理理论远胜于传统公共行政理论，而在文献再创造中出现的"原则"则远多于威洛比或古利克的著作①。与此同时，反对新公共管理理论的学者也抛出他们对传统公共行政理论的解读并与之针锋相对，他们认为传统公共行政理论所说的是政治与行政作为职能的角色不同，而并不是二分法②。

最后，因为传统公共行政理论并不符合今天对学术严谨性的要求，这反而使得其思想具有弹性。大多数传统公共行政理论者只是对自己相信的经验做总结，并未想过要将自己的思想归结为什么学派。因此，传统公共行政理论通常拥有多个面向。例如，理性组织模式的理论可能会奉巴纳德的激励-贡献模型为理性模型的先驱，因为其中暗含服从是根据个人利益大小计算结果的理性假设。而同时，组织文化的研究也会把巴纳德对于非正式组织的研究作为其先驱，尽管现代组织文化研究可能并不认同理性组织理论，也不认为人在组织中的行动是单纯理性成本效益分析的结果。这意味着，在阅读传统公共行政著作前就先认定其基本观点，往往会限制对传统公共行政理论弹性和广度的认识。

---

① LYNN L E Jr. The myth of the bureaucratic paradigm：what traditional public administration really stood for. Public administration review，2001，61 (2)：144-160.

② SVARA J H. The myth of the dichotomy：complementarity of politics and administration in the past and future of public administration. Public administration review，2001，61 (2)：176-183.

本章小结

从传统公共行政理论的产生到传统公共行政理论的原则化的演变，这一时期的公共行政理论不再是强调公共行政学的宏观理论，而是将注意力放在具体事务上。作为一种管理思想，公共行政是随着现代工业的扩张而出现的，以效率为导向的社会运行必然要求重新设计原有的运作模式。作为一种回应，泰勒、法约尔、古利克和厄威克等人的管理思想是顺应公共行政地位的凸显和独立而出现的，他们的目的是为具体行政事务寻求一种最佳的方法，去实现组织目标。

或许传统公共行政理论是粗糙的或不完整的，在某些方面其结论也许是错误的，但这些在今天看来理所应当的事情在当年无疑都是革命性的变化①。正是在此意义上可以说，传统公共行政理论有效回应了公共行政学初创时期所面临的问题。也正是经过这个阶段，公共行政研究得以制度化，公共行政学作为一门学科也逐渐走向成熟。

关键术语

传统公共行政理论　行政效率　行政原则

本章推荐阅读

CLEVELAND F A. Organized democracy: an introduction to the study of American politics. Longmans, Green, and Company, 1913.

FOLLETT M P. The new state: group organization the solution of popular government. Pennsylvania State Press, 1918.

GRAHAM P. Mary Parker Follett prophet of management. Harvard Business School Press, 1995.

GULICK L, URWICK L. Papers on the science of administration. Routledge, 2004.

GULICK L. Politics, administration, and the "new deal". The annals of the American academy of political and social science, 1933, 169 (1): 55-66.

LYNN L E Jr. The myth of the bureaucratic paradigm: what traditional public administration really stood for. Public administration review, 2001, 61 (2): 144-160.

① SIMON H A. The proverbs of administration//SHAFRITZ J M, HYDE A C. Classics of public administration. 北京：中国人民大学出版社，2004.

SAYRE W S. Trends of a decade in administrative values. Public administration review，1951（11）：1-9.

SVARA J H. The myth of the dichotomy：complementarity of politics and administration in the past and future of public administration. Public administration review，2011，61（2）：176-183.

WALDO D. Organization theory：an elephantine problem. Public administration review，1961，21（4）：210-225.

WHITE L D. Introduction to the study of public administration. Macmillan Company，1926.

WILLOUGHBY W F. Principles of public administration. The Brookings Institution，1927.

切斯特·巴纳德. 管理人员的职能. 北京：中国社会科学出版社，1997.

斯蒂尔曼二世. 公共行政学：概念与案例. 北京：中国人民大学出版社，2004.

第 5 章

危机：学科科学化及其争论

我们与一门公共行政科学还相去甚远①。

——罗伯特·A. 达尔（Robert A. Dahl）

本章导言

公共行政学曾经将行政从政治恶斗的泥潭中拯救出来，但在经历了 30 年的短暂繁荣后，到了 20 世纪四五十年代，曾经确立的被普遍认可的“原则”开始被质疑和批评。而在实践中，传统公共行政理论在应对第二次世界大战后各国社会经济环境的急遽变迁中也颇感捉襟见肘，不仅难以继续发挥理论指导作用，反而成为行政囿于僵化困境的重要因素，因此，传统公共行政理论面临着严峻挑战。对此，公共行政学者做出了积极回应，并通过深刻诘问和批判，形成了明显不同的理论视角、价值体系和研究方法，公共行政研究也走向了不同方向。

如前所述，发轫于 19 世纪末的美国，公共行政学在进步主义、政府改革和科学管理运动的推动下于 20 世纪 30 年代进入了发展黄金时代，形成了所谓的“正统论”公共行政

① DAHL R A. The science of public administration: three problems. Public administration review, 1947, 7 (1): 1-11.

学[①]。此时，传统公共行政理论占据主流话语体系，在学科发展和实践回应上都得到了美誉。随着学术共同体、学术期刊、人才培养体系的不断完善，作为一门学科的公共行政学得以建立，公共行政学的基本共识也不断达成，包括政治-行政二分、科层制、科学管理原理以及越来越多有关政府改革的原则。

然而，在经历了短暂繁荣后，从40年代开始，传统公共行政理论在处理新的实践问题时日益捉襟见肘。此时，**曾经推动"正统论"公共行政学兴起、成长与繁荣的行政原则在一群年轻学者的批评下，被认为是"可有可无、成对出现的格言"**[②]。公共行政学的传统"共识"被严重削弱。在旧传统瓦解、新共识尚未达成的背景下，一场关于公共行政学科定位与研究方法的持续争论也开始上演。

5.1　西蒙对公共行政原则的质疑

为了创建一门独立学科，公共行政学者努力归纳出了许多原则。这些原则的探究基于这样一种假设：在公共行政学中，总结归纳出普适性的原则是可能的。比如，威洛比就认为，在行政中，存在着某些基本原则，这些原则具有普适性，就像那些表征任何科学的原则一样[③]。厄威克也认为，就像存在着某些支配桥梁建造的工程原则，以及某些支配着出于各种目的的人际交往的原则一样，也存在着某些支配行政行为的原则[④]。

20世纪40年代，发展出诸多原则的传统公共行政理论受到了严峻挑战。以赫伯特·西蒙为代表的行为主义学派首先否定了行政原则的存在。1946年，西蒙在《公共行政评论》上发表《行政谚语》(The Proverbs of Administration)一文，认为传统公共行政学者所提出的每一条行政原则都可以找到另一条看来同样有道理、同样可接受的对立原则。他指出，这些原则在进行说服、政治辩论及各种形式的修辞中很受欢迎，因为它们总是像谚语那样成对出现，例如"三思而行"与"当断不断，反受其乱"。但这些行政原则并非真正的科学原则，只能被称为"行政谚语"。科学的理论应明确辨别出什么是对的、什么是错的，然而"行政谚语"却指向不明。

而后，西蒙在《行政行为：行政组织决策过程研究》(*Administrative Behavior*：*A*

① WALDO D. Review：the end of public administration. Public administration review，1988，48 (5)：929-932.

② SIMON H A. Administrative behavior：a study of decision-making processes in administrative organizations. The Free Press，1945.

③ WILLOUGHBY W F. Principles of public administration. John Hopkins Press，1927.

④ URWICK L. Executive decentralization with functional co-ordination. Public administration，1935，13 (4)：344.

Study of Decision-Making Processes in Administrative Organizations)① 一书中将一些常见的原则进行了分析，主要有如下四项②：

第一，集体业务工作的专业化，会使管理效率得到提高。然而，专业化的增强能导致效率提高吗？西蒙在书中以按地点分工和按职能分工的专业化为例，指出专业化并不是有效管理的一个条件，只是说明不同的人在干不同的事。

第二，将集体成员纳入一个明确的职权等级当中，保证统一指挥，就能使管理效率得到提高。西蒙认为，这一原则与专业化原则不相容。在专业化原则指导下，每一项决策的制定工作都是由最胜任制定该决策的组织岗位来承担。但组织因此而形成的专业划分又阻碍了统一指挥原则的实现，反而会引发某些失职和混乱现象。

第三，限制组织层级系统的控制幅度（span of control），使之较窄，管理效率就会提高。西蒙认为，一旦幅度过窄，对应控制层级过多，命令在传达过程中会被扭曲，控制也会逐渐变得没有效率且失真。这方面还存在一个与之相对立的管理谚语：将一件事情在执行之前所必须经过的组织层次减少到最低限度，命令的一致性（unity of command）将有助于提高管理效率。如果组织计划使命令传播效率最大化并降低传播过程中的信息损失，那么尽可能少地设置层级是途径之一，即建立扁平型的组织架构。然而，减少组织层级导致的一个后果就是管理者所管辖人数太多，那么其对下级的控制力就会减弱，不利于统一指挥等原则实现。

第四，按照目标、过程、用户和地点来组织工作者并实施控制，就能提高管理效率。这一原则显然与专业化原则相悖，因为目标、过程、用户与地点四个条件中任意一点的实现都必须以牺牲其他三种办法为条件。

在西蒙看来，上述原则明显相互矛盾，而这类相悖的原则在传统公共行政论著中俯拾即是。传统公共行政学错误地寻求一种永远都完全适用于一切组织的、绝对的和一成不变的组织原则。这些原则实际上只是用来描述和诊断管理状况的判据，但用于建构原则的“充分恰当的词汇和概念方面的工具”却迟迟未形成。他指出，行政科学要形成原则，就要在遵循逻辑实证主义的科学原则前提下，从种类繁多的组织当中找到抽象的结构原理。

西蒙认为，要彻底检查核实这些“行政谚语”，第一步是形成可操作性的概念（operational concepts），以便正确地描述管理组织；第二步则是要研究理性的限度，以便全面、综合地列举那些在评价管理组织时必须加以权衡的准则，并给各个准则设立权重。**只有遵**

① 该书在国内被译为《管理行为》出版，是西蒙获得诺贝尔经济学奖的主要著作，瑞典皇家科学院称它为划时代的作品。该书有两大贡献：一是以有限理性和行政人假设作为决策的基本命题；二是提出了决策过程理论。

② 赫伯特·西蒙．管理行为：管理组织决策过程的研究．北京：北京经济学院出版社，1988.

循科学研究的模式，以可验证、可证伪的假设检验具体的行政行为，才可能真正得到科学的公共行政知识。

5.1.1　有限理性与行政人

在对公共行政原则提出质疑的基础之上，西蒙给出了基本假设：有限理性（bounded rationality）与行政人（administrative man）[①]，前者是关于决策理性的，后者则是关于决策机制的特性和限度的。

西蒙认为，在传统公共行政理论文献中，经济人被设想为完全理性、掌握完全的信息并具备全面知识，能够从全局角度来看待各备选方案并预测每个决策所导致的全部结果，进而做出使自己利益最大化的最优选择。然而，实践证明这种假设是不现实的，基于这种假设形成的行政原则也并不科学。西蒙对这些假设提出质疑，他认为只有通过对选项的实际探索方可挖掘出最后抉择，但基本上，决策者能考虑到的选项并不多，也就无法在收集情报和计算方面做到面面俱到。

基于此，与主张行政原则的传统公共行政理论不同，西蒙更强调决策过程的复杂性。尽管行政决策者都想要做出理性抉择（比如说最好的选择），但在进行理性决策的过程中，人们信息加工的能力是有限的。因此，人们无法按照充分理性模式去行动，即没有能力同时考虑所面临的所有选择，无法总是在决策中实现效率最大化。**人们试图按照理性去行动，但是由于理性本身是有限的，人们只能在有限理性的范围内行为。**

具体而言，有限理性的形成源于：第一，在实际生活中，人们不可能完全知道决策结果，即使知道也是零碎和模糊的。第二，人们决策的结果往往是在未来才发生的，因此在预测决策的结果时带有很大的想象成分，要想完全通过预测和想象来代替实际生活中的真实决策结果往往是不可能的。第三，按照理性的要求，各行为主体能在所有备选方案中选出最优方案，但实际上在任何时刻，我们都只能想出有限的几个选项作为备选方案。由于每种备选方案都有各自独特的结果，所以许多可能的结果根本无法进入评价阶段，因为人们还没有认识到它们也是备选行为方案的可能结果[②]。因此，人们在决策时不可能通过考虑和比较所有方案来选出其中的最优方案，通常只能想到有限的几个方案。

在有限理性假设的基础上，西蒙设计了行政人的概念。他认为行政人追求的是“满

---

① 赫伯特·西蒙．管理行为：管理组织决策过程的研究．北京：北京经济学院出版社，1988.

② 靳涛．诺贝尔殿堂里的管理学大师：赫尔伯特·西蒙．保定：河北大学出版社，2005：45.

意”而非“最优”。“行政人之所以接受‘刚刚够好’的解，并不是因为他宁少勿多，而是因为他根本没有选择余地”①，“简化固然可能导致错误，但面对人类知识和推理能力的限制，除了简化，别无其他现实的方法”。

行政人与经济人相比有以下不同：首先，由于行政人寻求的是满意而不是最优结果，因此他在做出选择时不必考察所有可能的不同行为或确认所有可能的选择；其次，在简化理解“事物的相关关系”（它们对思维和行动来说过于复杂）的基础上，“行政人只用相对简单的经验法则，对思维能力不提过高要求就能制定决策”②。而满意决策也具有两个基本特点：一是有相应的最低满意标准；二是策略选择能够超过最低满意标准。一切决策都是某种折中，最终选定的行动方案不一定能尽善尽美地实现目标，它可能只是在当时条件下可以利用的最好办法。我们所处的环境必然限制着可以为我们所用的备选方案，从而划定了目标实现程度的上限③。

5.1.2 基于有限理性和行政人假设的决策理论

基于有限理性和行政人假设，西蒙构建了决策理论。1978 年，瑞典皇家科学院将该年度诺贝尔经济学奖授予西蒙，公告中提道：西蒙对经济组织内部的决策过程进行了开创性研究……现代厂商经济理论和管理研究，大多是以西蒙的思想为基础的。组织决策理论已经被成功地用于解释和预测各方面的活动，现代企业经济学和管理研究大部分是基于西蒙的思想④。

1. 决策的事实前提与价值前提

西蒙将决策前提视为组织向其成员施加影响的关键。他将决策前提分为两大类：一类是事实前提，事实前提是对环境以及环境的作用方式的某种描述（信息），即技术、知识、情报信息这类可观察到的事物及其运作方式的陈述，陈述的正误可以由经验事实进行验证。另一类是价值前提，价值前提是关于管理者对某种事物喜好的表示，表明对该事物的某种判断，即个人的某种行为及其前景、后果的主观性评价，诸如组织目的、效率标准、公平标准、个人价值等。价值是既定存在的，但不可以通过经验事实进行检验。

但在管理者面前，事实和价值并没有天然界限，西蒙对此进行了阐释。他认为，**事实和价值二者的区分相当于目标和手段的区分**。个人或组织在决策时需要考虑到两点内容：

---

① 西蒙. 关于人为事物的科学（修订版）. 北京：解放军出版社，1987：38.
② 西蒙. 管理行为. 北京：机械工业出版社，2004：109.
③ 同②8.
④ 西蒙. 现代决策理论的基石. 北京：北京经济学院出版社，1989：3.

一是要达到的目标，二是为实现目的所采取的手段。在设定组织最高目标的情况下，为了实现这一目标所需要的手段就成了组织中下一层级的管理者的目标，为了实现下一层级管理者的目标，又需要采取一定的手段，而这个手段则是再下一层级管理者的目标。这样往下不断进行分解，一直到组织总体目标能通过现有的行动计划或其他具体的方法和手段的实施而实现为止。这样，在组织中就形成一个不中断的目标-手段链，或者叫作目标层级系统。

在决策过程中，初始阶段以事实判断为主，随着这一过程向最终目标逼近，价值判断所占的比重会不断增大。因此，价值前提和事实前提是可以相互转化的。这种目标-手段分析框架克服了以往二分法的对立状态，跳出了管理学追求价值中立的偏失。

2. 组织行为对个人决策的影响

西蒙认为，权威是上下级双方的一种行为关系模式，既包括了上级下达的命令，也包括了下级是否接受命令的选择。权威的大小实际上是一个权威接受范围的问题。在权威接受范围之内，下级人员愿意接受上级人员给他制定的决策。影响权威范围大小的因素包括目标一致性、社会对目标的承认、目标的特殊性、消极性的惩罚手段、人员素质等。

组织通过权威体系向个人详细说明它所需要的基本价值前提即组织目标，以及要实现这些价值所需要的各种相关信息，个人将组织提供的前提综合成完整的决策。西蒙特别指出，在决策时组织具有一种克服群体行为的不稳定性的独特作用。现实中的决策常常不是孤立的，大多数的决策必须同时考虑其他人的反应。组织在本质上就是一个合作行为系统，在增加个人决策理性程度方面具有以下功能：第一，克服个人知识的局限，利用专业化和职能分工，帮助其成员整理、加工并提供预期决策直接相关的信息，排除不必要的信息，形成决策的信息前提；第二，帮助组织成员了解组织其他成员的行为趋向，以克服群体行为的不稳定性；第三，组织可以形成诸如组织使命等稳定的目标体系和价值尺度，从而帮助每个组织成员稳定地采用共同的评判标准。

3. 决策程序

西蒙认为：**“决策不仅仅是从几个备选方案中选定一个方案的行动，而是一个过程。”**他把决策行为划分为情报活动、设计活动、选择活动、审查活动四个阶段：第一阶段是情报活动阶段，其主要任务是收集信息、界定问题、找出差距并确定决策目标；第二阶段是方案设计活动阶段，其主要任务是寻找、制定并分析各种有可能达到决策目标的备选方案；第三阶段是选择方案阶段，即在诸行动方案中进行抉择，从一组备选方案中选出并确定一个最符合某种满意标准的方案，实际上就是决策阶段；第四阶段是审查方案阶段，即对实施方案进行审查和评价。

4. 决策类型

西蒙将决策划分为程序性决策和非程序性决策两种类型。程序性决策指的是带有常规性、反复性的例行决策，这种类型的决策可以制定出一套例行程序进行处理；非程序性决策则是指过去未曾发生过的一次性的决策，这种类型的决策由于无惯例可循，往往需要较大的成本。西蒙特意将理性区分为习惯理性和刻意理性，程序性决策要求习惯理性，而非程序性决策则体现刻意理性。

专　栏

赫伯特·西蒙

赫伯特·西蒙（1916—2001），美国管理学家和社会科学家，经济组织决策管理大师，第十届诺贝尔经济学奖获奖者。1916 年生于美国威斯康星州密尔沃基。1943 年毕业于芝加哥大学，获得博士学位。曾先后在加州大学伯克利分校、伊利诺伊理工学院任职，自 1949 年起，一直在卡内基-梅隆大学担任教授。他倡导的决策理论以社会系统理论为基础，并因此被授予 1978 年度诺贝尔经济学奖；1975 年获得图灵奖。他的代表作品包括：《行政行为》《管理决策的新科学》等。

5.2　达尔与西蒙的讨论：公共行政学如何成为科学

公共行政学是一门科学吗？1947 年，美国政治学家罗伯特·达尔与西蒙首先就这一问题进行了争论。两人的争论围绕三个问题展开，即公共行政和规范价值、公共行政和人的行为以及公共行政和社会环境。**这些问题的本质其实可以总结为科学是否应该（或能够）考虑价值和人性（human element）**。

5.2.1　西蒙：公共行政研究需要科学化

西蒙从“行政谚语”的观点出发，认为经典理论中的专业化、命令单位、控制幅度，以及对于目的、过程、地点等的组织管理均不符合严谨的科学规范，其不过是对公共行政系统的简单描述。这些“行政谚语”可以轻易地被解读成各种对立的结论，而难以保证系统效率的提高。因此，西蒙强调合格的公共行政研究需要满足两大条件：首先，管理系统的目标必须清晰地定义，从而保证对管理结果的有效测量；其次，管理系统必须通过实验性手段加以控制，才能对假设变量进行有效的测量。可见，西蒙不满于传统公共行政理论的粗放、模糊，他希望由此将公共行政研究转到更为科学实证的轨道上。

5.2.2　达尔：建立一门公共行政科学非常难

与之相对，达尔在与西蒙的辩论中也指出两大问题：首先，达尔相信在公共行政学中排除规范价值是不可能的，科学也无法跨越实然与应然之间的鸿沟。因此，西蒙所谓的价值中立的效率研究是不切实际的。其次，达尔不相信纯粹的科学实验可以得出可靠的公共行政学原则。因此，达尔强调自身并不是科学原则的反对者，其研究也符合实证主义认识论的要求，但实证主义的公共行政研究并不能忽略价值对管理行为的影响。相反，实证主义研究更应该对行政人员的价值、动机等心理行为给予关注与研究。

1947年，达尔在《公共行政评论》发表《公共行政科学：三个问题》(The Science of Public Administration：Three Problems）一文，他指出："我们与一门公共行政科学还相去甚远。"[①] 达尔认为，公共行政原则的发现要受到诸如价值、个体人格和社会框架这三个问题的困扰，它们是构造一门公共行政科学的障碍，具体表现为：

第一，无法从公共行政问题中排除规范性。科学是不关心规范价值的发现和阐明的，科学无法证实道德价值，也就不能在"是"与"应当"的鸿沟之间架设桥梁。但是，人们往往不能将规范性考量从公共行政问题中排除。有鉴于此，公共行政科学可能可以从两个方面推进：一是确定一个基本前提，即将伦理从这门科学所覆盖的领域中排除出去，在这个基本前提不起作用的地方，公共行政学就可以起步了；二是如实地说明目的，即公开所有规范性的假设。

第二，公共行政学必须对人的行为加以研究，这限制了公共行政科学的可能性。公共行政学的大多数问题是围绕着人来考虑的，它关心的是由政府机构提供服务的这个领域中的人的行为。然而，对人的行为的关注限制了公共行政科学的可能性：它减少了运用实验程序的可能性；对人的行为的关注严重限制了数据的一致性；浩瀚复杂的数据加大了观察者的偏好而降低了独立证明的可能性；人的行为的关系降低了公共行政规律的可靠性。

第三，公共行政与社会环境之间的关系被忽视。达尔指出，忽视社会环境的普遍适用的公共行政原则是不存在的。在从社会等级、人才录用制度、功绩制、行政精英等角度对

① DAHL R A. The science of public administration：three problems. Public administration review，1947，7（1）：1-11.

英国和美国的行政运作进行讨论后，达尔指出，必须关注公共行政环境的重要性，并提倡进行比较行政研究。因此，**公共行政学必须有一批比较研究，从这些研究中，我们可能发现超越国界和特定历史经验的原则和通则。**

专　栏

罗伯特·达尔

罗伯特·达尔（1915—2014），美国政治学家，耶鲁大学政治学荣誉退休教授，美国政治学会前主席，美国国家科学院和美国人文与科学院院士，英国科学院通讯院士。1963 年和 1990 年两次获得伍德罗·威尔逊奖。1985 年《外交事务》杂志把他称为“美国政治学泰斗”。他一生致力于研究民主问题，著作《民主及其批判》（1989）被誉为政治学经典，《论民主》（1998）则被称为是一本“民主指南”。

5.2.3　西蒙的再回应

针对达尔的《公共行政科学：三个问题》，西蒙在同一期杂志发表了《对〈公共行政科学〉的评论》(A Comment on “the Science of Public Administration”) 一文。西蒙表示基本同意达尔给出的三个命题，他进一步对前两个命题进行了界定和详细阐释。西蒙提出区分理论科学（pure science）和应用科学（applied science）作为对达尔的回应：理论科学研究是价值中立的，但应用科学研究则可能不是，达尔的观点更符合应用科学的情况。西蒙进一步阐述：

首先，规范价值的影响对于科学研究来说并不总是一样。即使在公共行政科学中，也会存在理论科学和应用科学。应用科学指的是对公共政策的具体建议，这种建议固然与当时当地的价值密不可分，但公共行政科学中也有理论科学的命题，比如，什么因素决定了组织效能的程度，在什么情况下政府机构会承担公共责任，对这些问题的回答并不依赖于研究者的价值体系，而是依赖于客观事实。**理论科学家和应用科学家之间基本的、显著的差别在于，前者专注于发现和证明与人类知识相关的某个领域中正确的经验性命题，而后者则关心在科学知识的基础上形成决策**（即使应用科学也需要运用在理论科学基础上建立起来的一套经验命题来实施某个特定的价值体系）。

其次，只有科学化才能使公共行政学保持学科的独立性，并为其他学科贡献特有知识。西蒙认为，公共行政学不能被看作如此被动的一个领域，即接受心理学家和社会学家关于人性的本质的结论，然后将这些结论应用于组织行为领域。公共行政本身是关于人类行为和社会行为的重要领域，对公共行政的研究也是心理学和社会学的研究，它不仅能够在这些领域中接受新的知识，同样也能够为这些领域贡献新的知识。

总体而言，西蒙和达尔都是实证主义支持者，他们均认为科学化的实证研究是获得知识的重要手段，并可以通过对科学原则的总结推进公共行政学的发展。但西蒙和达尔的争论反映了实证主义公共行政学的内在分歧：究竟怎样才能被视为严谨的科学研究，以及效率是否能在公共行政学中扮演价值中立的角色。对于公共行政研究的边界认定，即哪些对象可以并且应该被纳入科学的公共行政研究，逻辑实证主义认识论存在明显困境：一方面，研究的科学推理被认为是获得知识的唯一手段；另一方面，充斥在公共行政中的合法性及应然性问题又难以排除在公共行政研究之外。由此，公共行政学内部产生了不同的修正和调整。

5.3 “西沃之争”

在针对“公共行政学将何去何从”的各种争论中，沃尔多和西蒙这两位“横跨20世纪后半叶的美国公共行政学巨人”之间的争论无疑是最引人注目的。**“西沃之争”（the Simon-Waldo debate）被公认为百年公共行政学史上最激动人心、最富启发意义的争论，并基本上确定了20世纪中叶以来公共行政理论与实践的发展方向**[①]。

5.3.1 “西沃之争”的开始

沃尔多在《美国政治科学评论》（*The American Political Science Review*）1952年第1期发表了《民主公共行政理论的发展》（Development of Theory of Democratic Administration）一文[②]。沃尔多说：“将效率看作行政‘科学’的中心概念……这种看法是在破坏美国社会的根基。一旦真的按照这一看法去做，那么，坚持效率是价值中立的，并同时主张它是行政科学中的中心概念地位，就只有使自己陷入虚无主义。”在这段论述中，沃尔多添加了引发“西沃之争”的“脚注40”：

① HARMON M. The Simon/Waldo debate: a review and update. Public administration quarterly, 1989, 12 (4): 437-452.

② WALDO D. Development of theory of democratic administration. The American political science review, 1952, 46 (1): 81-103.

> 在这场争论中，目前的“权威力量”是反对我的。但是我相信，不存在这样一个可以将价值从中排除的“事实决策”的领域。决策就是要从备选方案中进行挑选，在备选方案中进行挑选就是导入价值。西蒙显然对公共行政研究做出了杰出的贡献，然而，他是在不受他所宣称的方法论的影响时，才做出了这些贡献。

随即，西蒙在同本杂志同年第2期进行了快速回应①：

> 尽管在这种情况下，沉默可能是更为谨慎和明智的策略，但我还是忍不住要对其论文发表一些评论。我不得不这样做的原因，部分是因为沃尔多分析中的毛病乃是那些自称是“政治理论家”的人以及那些随时准备对实证主义和经验主义发起攻击的人的作品的特点。

西蒙的回应具体来说有如下几点：

第一，“爱我，爱我的逻辑”。针对沃尔多肯定其对公共行政研究做出巨大贡献但又否定其方法论这一点，西蒙指出：“如果一个科学家被告知其结论是好的，但告知者并没有遵循其得出结论的前提，那么，这个科学家不会感到满足。”西蒙就此批评那些关于“政治理论”的著作中“装饰着断言、谩骂和隐喻的文章”，尽管它们“经常给我带来一种美学上的愉悦感，但却很少觉得它们具有说服力”。

第二，“事实和价值”。针对沃尔多提出的西蒙等逻辑实证主义者主张的“‘价值决策’（value decisions）和‘事实决策’（factual decisions）命题”，西蒙指出，《行政行为》一书所使用的实际上是“价值判断”（value judgement）和“事实判断”（factual judgement），判断仅仅是决策的某个元素。西蒙为此还讽刺说：“对于那些没有研究过该文献，但被当代政治理论描述的实证主义漫画弄得很困惑的人，我愿意简要地重申这个问题的硬核。我希望这一解释对于任何一个熟悉英语语法的基本规则和逻辑证明的本质的人都是有吸引力的。”

第三，“决策”。决策是一种祈使语气的命题，它是对自我或其他某个人或某些人的一种指令。要使决策具有逻辑有效性，其必须至少满足以下两条要求中的一条：这种决策可以在逻辑上基于完全描述性的假设产生祈使命令；假设中至少有一个本身是祈使语气。但第一种要求往往不现实，因此，逻辑实证主义者认为如果一个决策要有效，至少一些待证的假设需要源自祈使语气。这种待证的祈使句式被称为“价值前提”，且这些价值前提不可能仅仅来自实证的观察。因此，西蒙否认沃尔多对于其逻辑实证主义会无视价值的批

① SIMON H A, DRUCKER P F, WALDO D. Development of theory of democratic administration: replies and comments. The American political science review, 1952, 46 (2): 494-503.

评，而认为价值恰恰是逻辑实证分析的根本，因为这是假设的来源。

第四，“政治理论”。西蒙认为，在政治哲学中投入最深的价值观念和先入之见是非常危险的，如果政治理论家们所采用的那种散漫的、文学性的、隐喻性的思考和写作方式被沿袭，那么政治哲学将不会有进展。

此后，沃尔多又于同期进行了回应，他认为：“正确的结论，除了可以从那些被认可的方式推出外，还可以从其他的方式中得出……心灵的创造性过程仍然是个未解之谜，逻辑训练充其量仅能起到辅助作用。”

专　栏

德怀特·沃尔多

德怀特·沃尔多（1913—2000），耶鲁大学博士，美国政治学家和现代公共行政学者。1948 年出版《行政国家》（*The Administrative State*）一书，挑战当时关于公共行政的主流观点。《行政国家》成为公共行政学领域的经典之作。沃尔多于 1968 年倡导组织明诺布鲁克会议（Minnowbrook Conference），掀起“新公共行政运动”。美国公共行政学会设立“沃尔多奖”，这是公共行政领域的最高学术奖项。

沃尔多首先指出了西蒙的演绎方式所存在的漏洞。他表明，政治理论家们并不反对“作为思想、调研技巧或行动的实证主义和经验主义”，相反，他们非常欣赏其所提供的大量的信息①，但沃尔多更强调实证主义和经验主义并不享有发现真理的独占权。此外，沃尔多还敏锐地捕捉到了西蒙的《行政行为》一书中一段并不遵循其惯常演绎推理方式而得出的重要结论，即西蒙断言“民主机制存在的基本理由就在于其能作为证实价值判断的程序”②。沃尔多就此批评说：“一个可经验证实的命题是，民主机制存在的基本理由，不在于其能作为证实价值判断的程序，除非我们慷慨地允许作者做出这样的解释，即为民主辩护的任何一个人（不管他怎么看待他正在做的事），都是在证实他自己的价值判断，或是

① SIMON H A，DRUCKER P F，WALDO D. Development of theory of democratic administration：replies and comments. The American political science review，1952，46（2）.

② SIMON H A. Administrative behavior：a study of decision-making processes in administrative organizations. The Free Press，1997.

在主张其他人也可以证实他们自己的价值判断。"

显然，"西沃之争"不能被简单地视为一次因为脚注引发的偶然争论，两人所争论的问题已远远超出上述文章范围。"西沃之争"反映了公共行政学在其诞生之初就具有的综合性学科所固有的矛盾。诚如美国公共行政学者哈蒙（Michael M. Harmon）所说，"1952 年的争论不过是沃尔多的《行政国家》与西蒙的《行政行为》之争论的一个脚注"[①]，它涉及两种哲学倾向和思维方式的争论，涉及两种不同的公共行政研究路径之间的争论。

公共行政学之所以得以产生，一方面是基于现代社会所独有的以技术理性为特质的现代性，另一方面则基于传统人文学科的价值关怀和探讨。这两大思想传统决定了公共行政学自产生伊始就在技术理性与价值判断两极中徘徊。**前者奠定了西蒙以逻辑实证为方法、以效率为导向的与自然科学类似的研究范式，而后者则作为一种信念支撑了沃尔多以人文关怀为前提的社会科学传统的研究范式。**"西沃之争"不过是西方思想史上两种对立的哲学方法论和两种不同的社会科学范式之间的冲突在公共行政学领域的延续。

5.3.2 学科定位及方法论之争

"西沃之争"主要围绕三个问题展开：第一，学科定位之争：公共行政学是一门科学吗？第二，方法论之争：是实证的还是规范的？第三，价值取向之争：是效率还是民主？以下将进一步阐述。

1. 学科定位之争：公共行政学是一门科学吗？

对知识的探讨有两种不同路径。一种以"真"为取向，另一种以"善"为价值。通过两种不同的智识努力，这两种路径发展出了两套系统的知识体系：一套是关于自然规律的知识体系，即通常所说的"自然科学"；另一套则是关于人与社会的知识体系，其经典的表现是哲学文化，通常称为"人文科学"。

这两套知识体系反映在公共行政学领域，就突出地表现为西蒙与沃尔多之间的第一层争论：公共行政学是一门与自然科学类似的科学吗？当时的学术界有一种声音，即认为"社会科学不是一门真正的科学"，因此，西蒙和沃尔多都必须直面公共行政学是否是一门科学这一问题[②]。面对这一问题，西蒙主张遵循逻辑实证主义并用自然科学的研究方法来分析行政组织中的成员行为，进而发展出一门真正的"行政科学"（administrative science）[③]。沃

---

① HARMON M. The Simon/Waldo debate：a review and update. Public administration quarterly，1989，12 (4).

② WALDO D. Perspectives on administration. University of Alabama Press，1956.

③ SIMON H A. Administrative behavior：a study of decision-making processes in administrative organizations. The Free Press，1997.

尔多则对西蒙的观点展开了批评，认为公共行政学不是一门科学性的学科，而是与人文科学相类似的专业①。

前面提及，西蒙认为科学可以分为两类，即理论科学与应用科学，这二者之间有着基本的、显著的差别。理论科学专注于发现和证明与人类知识相关的某个领域中正确的经验性命题，例如"是什么"或"为什么"；应用科学则关心如何实现建立在科学知识基础上的决定，关注在具体情境中要如何做。在第一类科学中没有祈使语气，它涉及论断的事实层面，可以使用"对"或"错"来表达，这类科学关注的是实然问题。而第二类科学中则有祈使语气，它涉及论断的伦理层面，可以使用"好"或"坏"来表达，这种科学是为人的具体行为提供指导，谈的是应然问题，也就是"该怎么做"的问题，因此也必然涉及伦理或价值判断。

西蒙指出，人们可以由此得出两个确定的结论：第一，科学只对与验证有关的语句感兴趣。因此，科学关心的是语句含义的事实层面，而不是伦理层面。第二，应用科学与理论科学的区别只是在伦理层面。西蒙进而认为，通常关于自然科学和社会科学的区分是毫无意义的，因为无论是自然科学还是社会科学，都是他所说的理论科学，它们都只包含对事实的陈述而无关伦理判断，因而即使两者可以做出一些区分，这些差别也是肤浅的，必须去掉。

在此，西蒙的潜台词十分明显，既然自然科学与社会科学没有什么本质区别，那么，"科学只关心语句含义的事实层面"就不仅适用于自然科学，也适用于社会科学，进而，自然科学的方法是适用于所有研究领域的②。这就为他将逻辑实证主义引入公共行政研究埋下了伏笔。

在对科学作了基本设定之后，西蒙转而着手讨论"行政科学的实质"这一问题，他认为事实命题与伦理命题之间的区别有助于我们解释这一实质。行政命题是事实的还是伦理的？这种命题的判断标准在于能否判断其真伪，西蒙认为，"如果一个关于行政过程的命题可以判断其真伪，那么这个命题就是科学的"。正是通过将事实与价值加以分离并将事实命题界定为可验证的命题，西蒙得出了他关于"什么是行政科学"这一问题的答案：第一，"事实元素构成了行政科学的真正实质"。第二，"和任何科学一样，行政科学只关心事实陈述。在科学体系中，伦理论断没有任何立足之地。当伦理陈述出现时，它们就可以被分解为两个部分，即事实部分和伦理部分，只有前者才与科学有关"。第三，行政科学

---

① WALDO D. Scope of the theory of public administration//CHARLESWORTH J C. Theory and practice of public administration：scope，objectives and methods. American Academy of Political and Social Science，1968.

② SIMON H A. Administrative behavior：a study of decision-making processes in administrative organizations. The Free Press，1997.

包括理论行政科学和应用行政科学这两种形式。前者是对有组织的群体中的人类行为方式进行描述，可以称之为行政社会学；后者与为实现行政目标而采取的具体行动有关，可以称之为实践公共行政学①。

沃尔多对这个问题的回答明显不同于西蒙，他也对西蒙的观点提出了严厉批评②。他认为科学的定义有严格与宽松、狭义和广义之分。严格的科学定义明确区别了科学与技术，它特别强调数学在科学中的作用，能否用数学公式来表达对经验规律性的认识似乎是衡量一门学科“科学性”的标尺。从这个定义看，社会科学并不能被称为科学。但实际上，我们平常所说的科学并非都是指这种狭义的科学。相反，**人们通常是将科学等同于“知识”或“经验知识”来使用的，即关于经验的规律性的系统信息**。以此定义来看，社会科学就大有可能被称为科学了。

至于“学科”的概念，沃尔多指出，如果给“学科”下一个非常严格的定义，即一种具有一套连贯而协调的理论的知识性事业，那么公共行政学便不是一门学科，而且也许不会成为一门学科。但是在社会科学中，即使有的话也只有很少数的学科及其分支学科是符合这种规定的。实际上，在物理学中即使有也只有很少是符合这一规定的。而如果“学科”是按人们所认为的以统一的信念为核心的知识来下定义，那么就十分可能在目前这些互相竞争的观点之中，有一种在将来会取得主导地位，或者说有一种新的综合理论会取得这种地位③。

依据这种区分，沃尔多严厉地驳斥了那些主张社会科学“不是真正的科学”“只是科学中的二等公民”的观点④。他说，人们常常把社会科学和自然科学类比，对它提出不适当要求，进而因为它不能达到这样的要求而否认其科学性。虽然目前总的趋向是将自然科学的概念和方法运用于社会科学，并且以运用的程度来衡量各门社会科学谁更接近于科学，**但自然科学的概念和方法究竟在多大的程度上能够运用于社会领域，这本身就是未知的、有争议的。**

尽管自然科学的科学性往往被认为是不容置疑的，但实际的情况要复杂得多。任何科学发现的结论本身都具有实验性和不完善性，同时，科学所依赖的前提也不是不能质疑的，数量化的程度也并非衡量“真正”科学的唯一标尺。作为社会科学家，既要尊重科学又不能盲目崇拜科学，社会科学家更没有理由妄自菲薄。

---

① SIMON H A. Administrative behavior：a study of decision-making processes in administrative organizations. The Free Press，1997.

②④ WALDO D. Perspectives on administration. University of Alabama Press，1956.

③ WALDO D. Review：the end of public administration. Public administration review，1988，48（5）：929-932.

沃尔多认为，**公共行政并不只是一种自然存在的社会现象，更是社会中人为的发明，它包括各种制度安排。**人类实际上不断地更新着各种社会制度安排，以满足社会不断变化的要求，因此，关注社会科学并不仅仅是关注科学，而是要着眼于社会的发展，他也正是从这个角度来讨论社会科学的重要性。沃尔多强调，如果没有社会科学的进步，自然科学的进步就是不可能的。他据此断言，社会科学和自然科学一样，对人类的发展做出了同样多的贡献，作为社会科学之一的公共行政学的价值同样不能被低估①。

简言之，和西蒙一样，沃尔多也对传统的自然科学与社会科学的区分提出了自己独特的看法，但是，西蒙着眼于事实与价值的分离，沃尔多则着眼于社会科学与人类生活的关联，前者更多的是一种学术上的旨趣，后者则更多地体现了一种对社会的关怀。

2. 方法论之争：是实证的还是规范的?

关于公共行政学的方法论之争，沃尔多立足于政治哲学的规范方法，西蒙则立足于政治科学的实证方法。规范方法着重从价值层面来看待和理解公共生活，关注的是应然的问题，也就是解释什么是好的、什么是值得的、什么是应当的；而实证方法着重研究的是事实层面，即以价值中立，甚至是价值祛魅为前提来谈论公共生活②。在 19 世纪末期以前，规范方法一直是学术研究中的主流，但诚如沃尔多所说，“在这场争论中，目前的‘权威力量’是反对我的”，随着现代科学技术的发展与逻辑实证主义的兴起，实证方法逐渐在各个学科领域取得了霸权地位。

在学术研究中，不同的研究方法将会导致不同的科研实践。西蒙认为，传统公共行政研究方法只能得到“行政谚语”而得不出行政原则，应在研究方法上寻求新的突破，把公共行政领域从当前的困境中解救出来。西蒙所说的新方法就是在公共行政领域引入逻辑实证主义和行为主义政治科学方法。所以，西蒙的目的在于用逻辑实证主义对公共行政领域进行重新设计③，西蒙也承认《行政行为》正是以逻辑实证主义所得出的结论为起点的④。

从西蒙的有关著述来看，逻辑实证主义至少在三个方面对他有着深远影响。

(1) 价值中立。逻辑实证主义者坚持“事实”与“价值”分离的二元论，他们声称科学并不对它的研究对象做价值判断，它是独立于社会和道德价值的中立活动。

---

① SIMON H A. Administrative behavior：a study of decision-making processes in administrative organizations. The Free Press，1997.

② 任剑涛. 方法引导下的政治理论//郭正林，肖滨. 规范与实证的政治学方法. 广州：广东人民出版社，2003.

③ 亨利. 公共行政学. 北京：华夏出版社，2002.

④ SIMON H A. Models of my life. Basic Books Inc，1991.

（2）经验主义立场。逻辑实证主义最早可追溯到经验主义。西蒙认为，“如果我们用‘经验主义’来代替‘逻辑实证主义’，该书（《行政行为》）的整体论述也会照常前行”[①]。对实证主义者来说，研究的程序就是从观察开始，然后进行检验，而这又是经由试验方法得以实现的：科学家通过试验来发现客观存在，从假设中发现能够被用来预测将来可能性的普遍法则。

（3）科学统一观念。逻辑实证主义认为社会科学与自然科学拥有相同的方法论，任何科学理论的推理都必须在逻辑上严密且在经验上具有可检验性。在其为诺贝尔奖委员会所撰写的一篇自传性文章中，西蒙说，他在各项科学研究活动中都遵循着两条原则的指导，这两条原则都深深地打上了“统一科学”的烙印[②]。其一是“尽力用现代科学工具武装社会科学，使社会科学逐渐成为硬科学，从而更有效地对付它们面临的难题”；其二是“致力于促进社会科学家和自然科学家之间关系的融洽，使他们能为解决非常复杂的公共政策问题一起发挥自己的专长”。

和西蒙相反，沃尔多的学术思想植根于英国政治史、经典政治理论和美国政治学，因而对时兴的经验分析特别是逻辑实证主义怀有很深的质疑[③]。在沃尔多看来，为了捍卫正处于崩溃中的公共行政学，西蒙拿起了逻辑实证主义，将它当作一套有效的重构行政科学的概念工具。逻辑实证主义在西蒙那里主要起到了为公共行政研究划定地盘的作用，换句话说，西蒙运用逻辑实证主义在“是”与“应该”之间划了一条界线，然后用它在理论科学与应用科学之间划出了一条界线。沃尔多指出，“西蒙宣称，只要我们小心谨慎些，别混淆了‘是’与‘应该’，并且像科学家一样，将我们的注意力集中于前者之上，那么，人类社会生活的数据就可以以与物理学或生物学同样的方式进入科学研究了”。

然而，西蒙的说法只是“貌似正确和有说服力的”，它的问题是显而易见的。沃尔多对西蒙逻辑实证主义的批评集中在如下几个方面[④]：

第一，西蒙依据逻辑实证主义做出了价值与事实的区分，然而，这种区分只是逻辑区分，西蒙却把它误认为是生活中的区分。尽管我们可以在研究或实验中将所有的现实分为两个纯净的部分，但“生活过程中被体验的现实是一张无缝之网。在决策过程中，事实与价值不是机械地结合在一起，而是有机地结合在一起”。

---

① SIMON H A. Models of my life. Basic Books Inc，1991.

② LINDBECK A. Nobel lectures in economic sciences（1969—1980）. World Scientific Publishing Company，1992.

③ BROWN B，STILLMAN R. A search for public administration：the ideas and career of Dwight Waldo. Texas A & M University Press，1986.

④ WALDO D. The study of public administration. Random House，1955.

第二，逻辑实证主义造成了一个不幸后果，即人们会将分析工具看作一个行动项目。这一不幸后果表现在三个方面：一是将事实与价值加以绝对的区分会导致手段与目的的分离。沃尔多批评说，这种逻辑实证主义的替代物必将导致一种“过度的或过早的技术主义倾向”，在这种倾向的指引下，人们将只会关注方法或手段，而忽视行动的目的本身。二是导致逻辑实证主义者对他们自身的价值前提一无所知。沃尔多指出，实际上，“通过仔细的经验审查，就会发现，价值已经从后门中进来了”，因为“被研究之物就是被赋予价值之物，不然它就不会被研究”。三是逻辑实证主义研究将被精英统治论利用。有趣的是，沃尔多特意用西蒙所批评的那种惯常的“文学性的、隐喻式的方式”说：“实际上，逻辑实证主义者穿着一件标有‘待售’字样的外套，而最有可能雇用他的人是那些最有钱、有权的人，他们雇用他的一个目的自然是使其优越地位得以长存下去。”

第三，西蒙一再声称他之所以要运用逻辑实证主义，是为了建立一门真正的行政科学，沃尔多就此批评说，实际上西蒙所主张的逻辑实证主义会阻碍或限制科学的发展。正如美国社会学家菲利普·塞尔兹尼克（Philip Selznick）所言，这一立场的困难并不在于它缺乏最终哲学上的正当性……通过将一个复杂的世界压缩为简单的二分法，它导致人们对于美学的、形而上学的、伦理的世界的过早的抛弃。

第四，西蒙声称行政科学为行动打开了一扇门，沃尔多却认为虽然门被打开了，但却没有什么实际意义。沃尔多发现西蒙的观点中存在一个二律背反。一方面，逻辑实证主义实际上是理性主义传统在今天的延伸；另一方面，它又似乎为神秘主义提供了帮助。因为按照逻辑实证主义的观点，价值是不可证实的，因而不能加以科学的探讨。但西蒙却偶尔又承认伦理领域的重要性，比如他认为民主机制存在的基本理由就在于其能作为证实价值判断的程序。这样一来，西蒙就不可避免地要面对一个尴尬的局面，即“理性成了非理性的奴隶”①。

在对逻辑实证主义展开批评的基础上，沃尔多提出了他自己对于公共行政学的方法论的看法，即抛弃第二次世界大战前美国公共行政研究的狭隘的技术性特征，在行政研究中更多地借鉴其他社会科学研究成果，**将公共行政学建立在广泛的政治、历史和文化的根基上，使美国公共行政研究更加开阔、更少狭隘、更加理论化**②。

对于沃尔多就逻辑实证主义所做的批评，西蒙很少进行正面回应。虽然西蒙的公共行政理论是建立在逻辑实证主义基础之上的，但西蒙的文本并没有太详细地论及实证主义。

---

① WALDO D. The study of public administration. Random House，1955.

② WALDO D. The administrative state：a study of the political theory of American public administration. Ronald Press Company，1948.

直到 1991 年，在其回忆录中，西蒙才对此有了正式辩护与反击。他说：我现在仍然被指控为“实证主义”，而且好像这是一个罪过似的，不是大罪也是小过……它们起源于如今的总趋势，即把实证主义当贬义词用，但对实证主义相信的是什么却没有什么清楚的概念[①]。西蒙坚定地表示，对于逻辑实证主义，“《行政行为》一书本身就为自己做了最好的辩护”。西蒙进而解释：“我很少直接回击批评，而更喜欢根据自己的主张来证实自己的道理：宁愿自己来确定问题，而不愿在对手设定的框架中进行辩论……（特别是）在宽广的文化和哲学阵地前沿上，保持提出问题的首创精神是很重要的。进攻比防卫更有效。”

3. 价值取向之争：是效率还是民主？

前两个争论问题主要聚焦于学科，而价值取向之争就更多的是作为实践的公共行政的合法性之争，即主要涉及以下问题：民主国家中非民选的行政体系是否具备合法性，“负责任的”行政的本质是什么，对于公共行政的学术研究而言宪政民主理论意味着什么，等等。简言之，**前两个争论问题关注的是学科形式上的合法性，价值取向之争关注的是实质上的公共行政本身的合法性问题，因而最后一种争论更具根本性。**

诚然，和沃尔多一样，西蒙也深刻地批判了传统公共行政理论的缺陷，但西蒙“并没有质疑公共行政理论想要为行政组织提供关于组织设计的专业帮助的良好意愿，他也没有质疑这一领域最为关注的效率问题”[②]。恰恰相反，正是通过引入逻辑实证主义而将事实与价值相分离，西蒙成功地将行政科学的价值取向设定在效率之上，也正是通过把效率作为公共行政理论的基础，公共行政才具备实质上的合法性。

沃尔多就此批评道，西蒙的理论中充满了自相矛盾之处，他既表现出极为激进的一面，又表现出极为保守的一面[③]。说他激进，是因为他对“正统论”的行政原则进行了无情抨击；说他保守，是因为他“对于旧公共行政学的某些基本信念又是很忠实的”，最典型的表现是，他对效率价值的坚守与他所批判的古利克并无二致。沃尔多认为，西蒙所主张的效率价值观妨碍了并将进一步妨碍民主公共行政理论的发展。这个障碍是由从威尔逊到古利克的传统公共行政理论所设置的，但西蒙却成为这一障碍的更为坚定、有力的守护者。简而言之，因为西蒙为以效率为中心的行政科学的观念提供了辩护，这就不能不使得沃尔多对西蒙加以严厉反击。

沃尔多对西蒙的攻击主要集中在其效率概念的“反民主性”上。西蒙一再声称，效率只是一个价值中立概念，一个衡量社会表现的公正和客观的手段。但沃尔多通过考察效率

---

① SIMON H A. Models of my life. Basic Books Inc，1991.

② 丹哈特. 公共组织理论. 北京：华夏出版社，2002.

③ WALDO D. Review：the end of public administration. Public administration review，1988，48（5）：929-932.

一词的兴起后发现，效率并不是一个单纯的描述性概念，而是一个强有力的道德概念。因此，沃尔多认为，他与西蒙关于效率的争论虽然看似一种科学上的"主义"之争，但西蒙的看法实质上是"在破坏美国社会的根基"，这是沃尔多所无法容忍的。他说：人们认为，我们应该将效率看作行政"科学"的中心概念……但这种看法是在破坏美国社会的根基……坚持认为效率是价值中立的，同时承认它在行政"科学"中的中心概念地位，就要承认自己是虚无主义的①。

作为一个有着坚定民主信仰的学者，西蒙准确预测到了沃尔多等人最有可能就效率概念的"反民主性"向他发起攻击。但作为一个以学术为志业的人，西蒙的重点旨在推进他的行政科学的构建，他"对付这类攻击的策略的关键是把问题相对化，强调为实现效率所进行的抉择常常是与其他抉择是相'关联'的，并且不是要反对任何绝对的标准"。西蒙使管理者摆脱了任何绝对标准后，就可以证明说，效率的问题是由情境决定的。根据这一前提，他就可以证明，所有相关的价值与事实思考都是可以考虑的，而不相关的就可以忽略不计②。

沃尔多反对"价值是不相关的，而且可以忽略不计"的观点，他强调将效率放在至高无上的地位是因为没有考虑到工作的性质，在实际生活中，工作的性质要重要得多。因此，何为高效率永远只能根据其追求的目标来定义。目标改变了，有效率就有可能变成无效率。因此，沃尔多说，"我们不仅要不断地问我们自己这样一个问题：对于我们的目标来说，什么是作为我们的手段的效率？"我们还要追问："对于我们的手段的使用来说——并因此对于我们的效率的衡量来说，什么是我们的目标的含义？"我们需要对目标-手段综合体进行一番基本审视，在这个综合体中，我们要承认，只有基于特定的目标，手段的选择和使用才会是有意义的③。

5.3.3 "西沃之争"的影响：共识瓦解与反思热潮兴起

传统公共行政理论的共识危机并不仅仅是消极的，它也为人们对传统公共行政理论进行全面反思提供了难得的机会。因而，**对于那些在"正统论"终结之后还在继续从事公共行政研究与实践的人来说，对危机出路的寻求就成了他们自觉的使命**④。当然，西蒙的公共行政学与行为主义思潮构成了当时公共行政研究的主流，而沃尔多和达尔的影响在 20

① WALDO D. Development of theory of democratic administration. American political science review，1952，46(1).

② 麦克斯怀特. 公共行政的合法性：一种话语分析. 北京：中国人民大学出版社，2002.

③ WALDO D. The administrative state：a study of the political theory of American public administration. Ronald Press Company，1948.

④ 颜昌武，刘云东. 西蒙-瓦尔多之争：回顾与评论. 公共行政评论，2008 (2).

世纪60年代末开始的新公共行政那里才得到充分显现。但总体而言，上述种种对传统时期共识的攻击，不仅把以往一直充当着教科书范本的大多数经典变成了“反经典”，更主要的是它们严重削弱了公共行政学的共识根基。诚如沃尔多所说，“在崇尚‘POSDCORB’原则的那些岁月里，传统公共行政理论看来是充满自信的和健康的”，但现在，不管是公共行政的性质与范围，还是研究和教授公共行政的方法，都面临着无法达成共识的危机①。事实上，尽管“有各种各样的研究项目或者重点工作互相展开了竞争，但是没有一桩曾赢得那些属于本学科的学者们的普遍接受”②。

公共行政学发展的历史也证明，在学科的后续发展中，西蒙和沃尔多都各自留下了思想烙印。公共行政学出现了两条主要的研究路径。西蒙路径的发展从两个方面展开：其一是成功地在公共行政研究中引入了主流社会科学的学科标准，从而重新确立了公共行政学的学科地位、学术身份与学理规范；其二是在公共行政研究中成功地引入各种社会科学甚至自然科学的新理论，从而使公共行政学走向了行为科学的公共行政学。沃尔多路径的发展则是从多个层面展开的，既包括重建规范理论的整体性运动，如后文将会详细阐述的新公共行政学派、“黑堡宣言”等，也包括单个学者的努力。沃尔多路径发展的意义体现在它极大地唤醒了人们的规范意识，激发更多的人致力于探究宪政民主对于公共行政的意义，从而为公共行政学设定了规范研究的路径。

尽管如此，分歧仍在继续。2005年参加美国政治学会全国大会的学者们仍在就“在20世纪美国公共行政理论史上，究竟哪一本书才是最重要的著作”激烈地争论，一方力荐沃尔多的《行政国家》，而另一方则推崇西蒙的《行政行为》。或许可以这样来形容这两种看似对立的立场：**如果没有西蒙，公共行政学就不知如何一步步地向前迈进，但如果没有沃尔多，公共行政学就不知道该朝哪一个方向迈进。**从这个意义上说，西蒙更多的是公共行政学的一个建构者、一个创造者，而沃尔多则更多的是公共行政学的一个导航者、一个引路人。因此，真正赢得这场争论的是公共行政学本身。

西蒙总结说：正如公共行政学过去多年的发展表明，它吸收了这两种变革的成果……到1950年，我们已经看到这两种观点整合进了新的教科书中……一直到最近几年，这两个主题——政策与行政的关系以及组织运作的方式（特别是有效率的运作）——依然占据公共行政文献的主体位置③。公共行政学依然既是公共的——必须立足于价值理性，又是行政的——必须依赖于技术理性。二者之间的冲突与张力是永恒的，如美国行政学者斯蒂

① WALDO D. Public administration. Journal of politics，1968，30（2）.

② WALDO D. Review：the end of public administration. Public administration review，1988，48（5）：929-932.

③ SIMON H A. Guest editorial. Public administration review，1995，55（5）.

弗斯（Camilla Stivers）所言，“争论停止，公共行政学也就停止了”[①]。一直到今天，“西沃之争”仍在持续上演。不过，像西蒙这样倡导更广泛地运用理论科学来改进公共行政学科的人，也在越来越多地开始反省工具主义给公共行政乃至人类生活所带来的问题，并理解和接受规范价值的至关重要性[②]。

5.4　公共行政学的“身份危机”

尽管西蒙和沃尔多的争论为公共行政学注入了新鲜血液，并为其之后的发展奠定了坚实基础，但沃尔多和西蒙对传统公共行政理论的深刻批判还是导致了这一学科原有共识的瓦解，不同的学者开始进行新的理论探索。由于这些不同的理论之间缺乏基本的共同框架，公共行政学因此陷入了身份认同危机（crisis of identity）[③]。

综合前述讨论，公共行政学的“身份危机”可概括为以下四点[④]：第一，作为一门科学的公共行政学愈发面临困境；第二，作为一门学科的公共行政学面临合法性问题；第三，作为一种实践的公共行政自身面临合法性问题；第四，公共行政的价值面临挑战。以下具体论之。

5.4.1　公共行政学是科学吗?

由于科学在促进人类社会发展方面取得了巨大成就，它逐渐获得了知识的“沙文主义”地位，**这意味着“知识即美德”的古训开始离我们远去，而“只有科学的才是知识”的信念开始深入人心**。科学的扩张性体现在学科发展上，表现为也以学科的科学性作为学科正当性标志。在此情势下，传统公共行政理论也一直自称行政科学，且有一批学者群体在努力发展普遍性规则或原则，其中最具代表性的当属古利克在1937年提出的“POSDCORB管理七职能”。西蒙继承了传统公共行政理论的行政科学的基本立场，但他对所谓的普遍性原则进行了猛烈批判。他主张通过引入逻辑实证主义和行为主义政治科学方法，发展真正的行政科学。

如前所述，西蒙批评了自然科学与社会科学的传统分类，主张将科学分为理论科学与

① STIVERS C. The significance of the administrative state. Public administration review，2008，68 (1).

② 怀特，亚当斯. 公共行政研究：对理论与实践的反思. 北京：清华大学出版社，2005.

③ WALDO D. Scope of the theory of public administration//CHARLESWORTH J C. Theory and practice of public administration：scope，objectives，and methods. The American Academy of Political and Social Science，1968.

④ 有关讨论参见颜昌武，马骏. 公共行政学百年争论. 北京：中国人民大学出版社，2010.

应用科学：理论科学专注于发现和证明有利于人类知识增长的经验性命题，但基本不讨论价值问题；应用科学则不得不广泛地考虑价值因素。西蒙认为，公共行政学应该定位为一种理论的行政科学，以寻求一种独立领域的身份，而不应该定位为一门应用科学。

与西蒙不同，**沃尔多并没有沿着“科学”的发展路径继续探讨下去，他更趋向于将公共行政学定位为一门类似医学的“专业”**。他强调，如果将公共行政学类比为医学得以成立的话，那么，我们必须予以关注的就不仅是一种理论而是多种理论，实际上是多种类型、多个维度和多个方面的理论。专业立场既不是通过简单的自动投币程序来提供“答案”，也无法为理论问题提供清晰的日程表。它提供的是一个足以包含所有理论的框架：它帮助澄清提出的问题，并确定正确答案的性质；它在我们确定用哪种方法或哪个层级的方法时提供指引；更重要的是，它在容许多样性的同时给出了统一性。

5.4.2 公共行政学能否成为一门学科?

此前已经提到，传统公共行政理论的一些观点虽然在今天看起来有些奇怪甚至牵强，但事实上它们为那个时代真正复杂的实际问题提供了必要的解答①。而随着公共行政传统理论的解体，公共行政学试图重新找回自身如传统公共行政学般的合法身份时，无论是在其研究视角还是研究方法上都面临着挑战。

1. 学科研究视角危机

公共行政学作为实践指向的学科，本身就具有复杂的身份特征。“一方面，公共行政学与政治科学和管理科学有着密不可分的关系，且大量借用其他学科的研究成果，因而常常被认为是某一学科之次级领域（subfield），或是一门谋求‘学科’（discipline）地位的‘应用’‘科目’（subject），而其自身尚不能独立地反映或指导公共行政实践。另一方面，公共行政学所涉及的问题关乎国计民生，以至于其他的学科，如经济学、社会学、政治学、管理学等往往会对其某些议题感兴趣而‘入侵’其某个研究领域；**最令公共行政学界感到尴尬的是，公共行政学自身对这些议题的探讨似乎难以企及‘入侵者’的研究深度。**”②

“对原有共识的攻击严重削弱了经典的根基——把大多数经典变成了‘反经典’。在此前的几十年里，那些经典一直充当着教科书的范本，现在却被认为是过时的和过于简单的。”③ 人们开始更多地从经济学、管理学和政治学借鉴研究成果来解释公共行政，甚至

① 斯蒂尔曼二世．公共行政学：概念与案例．北京：中国人民大学出版社，2004.

② 刘亚平．公共行政学的合法性危机与方法论路径．武汉大学学报（哲学社会科学版），2006（1）.

③ 达布利克．魔鬼、精神与大象：对公共行政理论失败的反思//颜昌武，马骏．公共行政学百年争论．北京：中国人民大学出版社，2010.

直接从其他学科视角来解释公共行政，公共行政学也一直没能建立一个属于自己的研究视角。

传统公共行政理论更多地关注政治和组织运行，随之而来的理论创新虽然对原有理论的假设和方法进行了诸多批判，但并没有超出这个范围。而市场经济条件下资本主义国家的社会问题急剧增加，行政更多地参与社会生活，公共行政的活动早已经超出了内部运行范围，传统公共行政理论的无效性就显现出来。**公共行政学需要更多地关注对社会的主动治理能力和政策的有效性**。越来越多的学者意识到，对组织结构设计和内部运行的关注并不能代表公共行政的全部范围，而流行的组织设计原则等公共行政原则也并未反映公共行政的运行实际。

2. 学科研究方法危机

"在公共行政学者社群那里，沃尔多的立场赢得了争论的胜利，而西蒙则成为该领域一个永远有威胁的幽灵。然而，在我们的社群之外，西蒙为寻求社会科学方法的努力才是'胜利的'。"[①] 以实践为主要指向的公共行政学必然首先关注公共行政的效率和结果，于是，实证主义的研究途径得到了广泛重视。而反过来，这种"'仿用自然科学的研究途径'来指导公共行政学的实证主义量化研究方法必然导致公共行政研究的目的定位为技术价值或效率价值"。西蒙看到了这种理性的优点和缺陷："我们发现理性完全是工具性的，它不能告诉我们去哪里，最多就是告诉我们怎么去。"[②]

然而，虽然西蒙认识到了这一点，但他的研究毫无疑问仍然坚持的是逻辑实证主义。没有了"原则"的公共行政学似乎越来越没有能力或意愿去建立可行替代物，公共行政学成为濒临绝种的学科。事实上，到 20 世纪 60 年代后期，人们几乎否认了它的存在[③]。

面对这些问题，一些人认为"问题在于公共行政研究缺乏方法论的'严谨性'"[④]，需要有更科学的方法来衡量公共部门的所作所为。还有一些人相信，与那种应该如何开展科学研究的理想模式相比，如果公共行政学者注重研究是如何开展的，那么，他们就能更"科学地"研究[⑤]。也有一些人认为新范式将更有利于解答公共部门的复杂现实[⑥]。总而言

---

① 博格森，达布利克．对话：知识与研究//颜昌武，马骏．公共行政学百年争论．北京：中国人民大学出版社，2010.

② SIMON H A. Reason in human affairs. Stanford University Press，1983.

③ 尤格斯，凯勒．美国公共行政学百年：进入第二个世纪美国人生活中的公共管理研究和实践//杰克．雷斌．公共管理学手册．广州：中山大学出版社，2006.

④ MCCURDY H E，CLEARY R E. Why can't we resolve the research issue in public administration. Public administration review，1984，44 (1).

⑤ BAILEY M T. Do physicists use case studies? thoughts on public administration research. Public administration review，1992，52 (1).

⑥ OVERMAN E S. The new sciences of administration：chaos and quantum theory. Public administration review，1996，56 (5).

之，不管对公共行政的学科危机及解决前景抱有积极或消极的态度，公共行政学的学科危机都成了无法回避的问题。

5.4.3 公共行政学能够解决公共实践问题吗？

延续前面的学科危机讨论，登哈特提出了独到看法。他认为，公共行政学的学科危机根本上在于政府的合法性危机（crisis of legitimacy）的存在，“合法性危机的存在，使得公共行政理论的一致性基础无法反映或响应公共行政领域当中包括理论家、实践者以及公民等各行动者的需要”①。第二次世界大战后社会发展的基本态势是国家行政扩大化、社会民主化和经济市场化。伴随着大规模社会重建计划的是行政国家范围的进一步扩大，“公共部门使用了庞大的社会资源，公共行政者在当代政府运作过程中发挥着重要作用，他们总体上处于政治的核心地位，国家通过行政行为来解决其面临的问题并达成目标”②。而此时，人们对政府行政也提出了强烈的转变政策、摆脱困境、实现社会正义和公平的诉求。人们关注的焦点不再是抽象的理念或原则问题，而是那些与自身现实切身利益密切相关的特殊的公共政策、公共管理和公共服务问题。

美国行政学者詹姆斯·W. 费斯勒（James W. Fesler）等人注意到，公共行政的议程因为对实践的回应而至少有四个主要“转变”③：第一，从公共行政的专门事务（例如人事、采购和工作流程计划）转变为关注达成公共目标的线性操作；第二，从主要的行政部门和辅助控制机构转变为部门层次的行政问题；第三，从普遍的抽象原则转变为理解单个部门和项目的不同环境；第四，从相当沉闷的关注效率与经济转变为关注美国公共行政是如何（或应该如何）受到政治价值观及其民主设置过程的影响的。

虽然如此，伴随着第二次世界大战后各种重建项目和社会发展项目的开展，人们对政策制定专业化的要求越来越高。**不断出现的民权运动、女权运动，以及越南战争、“水门事件”④、能源危机、经济危机等问题，也进一步显示出政府解决问题能力的不足**。公共行政原有运行体制和运行方式不断受到怀疑和被抛弃，为寻求改变而颁布的法规，在原有的制度范围内，也不能改变这种状况。比如在美国，为“水门事件”而进行的改革，在预

---

① 丹哈特. 公共组织理论. 北京：华夏出版社，2002.

② 罗森布鲁姆，等. 公共行政学：管理、政治和法律的途径（第五版）. 北京：中国人民大学出版社，2002.

③ 费斯勒，凯特尔. 行政过程的政治：公共行政学新论. 北京：中国人民大学出版社，2002.

④ “水门事件”又称“水门丑闻”，是美国历史上的政治丑闻事件之一，其对美国历史以及整个国际新闻界都有长远影响。在 1972 年总统大选中，为了取得民主党内部竞选策略的情报，以美国共和党尼克松竞选班子的首席安全问题顾问詹姆斯·麦科德为首的五人闯入位于华盛顿水门大厦的民主党全国委员会办公室，在安装窃听器并偷拍有关文件时，当场被捕。由于此事，尼克松于 1974 年 8 月 8 日宣布将于次日辞职，成为美国历史上首位辞职的总统。

防接下来的“伊朗门事件”[①] 和“基廷五人组”（Keating Five）储蓄贷款丑闻[②]的过程中是全无效果的[③]。公共行政迫切需要新的实践模式和方法。

5.4.4　公共行政学的核心价值是什么？

伴随着学科和实践危机的公共行政学对自身身份的“迷茫”，是产生公共行政学“身份危机”的核心因素。

在 19 世纪以前的大部分美国历史中，行政部门要么保持着非常有限的作为，要么就是政党分肥体制所呈现的混乱、腐败的无效状态。然而，对比工业革命催生的效率准则以及民营企业近似疯狂的生产效率，人们已无法容忍政府继续低效。新的思想、新的发明、新的技术和它们的生产分配一夜之间改变了人类社会，当人们的注意力转移到政府时，自然而然就要求建立企业式政府行政，其首要象征就是坚持效率作为衡量政府组织成功与否的关键指标。如果说效率是行政国家成功的准绳，那么科学则是达成这一目标的技术保障。传统公共行政理论正是以效率作为研究的核心，颇具影响的科学管理不仅证明各类组织的效率提升还有很大空间，而且指明了提升的路径和方法——科学主义管理哲学。

然而，当科学管理方式应用到行政部门中，以效率为核心的研究方向与公共行政的公共性却产生了不容忽视的冲突。**因为科学主义精确性、机械和高效原则与政治要求的多元价值、渐进思维和参与意识体现了截然相反的逻辑，并要求摆脱政治性的种种束缚**。

必须强调的是，传统公共行政理论的效率理性所遭遇的认同危机问题，其背后渊源就是公共行政理论和思想范式的逻辑困境。尽管前面提到的对于公共行政研究路径的争论颇多，但这些无不建基于美国公共行政学独特的叙事背景，即**公共行政内嵌于宪政体制的认知框架，但在问题解决方式上却秉承了技术主义的思维路径，这无疑是一种充满悖论的关系**。一方面，以技术理性、专业主义与管理主义为特质的效率导向，界定了公共行政的学科地位和研究路径；另一方面，在以民主宪政为主要传统的美国，公共行政发展却不能无视其规范价值的根基。反映在公共行政理论与实践中，就是前者的理性诉求与后者的政治理念矛盾渐现，并通过将民主政治与技术行政相割裂而凸显出来。

宪政价值是美国一切政治和行政活动的原则性约束。公共行政的存在目的在于维护宪

---

① “伊朗门事件”指的是美国向伊朗秘密出售武器一事被揭露后造成里根政府的严重政治危机。

② 1982 年，加州欧文市林肯储贷机构（Lincoln Savings and Loan）的查尔斯·基廷（Charles H. Keating）在获得林肯储贷机构控制权后，消耗了 23 亿美元存款保险，多用于维持奢侈生活、满足炫耀性排场，以及购买政治保护。参议院中臭名昭著的“基廷五人组”接受了来自查尔斯·基廷的大量政治献金，并以拖延监管者对基廷的行动予以回报。后来，监管当局最终制服了基廷，在 1992 年 4 月他被控证券欺诈，判处 10 年监禁并服刑 4 年。

③ 福克斯，米勒. 后现代公共行政：一种话语指向. 北京：中国人民大学出版社，2002.

法的基本原则，它要具备在较复杂的政治环境中追求公共利益的能力。这使公共行政与企业管理相区别，并需要有专门针对性的研究。公共行政的特殊角色表现为：其一，公共行政者必须在政治和管理过程中，与其他参与者一起为追求公正、合法和自由而奋斗，而不是追求市场和利润；其二，那些人们必须与之打交道的公共行政人员对公共行政有着独特的理解和期望，并决定着公共行政的效率层次；其三，公共行政所需的技能、关注的焦点以及所要完成的任务与私人部门的管理截然不同①。换言之，公共行政的运作逻辑首先要迎合宪政体制的若干要求，例如代表性、回应性和责任性，三权分立的制度结构等。在正统公共行政学发展之初，社会普遍坚信这种行政制度必须对政治负责，也就是说政府的行政分支依然是公民所有的，这的确也是公共行政采纳的各项具体措施暗含的信条。然而，面对凯恩斯主义和第二次世界大战，对于国家在形式上渐显膨胀、在内容上凸显扩权的现实而言，政府在社会中的作用已变得如此广泛，以至于政府脱离公民的控制成为一种不容忽视的潜在威胁。

事实上，这一逻辑困境在学科初创时期就已有所反映。威尔逊试图在民主责任与效率行政之间达致平衡，然而这种平衡却是如此脆弱和过于理想化。《行政研究》一文所表达的内容在20世纪30年代以后的公共行政实践中产生了越来越多的矛盾，且带来的问题似乎比它解决的问题还要多。如果这一内在的矛盾关系不能得到有效化解，那么，公共行政的“身份危机”将在所难免。

本章小结

发生于20世纪40年代的争论瓦解了传统公共行政理论的合法性基础，其以经验和总结为代表的行政原则及归纳法被抛弃，“西沃之争”由此而来。西蒙和沃尔多的争论集中在三个方面：学科定位之争：公共行政学是一门科学吗？方法论之争：是实证的还是规范的？价值取向之争：是效率还是民主？

在争论之中，公共行政学形成了两种研究途径，一是以西蒙为代表的科学化途径，二是以沃尔多为代表的规范化途径，二者分别走向行为科学的公共行政和新公共行政。然而这两条路径都没能为公共行政学提供一套完整的分析路径。在旧共识瓦解、新共识尚未形成的情况下，公共行政学陷入了“身份危机”。作为一门学科的公共行政学与作为一种实践的公共行政之间存在广泛张力，学者们为消解这种张力所做的努力似乎又在不同程度上加剧了公共行政学的学科分裂。“身份危机”成为伴随公共行政学发展的一

① 万斯莱．公共行政与治理过程：转变美国的政治对话（节选）（黑堡宣言）．中国政府行政，2002（2）．

个阴影。

关键术语

公共行政学原则 “西沃之争” 有限理性 “身份危机”

本章推荐阅读

CRUISE P L. Are proverbs really so bad? Herbert Simon and the logical positivist perspective in American public administration. Journal of management history，1997，3（4）.

KUHN T S. The structure of scientific revolutions. University of Chicago Press，2012.

LOWI T J. Legitimizing public administration：a disturbed dissent. Public administration review，1993，53（3）.

OVEREEM P. Beyond heterodoxy：Dwight Waldo and the politics-administration dichotomy. Public administration review，2008，68（1）.

SAYRE W S. Premises of public administration：past and emerging. Public administration Review，1958，18（2）.

WALDO D. The administrative state：a study of the political theory of American public administration. Transaction Publishers，2006.

WHITE J D. On the growth of knowledge in public administration. Public administration review，1986，46（1）.

YANOW D. Conducting interpretive policy analysis. Sage Publications，2000.

赫伯特·西蒙. 管理行为：管理组织决策过程的研究. 北京：北京经济学院出版社，1988.

第6章

分异：实现民主行政的不同理解

价值是公共行政的灵魂。我们从来不认为公共行政的理论和实践仅仅是技术或者管理的问题。那种一方面把政府政治和政策制定过程作为价值表达，另一方面把行政作为单纯技术和价值中立的政策执行的做法是失败的，任何从事行政实务的人，他实际上都在进行价值的分配①。

——乔治·弗雷德里克森（George Frederickson）

本章导言

传统公共行政提出政治-行政二分，重新构建了公共行政学和民主政治的关系，并使公共行政从贵族制与政党分肥制的悖论中解放出来。从20世纪40年代开始，传统公共行政理论受到了激烈批判，公共行政学的学科合法性受到严重质疑。公共行政学危机的关键在于其天生存在的民主责任与效率行政的关系。如何重新建构公共行政与民主政治的关系成为公共行政学不可回避的问题，因此也产生了不同的理论主张，其中最具代表性的是公共选择理论与新公共行政理论。

公共行政学建立之初，**传统公共行政理论者的思想中往往暗含一个前提：民主建设业已完成，需要的仅仅是使民主的行政制度更有效率地运转。**然而，20世纪五六十年代之

① 弗雷德里克森. 公共行政的精神. 北京：中国人民大学出版社，2003：142.

后，公共行政在实践和学科上遭遇的身份合法性危机却越来越多地使人们开始怀疑，民主本身仍然还是个问题。什么样的行政体制才能满足人们的期望，成为对美国公共行政既有体制的巨大挑战，以及公共行政学界需要回答的重要课题。围绕这一问题的回答，公共行政学自身给出了不同的答案。

6.1　公共行政实践的民主困境

如前所述，在传统公共行政理论那里，民主建设已经完成了，要讨论的问题就是如何让民主的行政制度更有效率地运转。这似乎是有一定道理的。在美国，三权分立制度已运行多年。从理论上说，政府部门负责高效行政；立法部门负责表达民意与制定法律；司法部门进行司法审查与裁定冲突。在此体制下，公共行政理应既能反映人们的期望、保持民主特性，又能在科学指导与专业操作下保持高效运作。也即，传统公共行政理论只需要讨论如何更有效率地进行管理且让公共部门更专业化就可以了。问题在于，事实真的如此吗？

一方面，资本主义国家的社会问题急剧增加，传统公共行政理论的无效性开始显现；另一方面，越来越多的学者认为，随着政府部门的专业化与细分化，行政分支不断扩张，在公民日常生活的实际观感中，民主已经不再那么理所当然，反而与提高效率一样也需要细心分析和认真建设。

特别是，“水门事件”的发生将人们对政府以及美国公共行政体制的不信任推至顶峰。在该事件的调查中，美国公民发现，“在水门饭店进行的逮捕只是行政权力滥用的小插曲……有力的旁证表明，联邦税务稽查和刑事司法程序已被用于折磨积极反对行政的人。一些细小的证据线索表明，未经正当法律程序的杀人行为已被用于对付黑豹党人”①。而让人担忧的是，这些骇人听闻的事情并不是发生在威尔逊以及传统公共行政理论者所批评的专制的古老欧洲，反而恰恰是发生在被认为民主制度已建设成为典范，三权制衡已经可以防止暴政的美国。当一个国家的政府可以不经审计使用公款，可以将政府不欢迎的人视为“敌人”，并利用司法程序折磨反对政府的人，甚至不经过法律程序就杀害公民，这样的政府无论如何用理论包装其三权制衡、民主选举的精巧设计，都难以说服人们这是一个民主建设已经完成的真正的民主政府。不幸的是，我们看到，这一实质上反民主的政府行政模式，恰好是在既有公共行政理论的指导下成立的。

在此背景下，**传统公共行政理论的民主性自然就受到了巨大挑战**。正如文森特・奥斯

① 文森特・奥斯特罗姆. 美国公共行政的思想危机. 上海：上海三联书店，1999：136.

特罗姆所质疑的，“如果根据运用于公共行政实践的知识所做出的行为之结果损害了人类的福利，我们就不得不断定这样的知识引起了社会病症……一方面，公共行政实践的意义越来越大；另一方面，随着其越来越重要，受公共行政影响的人就会面临逐渐变差的处境，采取补救的行动会使问题更加严重”①。一个典型的案例就是，传统公共行政理论建立了一种政治-行政二分的理想状况：当立法机关将公民意志表达出来并制定了具体政策后，就交由一个有力的政府部门进行具体执行。政府部门就如私人部门一样，有统一明确的命令服从链条，使整个政府部门为了既定目标而行动。如果行政领导没有足够权威调动部署，必将出现各个部门各自为政、步调不一的情况，最终损害整体行政效率。可见，这种管理理论在私人企业管理中通常被视为理所当然。但问题在于，它们真的适用于政府吗?

显然，公共部门与私人部门有很大不同。私人部门只需要考虑市场效益与商业绩效，企业管理本身是否民主并不会对社会产生直接的损害和影响，因此企业管理理论并不需要去特别考虑社会对于民主的要求。政府部门一旦按照同样的理论进行设计，政府权力将高度集中，这种高度集中将可能对社会产生难以估量的损害。比如，在私人企业中，雇主将不服从命令的下级雇员免职，只要符合劳动管理法律，就会被认为是天经地义的，这也是企业保持效率的根本保证。但在政府中使用同样的命令服从理论就会产生严重问题。按照文森特·奥斯特罗姆提供的案例，司法部部长是总统的下属，司法部以及联邦政府的所有雇员都是总统的雇员。法律要求雇员遵守总统的指示，并授予了总统解雇绩效不称职及不服从命令的雇员的权力。但是，行政人员却有可能是因为完成了法定的工作而被总统以不服从为由解雇。于是，在此体制下，命令服从理论事实上已经打破了民主制度的根基。因为对于行政人员来说，上级命令将高于指导自己工作的法律。前面提到的系列政府丑闻表明，在真实的政府过程中，解雇下属的真实意图往往被冠以保守政府秘密的名义，受到行政豁免权保护，外界和公众对真相往往无从知晓。

如果承认民主建设并非一个已完成的任务，那么什么样的行政模式可以更有效地保障公民权利以及体现民主本质，就成为公共行政学必须面对的问题。面对这一问题，不同理论、学派都给出了解释和方案。接下来，我们将重点介绍其中具有代表性的公共选择理论和新公共行政理论。

6.2 公共选择理论与官僚行为分析

公共选择理论的出现不仅是由于政治生活中出现了越来越多的经济因素和经济考虑，

① 文森特·奥斯特罗姆. 美国公共行政的思想危机. 上海：上海三联书店，1999：13.

更是由于传统理论已经不能解释行政行为和运作。公共选择理论最基本的特点是试图用经济学的基本假设来解释政治行为。经济学将人的行为关系作为研究对象，并认为这种行为关系建立在选择之上，因此选择问题是经济学的核心问题①。市场领域中人的行为是私人选择，公共领域中人的行为是公共选择。

公共选择理论试图以此为起点，对公共行政中的有关公共选择问题做出新的解释，并对民主行政等问题给予回应。总体而言，针对美国 20 世纪六七十年代的政府危机与公共行政学的思想危机，公共选择理论得到的基本结论是，**集权且庞大的行政系统已经成为危害美国民主的存在，必须在成本效益分析的指导下剔除政府的冗余职能，使利维坦式的大政府最终变成高效而民主的小政府**。

6.2.1　公共选择理论的兴起

现代公共选择理论始于邓肯·布莱克（Duncan Black），他被称为“公共选择理论之父”。布莱克于 1948 年提出了中间选民理论，这一理论主张，在两党制中，政党表述施政纲领要吸引位于中间位置的选民。1963 年，布坎南（James Buchanan）和塔洛克（Gordon Tullock）召集一批社会科学工作者在弗吉尼亚州的夏洛茨维尔市（Charlottesville）举行了一次关于政治经济学研究的会议。这次会议并没有形成称呼这一学派偏好的名称，《公共行政评论》于是将其称为“公共行政的无名领域”（No-name fields of public administration），但会议标志着公共选择理论已达成了相当共识。

布坎南是公共选择理论的主要开拓者，其著述甚多，几乎涉及公共部门经济学的每一个方面②。布坎南极力提倡用经济学视角研究政治问题，他说：“作为一个经济学家，我在就特定政策提供意见方面（如税法改革方面）常常感觉十分不安。但在另一方面情况则截然不同，我的确觉得，分析供选择的宪法政体或几组规则，讨论供选择的宪法安排的预计性工作是在我潜力能胜任的范围之内的。”③ 换言之，布坎南认为用经济学视角研究政

① EYDEN T. Public choice + public decision making + public policy making + Public problem solving + public organization = public administration. Public administration review，1971，31（6）.

② 布坎南的著作包括：《公债的公共原则》（*Public Principles of Public Debt*，1958）；《财政理论和政治经济学》（*Fiscal Theory and Political Economy*，1960）；《赞同的计算：宪法民主的逻辑基础》（*The Calculus of Consent：Logical Foundations of Constitutional Democracy*，1962）；《民主进程中的财政：财政制度与个人选择》（*Public Finance in Democratic Process：Fiscal Institutions and Individual Choice*，1967）；《成本与选择》（*Cost and Choice：An Inquiry in Economic Theory*，1969）；《自由的限度：在无政府与利维坦之间》（*The Limits of Liberty：Between Anarchy and Leviathan*，1975）；《赤字民主：凯恩斯勋爵的政治遗产》（*Democracy in Deficit：The Political Legacy of Lord Keynes*，1977）；《征税的权力》（*The Power to Tax*，1980）；《自由、市场和国家》（*Liberty，Market，and State*，1985）；《为什么我也不是保守派：古典自由主义的典型看法》（*Why I，Too，Am Not a Conservative：The Normative Vision of Classical Liberalism*，2005）；《经济学之外的经济学》（*Economics from the Outside In*，2007）.

③ 布坎南. 自由、市场和国家：20 世纪 80 年代的政治经济学. 北京：北京经济学院出版社，1988：22.

治问题，是完全可能并且必要的。他说，在政治研究中，“只要集体行动以个人决策者作为基本单位的模式进行，只要这样的集体行动被大致想象为反映了一个社团全体成员之间的复杂交换或协议，这样的行动、行为或选择就可以很容易地被纳入交换经济学的研究范畴”①。布坎南认为，所谓公共选择，是指非市场的集体选择，而公共选择理论可以认为是对非市场决策的经济学研究。

6.2.2　公共选择理论的主要观点

基本上，公共选择理论旨在将市场制度中的人类行为与政治制度中的行政行为纳入同一分析轨道。其主要特征是②：第一，方法论个人主义，将微观经济分析的出发点“个人”作为集体行为出发点；第二，经济学交换范式，将政府-政治过程看作一种类似于市场的交换过程；第三，经济人假设，认为政府所追求的并非公共利益，而是自身利益及其最大化。此外，政治市场博弈行为的结构并不必然为政府干预经济提供理由。对于它所认为的非市场决策，公共选择理论的分析思路一般是：第一，设定与一般经济学相同的行为假设（理性的、功利主义个人）；第二，把偏好显示过程描述为类似市场（选民从事交换活动，个人通过投票行为来显示他们的需求，公民自由进入或者退出俱乐部）；第三，提出与传统价格理论相同的问题（均衡是否存在，它们是否稳定，是否具有帕累托效率，它们是如何达成的）。

理性人假设是公共选择理论的逻辑基础。公共选择理论认为：“第一，个体被认为是自利的；第二，个体被假设为理性的；第三，个体采取最大化的战略；第四，一个明确的假设需要考虑代表性的个人的信息获取水平。”③ 个人的行为天生要使效用最大化，直到其受到抑制为止，即个人会努力在特定范围内追求效用，并以其最大化为目标。

在公共选择理论看来，社会由两个市场组成：一个是经济市场，另一个是政治市场。经济市场的主体是消费者和厂商，政治市场的主体是选民、利益集团、政治家和官员。**无论是在集体活动还是在私人活动中，在市场过程还是在政治过程中，个人都是最终的决策者、选择者与行动者，所以理性人的假设适合于所有的人类活动。**在经济市场中，人们进行经济决策，通过货币选票来选择能给他带来最大满足的私人物品；在政治市场中，人们进行政治决策，通过民主选票来选择能给其带来最大利益的政治家、政策法案和法律制度。布坎南认为，政治家和官僚与经济学家研究的其他人并无不同，以效果目标为指向的

---

① 布坎南. 自由、市场和国家：20世纪80年代的政治经济学. 北京：北京经济学院出版社，1988：19-20.

② 缪勒. 公共选择理论. 北京：中国社会科学出版社，1999.

③ OSTROM V，OSTROM E. Public choice：a different approach to the study of public administration. Public administration review，1971，31（2）：205.

理性人在政治生活中主要考虑的也是成本和收益的对比。因此，作为政治运行基础的假设，也是一种交换关系。布坎南强调，民主政治活动中的个人活动也具有交换的性质，人们在政治活动中达成协议、协调冲突、制定规则，无不建立在自愿的基础上，因而类似市场中的交换。

布坎南特别强调把政治作为一种过程来理解，理解为一个在解决利益冲突时进行交易并达成协议的过程①。效益考虑是政治行为的核心，而这主要是通过不同主体之间的交易来实现的，于是经济学家们可以根据交易范例来观察政治和政治过程。根据交易模型，执政（governing）只是在政府办事处进行的政府官员和私人利益的无形谈判②。

布坎南进一步提出，公共选择理论的宗旨是要把经济市场中的个人选择行为与政治市场中的公共选择行为纳入同一分析模式，即经济人模式。他认为，通过探讨在政治领域中经济人行为是怎样决定和支配集体行为的，特别是对公共选择所起到的制约作用，来证明政治领域存在缺陷是可能的，如此也可以修正凯恩斯经济学把政治制度置于经济分析之外的理论缺陷。布坎南宣称，**公共选择理论的主要贡献在于证明市场的缺陷并不是把问题转交给政府去处理的充分条件**③。

6.2.3 公共选择模型的具体运用

总体而言，公共选择理论把公共决策看成类似市场的、由公共物品的供求双方相互决定的过程。在此基础上，公共选择理论对很多问题都提出了独到见解。**在某种程度上，这些分析和见解也代表了公共选择理论对达成民主行政的看法**。

第一，投票理论。公共选择理论认为，投票中通常的多数规则有潜在弊端，不一定符合帕累托改进，即在没有个体利益受害情况下的集体改善。其原因在于，理性经济人在投票表决时，只有在对自己有利时才会投赞成票；如果对自己有损害，就会投反对票；如果与自己无关，那就会投弃权票而置身事外。参加磋商的人越多，磋商成本越高，达成一致同意的可能性越小。达成一致的成本被称为“决策成本”，由于人们认识到其中产生的决策成本，所以在大多数情况下，人们将采用绝对多数规则或过半数规则。但是，对这一规则的过度简单应用将会产生有害结果。例如，多数群体可以通过政府对市场的干预改变规则，因而造成多数群体的自肥和对少数人的剥夺，而这将对合理的市场机制造成破坏。

第二，官僚行为。传统观点认为，官僚是公共利益的代表者，它并没有自身的特殊利

---

① MUELLER D C. Public choice II. Cambridge University Press，1989.

② KING C S，STIVERS C. Introduction：the anti-government era//KING C S，STIVERS C. Government is us：public administration in an anti-government era. Sage Publications，1998：15.

③ 布坎南. 自由、市场和国家：20世纪80年代的政治经济学. 北京：北京经济学院出版社，1988：282.

益。公共选择理论则认为作为政治家或官员个体在政治市场上追求自身最大效用，比如权力、地位、待遇、名誉等，而把公共利益放在次要地位。在分析官僚行为动机时，公共选择理论认为官僚也是追求个人利益或效用最大化的经济人，其目标既不是公共利益，也不是机构效率，而是个人效用。他们与公众之间实质上是交易关系：公众纳税赋予他们有尊严而体面的生活，官僚则利用自身资源为公众及公共利益服务，他们是公众雇用来为其服务的。可以说，公共选择理论这一观点很好地解释了政府的运作方式及政府官员行为的选择。也即，在真实的公共行政实践中，始终存在着官僚利用政府的名义也即公共利益的名义来增进私人收益的可能，即权力寻租的可能性。

第三，对宪制、体制、规则的重视。公共选择理论通过对不同民主制度下人们的选择在结果上的差异展开研究，发现"一致通过"和"多数通过"等不同的投票规则对决策质量产生了不同影响，因此认为要非常注重规则及规则选择。不同的决策规则或决策程序会对公共物品及公共服务的产出效率产生影响，因此，不能断言某种组织结构就是最有效率的，然后强迫所有公共组织都按照教条运作。布坎南等学者认为，政策失灵的根源不在于政策内容本身，而在于约束政策制定的规则，制度和政治需要新的政治技术和新的表现民主的方式。因此，必须重建基本的宪法规则，并通过新的宪法规则来约束政府的权力。

6.2.4 公共选择理论对民主行政问题的回应

基于以上讨论，公共选择理论认为，**公共行政学的思想危机，以及公共行政实践中种种践踏民主价值的行为，源自科层制已成长为一个利维坦式的"吃人怪物"**。以自利为目的的各级官僚不断通过各种政府补助扩张政府部门，最终使政府变得既没有效率，又难以控制，造成了政府部门滥权的现象①。

公共选择理论认为，从民主运作实务出发，我们不应假设某个机关完全代表国家意志。公共服务与公共物品的生产实际上是掌握在决策环节中某个鲜活的个人手中。因此，在公共事务中，传统政治经济学的经济人假设实质上体现为"决策人"（man：the decision maker），公共服务的效率不是由是否符合组织教条而是由作为个体的"决策人"的公共选择决定的。"决策人"会在公共服务中面对各种机会和可能性，并在决策规则所产生的机会中寻求自己的相对利益。

公共选择理论将个体当作分析的基本单位。每个个体都会尝试使自身利益最大化，并面对不同程度的风险，同时，他们对环境的确定性有不同程度的判断。因此，不存在普适于各种环境的公共组织形式。不同的组织形式都各有优缺点，当缺点扩大的时候就会恶化

① 文森特·奥斯特罗姆. 美国公共行政的思想危机. 上海：上海三联书店，1999.

成制度失败。因此，单一的行政首长控制下的官僚机构不可能使所有公共服务都达到最优。公共选择理论认为，民主社会多元化的利益诉求需要不同的公共服务主体来实现，只有这样，才能防止政府变成利维坦，使人们真正享有民主与选择的权利①。

6.3　新公共行政理论与行政过程的民主性

相比而言，针对同样的公共行政学危机，新公共行政理论提出了与公共选择理论不同的思路。

新公共行政理论认为，政府失控并不意味着要通过其他组织取代政府职能。政府失控体现的是政府以及政策制定缺乏民意与代表性。因此，政府本身也需要考虑其运作的代表性，使其符合人们的期望。虽然新公共行政学者认为行政与政治的关系纠缠不清，但也主张公共行政学应脱离政治学、管理学及其他学科的阴影，“自创品牌”建构出响亮的“学术识别系统”（academic discipline identity system）。新公共行政理论认为，对于科层制所产生的危机，必须采用更积极的方式面对，而非简单地在公共产品供给领域用私人企业或社会组织进行替代。**使行政成为民主行政（democratic administration）是新公共行政理论认为的最大使命，如何改造现有的科层制使其民主而可控才是民主行政的根本出路。**

6.3.1　明诺布鲁克会议与新公共行政理论

新公共行政理论的产生与明诺布鲁克会议紧密相关。在公共行政学史上，明诺布鲁克无疑是一个重要叙事。每隔 20 年（1968、1988、2008）在雪城大学（Syracuse University）明诺布鲁克会议中心（Minnowbrook Conference Center）举行的明诺布鲁克会议，总是定期出现，造出声势，而后再蛰伏，准备下一次出现。

20 世纪 60 年代中期至 70 年代，美国面临越战、种族冲突、都市暴动等环境变化，社会动荡不安，校园暴动、嬉皮运动、学生运动、反越战、经济停顿、能源短缺等问题层出不穷。当时公共行政研究范围相对狭窄，主要焦点放在预算、人事和组织管理等方面，较少强调政策研究，例如国防、环境、经济、都市等领域的政策，因此公共行政学对这些问题也难以回应。

有感于此，1968 年 9 月，沃尔多提出，公共行政正处于革命时代（in a time of revo-

---

① LINDBLOM C. The intelligence of democracy: decision making through mutual adjustment. The Free Press, 1965.

lution)，“但革命的年代却没有年轻人”！沃尔多注意到，他所参加的美国政治学会举办的研讨会中，与会学者皆在四五十岁以上，几乎没有年轻学者。而他在编辑《公共行政评论》时发现，在一期有关文官制度和高等教育的专辑中，许多文章都是年纪大的学者在自说自话，没有触及问题核心，而且没有年轻学者的看法。他深深意识到公共行政研究出现了代沟（generation gap），为此萌发了召开年轻学者会议的想法。

在沃尔多的发起与赞助下，33 位年轻公共行政学者齐聚明诺布鲁克会议中心，以“华山论剑”的方式和彻底检讨的精神来讨论公共行政学面临的问题及未来的发展方向。会议的重点是，强调公共行政要重视伦理道德与公民精神等价值规范性议题，培育社会正义，以创造新公共行政（New Public Administration）。此次会议成果由马林尼（Frank Marini）主编成《迈向新公共行政：明诺布鲁克观点》（*Toward a New Public Administration*：*The Minnowbrook Perspective*）一书，并于 1971 年出版。明诺布鲁克会议后，一批学者相继发表论文和出版著作，对新公共行政的观点进行了进一步的分析和讨论。

从 20 世纪 70 年代到 80 年代初期，政治和社会环境在持续变化，但总体而言，并未朝着新公共行政学者所偏爱的方向发展。此时主流的政治基调是不断高涨的反政府、反官僚主义和新自由主义理论，其支持者们经常拿出科层制失灵的种种例子，主张用市场机制来解决问题。在此背景下，1988 年，第二次明诺布鲁克会议召开。此次会议与 1968 年的会议有所不同。在与会人员构成上，1968 年会议的参会人员全部为男性，1988 年则近一半为女性。同时，1988 年会议的参加者有一半是年轻的公共行政学者，另一半则是当年的参会者，他们大部分都已 50 多岁。《公共行政评论》特别在 1989 年 3、4 月号上，整期刊载了此次会议的内容，该期主题为“第二次明诺布鲁克会议：公共行政的变迁纪元”(Minnowbrook Ⅱ：Changing Epochs of Public Administration)。

1988 年会议重点探讨伦理（ethics）、社会公平（social equity）、人群关系（human relations）、公共行政与民主政治的调和（reconciling public administration and democracy）等相关问题，这些议题其实都在 1968 年会议范围之内。1988 年会议也有一些新议题，尤其是领导、宪政与法律、工业技术、政策与经济等。这次会议被形容为强调修正、理论精进和问题解决取向，因而不同于 1968 年会议试图将公共行政学予以彻底重新界定的激进风格。1988 年会议的主要观点如下：第一，应改进民主、法治与制度的价值体系，以实现社会公平；第二，应重视公共行政伦理、责任与领导体制；第三，政府机关与非政府机构均具有公共管理责任，二者均应兼顾；第四，政府应扩大实施民营化管理；第五，政府应提升公共服务品质，并兼顾公民权益与公民参与。

2008 年，第三次明诺布鲁克会议召开。与前两次会议相比，这次会议规模更大，所涉及的主题包括：社会公平、批判理论、学术与实践的关系、绩效管理、网络化、法律、政治与管理、研究方法、政治透明、领导力、公共财政管理和国际化视角。可以看出，**新公共行政理论仍然重视社会公平问题，也仍然偏向于对当下公共行政持批判视角**。

6.3.2　新公共行政理论的主要观点

根据《迈向新公共行政：明诺布鲁克观点》一书，新公共行政理论的主要观点可以具体归纳如下。

(1) 入世的公共行政（a relevant public administration)。

新公共行政理论重视公共行政问题的环境与解决途径，认为公共行政学应致力于研究以下问题：环境动荡不安时代的相关问题，如分权、组织退化（organizational devolution)、参与观念等与我们日常生活相关的问题；社会面对的相关问题，如城市公共行政比较、行政区域比较，以及组织单元异同的比较；行政实务者的相关问题，如计划项目预算制（Planning，Programming，& Budgeting System)，如何分权化和具有参与管理精神，等等①。

(2) 后逻辑实证论（post-positivism)。

新公共行政理论反对逻辑实证论的价值中立观（value-neutrality)，认为单纯的事实研究是不够的，还要关注价值及规范。公共行政学者与其他社会科学家应以其专业知识和良心从事价值判断，社会公平（social equity）及社会正义（social justice）是学术研究直接面对的主要价值。新公共行政理论认为，人文心理学（humanistic psychology)、存在主义（existentialism)、现象学（phenomenology）及其他学说，是未来公共行政研究与发展的主要方向及其教育哲学的基础。

(3) 适应动荡不安的环境。

未来环境的动荡不安是可预期的挑战，公共行政理论与实务应修正过去的传统做法，强调社会的复杂性与互赖性，坦诚、公开地面对实际问题，让人们参与决策。要鼓励外界与政府的互动关系，提供政府与人们进行政策对话（policy dialogue）的机会，以解决问题。

(4) 建构新的组织形态。

传统科层制有稳定或超稳定的能力，但显然已不足以满足以参与式管理、服务对象取向、行政人员需要进行价值判断、社会问题层出不穷为特点的当代社会的需求。应该采用

① MARINI F. Toward a new public administration：the Minnowbrook perspective. Chandler Publishing Company，1971：348.

调和型（consociated model）组织形态①，以更好地实现社会公平。

调和型组织形态的特征为：项目团队是基本的工作单元；多元权威结构；所有组织均具有时间迫切性（time imperatives），解决特定问题需考虑特定的时间限制；以不同的次级（项目）计划来处理相同的基本问题；社会关系以高度的独立自主和相互依赖为特征；顾客需求得以在组织中表达；组织讲究短暂雇用而非终身制；以计算机来保存文献记录；专业角色除注重技术技能外，还要避免形成额外的社会阶层②。

（5）发展以服务对象为重心的组织。

建立受益者导向的组织，确立顾客至上的服务管理。服务对象与政府机关的互动非常重要，行政人员应比以前表现出更好的服务对象忠诚感（client loyalty）（服务应尊重顾客）及计划忠诚感（program loyalty）（重视施政方案）。

以上可以被视为新公共行政理论的自我总结，从中我们也可以甄别出其与传统公共行政理论相区别的一些观点。

（1）公共利益表达。

民主社会中各方利益的表达不能局限于选举所产生的少数政治人物身上，为数众多的公务员也要承担表达公共利益的责任。公共行政在日常公务推行过程中，要有体现人们最大利益的责任感。

（2）代表性。

政府部门的人员组成结构应该反映社会群体人口的组合特性，人力增补应开放给社会各阶层、各群体。公共行政不应被功绩制的中立才能（只问技术才能，不管社会背景）观念所限，而应公平、有效地体现社会各阶层、各群体的价值及期待。

（3）开放性。

政府部门经常独占当前或规划中的工作信息，其保密或欺瞒、自视专家高高在上、操弄专业或官方术语、抗拒外界知情权等行为，严重伤害了人们掌握公共权力的能力。为了体现主权在民，公共行政在专业上拥有信息时，要开诚布公，让人们经由各种途径来获取所需信息。

（4）超越派阀党团。

每个机关虽然都有自身职责范围，但对外部而言，它便有可能成为特定利益之所在。公共行政的精神体现在公共利益上，不可为某一党派或团体的私益徇私，尤其不可将成本转嫁给大多数人，收益却归于少数特定服务对象。

---

① FREDERICKSON H G. New public administration. University of Alabama Press，1980：78.

② KIRKHART L. Toward a theory of public administration//MARINI F. Toward a new public administration：the Minnowbrook perspectire. Chandler Publishing Company，1971：160.

（5）严防专业主义。

行政问题愈趋复杂化，愈需依赖理性的技术分析，往往就会导致我们愈需要依靠专家协助，而这可能会对民主造成威胁或伤害。

（6）参与。

让各群体、各阶层的利害关系人参与其中，不仅可以扩大理念的宽广度，增加找出解决方案的可能性，更可以增加人们的认同感及认同度。此外，参与也可指机关内部的权力分散于组织内的各个成员，决策不靠层级权威来决定，而是建立在较多的知识与意见上。这可使组织成员有较大程度的自我实现感，对组织产生较大的使命感和认同感。

6.3.3　新公共行政理论对传统公共行政理论的再界定

新公共行政理论从一诞生起，就以对传统公共行政理论进行重新界定的姿态出现，而其一系列主张也强调自身与传统公共行政理论的区别与增进之处。在此我们有必要分析二者在以下几个方面的不同。

1. 政治与行政（politics-administration）

传统公共行政理论认为行政和政治应予二分，行政属政策的执行，讲究科学、中立与效率，政治则属政策的制定，从事利益的分配和权力的争斗。新公共行政学者则主张政治-行政二分是种虚构，应予以破除，原因有二：一是国会、总统或其他政治机构，仅对诸如贫穷、种族、教育等问题提供原则性目标，而更重要的具体政策方案则只能由行政人员去制定和落实。二是公共行政若停留在政府行政范畴内，将使行政人员无法针对社会面临的危机制定政策并加以解决。因此，行政人员若要扮演主权受托者（the trustee of sovereignty）的角色，除了履行其执行政策的职责外，更应主动发展政策、善用裁量权并且具有热忱服务的爱国心。唯有如此，公共行政才不会只是执行政策的工具，才能成为唤醒与教育大众理解世界及自身地位的关键。

2. 事实与价值（fact-value）

过去的行政研究受逻辑实证论的影响，将其研究局限在重视信息搜集和统计分析的经验性理论建构上，而未能正视价值在研究过程中的影响，以及为某一政策主张进行的政策倡导（policy advocacy）。因此，新公共行政学者认为以往实证论主张价值中立是一种危险的误导。首先，当一个科学家选择研究题材时，自然会将个人价值判断涉入其中，而非不自主的选择。这种带有价值色彩的分析，如果可以获得公开审视，不但可使政策分析深入研究社会的重要问题，而且可让研究人员兢兢业业，维持其研究的客观性，获得研究成果的有效表达。其次，公共行政学者不应以研究成果的发表而自得，而是应将其知识生产加以推销、宣传，让决策者了解并加以应用，达成改变社会的目的。换言之，行政研究者不应仅做“象牙塔”的研究，而应深入社会与政治，利用研究得来的知识协助决策者，达成改善社会的目的。

3. 效率与公平（efficiency-equity）

新公共行政理论认为，过去行政太重视效率，往往为了行政效率而将其他同等重要的价值，如公平、参与、平等加以剔除，甚至为了达成理性的效率，不惜将人类的事务予以客观化、非人格化（impersonalization），以利于科学与技术分析。这导致整个社会工业越文明，人际关系越趋物化（reification）与疏离。因此，新公共行政理论倡导另一价值规范——社会公平，以弥补和取代效率标准的不足。在此，社会公平指涉的是平等或正义。

4. 层级制与参与（hierarchy-participation）

除对社会公平的价值理念进行强调之外，新公共行政理论的另一重点是强调参与的重要性。20 世纪 60 年代中期，美国在积极推动“对抗贫穷”（War on Poverty）政策的种种方案时，有些学者就大声疾呼应实行“最大可能的参与”（maximum feasible participation），让政策实施后可能受影响的人们，有申诉和参与的渠道，达成政策认同的目的。人们的参与才是政策或行政参与的未来方向，如果不能与人们进行面对面的沟通和谈判，则任何政策想要取得正当性都有困难。

5. 不公平与公平（inequality-equality）

新公共行政理论强调人们应被公平对待。由于弱势群体缺乏政治及经济资源，因而容易受到多元化政府系统性的歧视，从而导致失业、贫穷、疾病、无知、毫无希望的少数团体不断扩大。政府在公共政策的制定过程中，必须考虑社会公平，并做出相应的制度安排，以提升弱势群体的政治权力及经济财富。

6. 稳定与变迁（stability-change）

新公共行政理论并非为求变革而变革，而是为了其倡导的基本的社会公平，努力寻求改变政策及结构，以提升它的目的——好的管理、效率、经济及社会公平。以实现社会公平为使命，不只是追求改变，而是试图发现新的组织及政治形式，为持续弹性或例行变革建构能力。传统科层制有稳定或超稳定的能力，而新公共行政理论却在寻求可改变的结构，甚至通过实验来修正官僚化的组织形式。新公共行政理论主张通过组织发展、计划项目预算制、政策分析、绩效测量、零基预算及组织重组，来提升科层制改变的潜力，并寻求对未来政策的改变。

6.4 “黑堡宣言”对新公共行政理论的发展与延续

总结而言，新公共行政理论认为，政府本身并不是吃人的利维坦。政府固然存在科层制的种种问题，各种行政滥权及社会弊病是现实存在且无可掩饰的，但有效的解决方案并不是简单地让个人在市场与政府之间进行选择，民主本身有比简单选择更丰富的意涵。**为了实现民主行政，最重要的是要提升政府的代表性和回应性，以及获得更广泛的参与。**只有这样，才能建立起围绕公共议题，并服务于公民的共同体。如果说公共选择理论对于民主行政所开出的药方是建立一个个人主义的小政府，新公共行政理论开出的药方就是建立一个更具包容性，且弱势群体和少数族裔都可以表达诉求、凝聚共识的大政府①。新公共行政理论的这些思想，对后续研究产生了重要影响，并形成了相对稳定的一种思潮。

6.4.1 “黑堡宣言”的产生

基于长期对美国城市暴动、种族歧视等议题的关怀，新公共行政理论认为，在公共行政中体现民主并不仅仅是个人主义的自由选择，而应该是让政府在代表性、回应性、广泛授权参与等方面体现民主特征。公民并不仅仅是顾客，公民需要在更多方面参与到公共行政过程中，而不是在投票箱前把自己的权利与权力交给行政首长。公民并不仅仅是自利的理性人，公民是共同体的组成部分。在许多公共事务中，达成集体的民主共识比个体的经济利益甚至更加重要。公共行政本质上是在构建共同体，而非仅仅是通过事务官员提供备选方案，让民意代表进行选择的机械活动。在构建共同体的过程中，公务员责任、行政伦理、参与式行政以及行政过程中的其他人文关怀是必不可少的，这些行政内涵也并非商品化的成本效益分析可涵盖。

延续此脉络，1982 年 1 月，万斯莱（Gary L. Wamsley）与同事古德塞尔（Charles T. Goodsell）、罗尔（John A. Rohr）、怀特（Orion F. White）、沃尔夫（James F. Wolf）等人在夏洛茨维尔市的联邦行政研究院会议室，阅读古德塞尔的《为科层制辩护》② 一书，有感于公共行政学式微并沦为美国政治的“替罪羊”现象，他们共同撰写了《公共行政与治理过程：政治对话的转向》(Public Administration and the Governance Process: Shifting the Political Dialogue）一文，后被称为“黑堡宣言”（Blacksburg Manifesto)③。1983 年春，万斯莱等人在纽约召开宣言发表会，获得 30 多位学者好评。其后，“黑堡宣言”在美国公共行政学会与美国政治学会的年会进行发表。1990 年，他们又将该宣言以

---

① FREDERICKSON H G. Comparing the reinventing government movement with the new public administration. Public administration review，1996，56（3).

② GOODSELL C T. The case for bureaucracy：a public administration polemic. Sage Publications，1983.

③ 因为黑堡是弗吉尼亚理工学院暨州立大学的重要校址所在地，所以这篇论文被称为“黑堡宣言”。

及几篇延伸性论文合成了《重建公共行政》(*Refounding Public Administration*)一书①。

6.4.2 “黑堡宣言”的基本主张

在“黑堡宣言”发表时，美国政府和社会对于市场的推崇和对行政行为的贬斥都达到了高潮。即使是民主党的卡特政府也认为市场是更好地落实社会政策的方式，政府或者说官僚机构是扰民的（intrusive）、无效的（ineffective）和铺张浪费的（wasteful）。“黑堡宣言”旗帜鲜明地反对这种观点，几位作者认为政府乃至科层制是改善社会处境最有活力和最重要的部分，这样的立论显然给整个公共行政学界带来了冲击。

古德塞尔在《为科层制辩护》一书中所做的理论铺垫为“黑堡宣言”奠定了理论基础。在该书中，他将社会上对公务员不正确和不公正的指责进行了梳理，而“黑堡宣言”则是对这些指责的回应、对公共部门重要贡献的强调，以及对政府角色的界定。与同样强调民主政治的众多前辈相比，“黑堡宣言”的作者们不再简单和理论化地强调公共行政作为执行公民集体意志的角色，也不是泛泛而谈地强调发扬民主，**反而是将视角放在微观上，强调现实政府中的复杂性和现实存在的种种现象和问题**，认为政府并不是一个功能单元，而是一个复杂场域，只有正视现实政府中的非功能性、非功利性活动的内涵，才能真正理解行政行为本身。

显而易见，“黑堡宣言”继承了沃尔多关于行政在民主中如何扮演正确角色的核心关怀，但相比于之前的理论，围绕“黑堡宣言”的理论有了明显推进。**在黑堡学者的理论中，公共行政不是被视为一项市场化业务，而是被视为宪法的保障机构。**换言之，公共行政所面对的并不是简单的服务，而同时是最高法院决定的宪法精神，乃至美国的社会政治传统。在这个过程中，公共行政以公共利益作为指导，而长久以来围绕公共利益形成的政治传统、公序良俗都组成了公共行政不可忽视的环境条件。这种基于传统和环境的条件是不能被一句“企业能做，政府也能做”就忽略掉的。作为公共行政具体表现的各政府职能部门必须遵从行政、立法、司法分支的命令，但同时又不是完全像机器一样的执行者，因为职能部门并不能或不可能放弃其身为政府的核心伦理价值。在这样的情况下，公共行政其实是对政治环境的考虑、对技术手段的操作和对项目经验的结合。或者说，政府在某种意义上是一种黏合剂。

黑堡学者进一步认为，职能部门本身并不是一个个小齿轮，而是一个由共同经验和持续的关系所维系的网络，也就是一个小社会。它们既是整体生态的一分子，也是相互依赖、不可分割的部分。如果将其中许多职能部门以基于功能理解的方式切割出这个网络，

① WAMSLEY G L et al. Refounding public administration. Sage Pubications，1990.

并交给市场，整个系统并不能顺畅地基于功能实现嫁接，而是会整体失灵。

事实上，当定义社会目标的行为和实现社会目标的手段都用市场化的方式来操作后，买卖就成为理解社会互动的首要方式。**当一切都变成台面上的算计，当好坏都可以用会计手段定义之后，社会对于共识和执行共识的审议也就被忽视了**。而市场价值作为思考的一种方法就取代了社会思考本身。黑堡学者认为，社会观念是被建构出来的，是需要不断明晰的，而不是依据某种功能或公式可以计算或固定下来的。但问题是，如果社会观念并没有一个固定的功能或标准，那么公共行政岂不是失去了标准？

即使再动态的理论也需要一个锚定点让自己能够立足，“黑堡宣言”在这里找到了美国宪法，以及将最高法院作为对公共政策的最终裁定的传统。也即，**以宪法精神将变化的公共行政固定在相对有迹可循的支点上**。于是，变与不变因此得到辩证平衡。基于这样的认知，“黑堡宣言”要求公共行政必须坚持美国宪政主义的传统。为了使公共利益最大化，公共行政要实现宪政价值，获得宪政的合法地位，并在宪法的监督下维护宪法的秩序和民主的治理，发起对公共利益的理性辩论，促使人们真正参与治理过程。而公务员应扮演以下角色：宪法的执行者和捍卫者、公民的受托者、贤明的少数、平衡者、分析者与教育者。

本章小结

传统公共行政理论高度集中于研究如何更有效率地进行管理，并使公共部门日益专业化，但在具体行政运作中总会产生各种各样不符合行政首长意愿和命令的障碍。这使得传统公共行政理论蕴含各种逻辑矛盾，体现在现实行政层面就是美国公共行政的民主危机。如何解决民主危机也由此成为美国公共行政的重要课题。对此，公共选择理论和新公共行政理论分别做出了不同回答。

公共选择理论从理性经济人假设出发，认为政府体制由于自身运转逻辑已经成为一个不断扩张并吞噬社会的利维坦。在此情况下，应该将更多的公共事务交给非政府组织完成，从而让公民而非政府来处理公共事务，由此解决传统基于科层制行政所形成的社会问题。新公共行政理论强调为公共行政注入新的合法性，其彰显了行政人员是“主权受托者”的角色理念，即行政人员必须秉持专业知识良知，善用职权与裁量，以高尚的情操择善固执，追求政府治理体系及过程中的公共利益最大化，并争取弱势群体的公平正义，实践倡导型行政（advocacy administration）的真义。黑堡学者延续了新公共行政理论的思想脉络，但他们进一步认为，必须用宪法精神将变化的公共行政固定在相对有迹可循的支点上。

关键术语

民主行政　明诺布鲁克会议　公共选择理论　新公共行政理论

本章推荐阅读

FREDERICKSON H G. New public administration. University of Alabama Press, 1980.

LUCIO J. Customers, citizens, and residents: the semantics of public service recipients. Administration & society, 2009, 41 (7).

MARINI F. Toward a new public administration: the Minnowbrook perspective. Chandler Publishing Company, 1971.

OSTROM V, OSTROM E. Public choice: a different approach to the study of public administration. Public administration review, 1971, 31 (2).

WADE L L. Public administration, public choice and the pathos of reform. The review of politics, 1979, 41 (3).

WAMSLEY G L et al. Refounding public administration. Sage Publications, 1990.

埃莉诺·奥斯特罗姆，等. 公共服务的制度建构. 上海：上海三联书店，2000.

文森特·奥斯特罗姆. 美国公共行政的思想危机. 上海：上海三联书店，1999.

第7章

深化：管理主义的再兴起

我们相信，没有一个有效的政府，文明社会就不能有效地运作，不过今天有效的政府实属凤毛麟角。我们相信，工业时代的政府官僚机构既庞大又集权化，往往只能提供千篇一律的标准化服务，而无法提供个性化服务，因而不足以迎接迅速变化的信息社会和知识经济带来的挑战①。

——奥斯本（David Osborne）和盖布勒（Ted Gaebler）

本章导言

如何解决日益严重的行政效率低下问题，仍然是迫切的现实问题，在对传统公共行政理论中的管理主义进一步深化的基础上，新公共管理理论、公共政策理论应运而生。虽然这些理论的内容千差万别，但在强调管理的科学性与专业性，以及利用科学技术与制度创新使公共部门恢复活力与效率方面，它们是一脉相承的。

在对行政与民主政治之间关系争论不休的同时，对于如何提高行政效率，公共行政学者们也产生了相当大的分歧。如何解决日益严重的行政效率低下问题，仍然是迫切的现实问题，管理主义的再兴起成为必然。

① 奥斯本，盖布勒. 改革政府：企业家精神如何改革着公共部门. 上海：上海译文出版社，2006：前言.

7.1 管理主义的复归

管理主义公共行政理论复归与时代和实践紧密相关。

7.1.1 复归的背景

首先，在20世纪70年代，主要国家普遍存在公共财政负担过重、国有资产运作不良、财政赤字严重等问题。在此背景下，公共行政学需要相应的理论来支撑缩小政府规模、减少公共财政支出的实践，从而真正改变公共财政困境①。其次，私人部门兴起产生了示范作用，高效的私人部门和低效的政府部门之间产生了鲜明对比。各国在民营化和半民营化的口号下，都进行了不同程度的政府权力下放，这也刺激了管理主义公共行政学的发展②。再次，技术的发展，尤其是信息技术的发展，让人们看到通过新技术改变政府管理模式的可能性。如何使用新技术进行管理，推动了一系列的管理科学化尝试及与之配套的理论研究。最后，对国际视野的强调也促使公共行政学以更为纯粹的管理主义面目出现，探讨更具有共性的公共管理、政策制定、国际合作等议题。在此背景下，各国政府自身的政治与文化差异性在一定程度上被淡化，而标榜科学性及聚焦实际事务的管理主义理论显然更适合此背景③。

传统的提高公共行政效率的经验已不能反映新时期公共行政的技术特点，需要基于新的管理科学与技术设计相应的新模式。管理主义路径通过对传统公共行政理论的批判以及对市场主义、管理主义的强调，一方面促成了公共行政向公共管理转变，另一方面指导了各国的政府改革实践，推进了政府的民营化进程、政府再造以及企业家政府的重塑，使得政府面貌发生了巨大变化。

7.1.2 管理主义公共行政学的基本主张

与公共行政中的其他分支一样，坚持管理主义的流派并不是一个边界清晰的流派，其中

---

① DUNSIRE A, HOOD C, HUBY M. Cutback management in public bureaucracies: popular theories and observed outcomes in whitehall. Cambridge University Press, 1989.

② HOOD C, SCHUPPERT G F. Delivering public services in Western Europe: sharing Western European experience of para-government organization. Sage Publications, 1988; DUNLEAVY P. The architecture of the British central state, part I: framework for analysis. Public administration, 1989, 67 (3): 249-275.

③ HOOD C. Beyond the public bureaucracy state? public administration in the 1990's. London School of Economics and Political Science, 1990.

许多思想会与其他领域的讨论相互重叠。因此，在本章所讨论的管理主义公共行政学主要展现的是相关理论对公共行政行为本身的强调，以及这种强调背后的深层逻辑。尽管不同的管理主义理论各有不同侧重点和策略性区别，但总的来说，管理主义在对行政改革方向及改革的对象与原因方面都有相对一致的认识。我们可以将其主张总结为以下七个方面：

第一，公共部门需要让真正懂得管理技术的人进行充分管理，并解除规制（deregulation），例如放松不合理的法律限制。要提高管理效率，权力以及命令的来源必须清晰，权责必须一致。这样才能使责任落实到位，并且使组织处于明确责任人的控制之下，从而使管理者可以真正地进行管理。

第二，必须明确绩效的标准与考核。公共部门的使命、目标、判断阶段目标成功与否的标准需要尽可能地明确。尤其是对一些专业化的服务部门，需要将绩效落实为明确的定量标准。只有目标明确可测，绩效考核客观可靠，才能真正判断组织的绩效，并衡量公务员的工作成果。只有这样，才能真正做到奖罚有度。

第三，结果控制比过程控制更重要。公共部门的服务落实在最终的产出而非过程中，即使整个过程合理、合法、按部就班，但如果最终的服务质量让人难以接受，过程控制便成为推脱行政低效的借口。因此，结果控制需要与公共部门的奖惩刺激联系起来，在明确各部门乃至个人的责任分工之后，应通过准确测量，使产出高的部门和人员获得奖励，产出低的部门和人员获得惩罚，从而对提高公共部门绩效产生激励。

第四，管理主义强调公共部门内部放权。公共部门作为一个整体如果要提高效率，就必须将效率指标落实到每个细小单位之中，这样才能防止“搭便车”，并让公共部门管理绩效落到实处。政府不该被视为铁板一块的整体，相反，政府实质上是由一个个相互合作的单位组成的。每个单位的预算与绩效需要单独考核，而非采用大锅饭的形式混为一谈。这样可以使机关单位成为可以管理的实体，与政府外部的合作关系也将变得更为流畅。

第五，应创造政府内部各部门之间良性竞争的体制环境。政府内部并不是如传统行政所设想的那样，是一条环环相扣、互不重叠的流水线，相反，政府内部有许多单位的职能高度相似，所聘请人员的背景也大致相同，只是因为条块分割导致各自隶属于不同的系统。为了提高绩效，需要在政府内部引入竞争机制，使绩效高的部门可以在与相似业务部门的竞争中脱颖而出，并获得更多资源，乃至取代原低效单位，从而以更低的成本完成更多的事务。

第六，需要在公共部门中引入企业的管理文化与技术。长期以来，政府部门以军队式的管理文化展开业务。这种管理文化强调命令和服从，在招聘及奖惩灵活性上非常死板。公务员的录用与实际的岗位需求相脱离，做得好坏都没有相匹配的奖惩机制，对于公共关系以及公共形象的维护也不予以重视，公共部门因此被塑造成了冰冷的机器。当私人部门管理技术大幅进步的时候，公共部门的管理模式始终故步自封、乏善可陈。因此，人们认为，在政府部门中也需要引入类似私人企业的管理文化与技术，在人力资源管理、组织目标制定、公共关系维护等方面提升政府的管理能力。

第七，需要在政府内部强化勤俭节约的管理模式，并规训公务员行为。管理主义认为，公务员乃至政府部门的浪费行为是公共行政顽疾，并导致行政费用的飙升以及财政的巨大压力。因此，需要对公务员的浪费行为进行规训，抵制公务员不合理的福利与资金要求，并比照企业类似部门的开支，控制政府部门铺张浪费、无度索取办公经费的行为。

以上观点可以看出，**管理主义公共行政的讨论针对的是政府部门的具体问题，以及困扰政府部门多年的管理弊病**。其核心思想是借鉴企业的管理思路，通过重塑政府的奖惩措施乃至创造政府内部的激励机制，改变政府部门做多做少都一样的缺点，使公务员的积极性真正被调动起来，并辅之以科学化的管理工具与决策分析工具，从而使政府部门的效率得到真正提升。

以下将介绍管理主义路径的两种主要理论，新公共管理理论和公共政策理论。

7.2 新公共管理理论与政府再造

20 世纪 70 年代开始的资本主义危机意味着要对资本主义国家管理模式进行调整。西方各国普遍开展政府再造运动或重塑政府运动，其中以美国的里根改革和英国的撒切尔改革最为突出，二者都以私有化、精简政府和灵活性为主要表现。凯恩斯主义的政府干预受到否定，市场主义全面复兴。可以说，新公共管理理论是与这场改革运动一起产生的，其核心在于寻求在政府各个部门中采用私人部门和企业式的管理办法，“像运作企业一样运作政府”①。

7.2.1 新公共管理理论的主要观点

新公共管理理论显然是相对传统公共组织管理（如泰勒的科学管理）而言的。作为一种新的公共行政理论（或者说是传统理论的整合），**新公共管理理论的主要观点集中在对传统公共行政理论的批判以及对市场主义和管理主义的推崇上**。胡德（Christopher Hood）将新公共管理理论的特征刻画为：向职业化管理转变，标准与绩效测量，产出控制，单位的分散化，竞争，私人部门管理的风格，纪律与节约②。可以看出，与传统公共

① DENHARDT R B，DENHARDT J V. The new public service：serving rather than steering. Public administration review，2000，60（6）：500.

② 陈振明. 公共管理学：一种不同于传统行政学的研究途径（第二版）. 北京：中国人民大学出版社，2003：75.

行政理论相比，新公共管理理论更具有实践和改革特性，其直接指向各种具体的政府改革措施。

1. 对传统公共行政理论的批判

对于 20 世纪 90 年代初的政府改革，传统公共行政理论显示出了更多不适应，许多人将新公共管理理论看作是公共行政学重新赢得影响力和合法性的机会①。新公共管理理论宣称，传统公共行政理论严重限制了政府行政的有效运行，问题不是人的懒惰或无能，而是繁文缛节和条例抑制乃至扼杀了他们的创造力……当我们指责他们并试图施加更多的控制时，我们只是让制度更糟糕②。

休斯（Owen E. Hughes）将新公共管理理论的主要观点总结为：一种战略方法，管理而非行政，关注结果，改善的财政管理，人员调配的弹性，组织的弹性，转向更激烈的竞争，新合同主义，对私人部门管理实践方式的重视，与政治官员的合作关系，以顾客为中心，购买者与提供者的分离，重新检视政府的所作所为③。罗森布鲁姆在《公共行政学：管理、政治和法律的途径》一书中，将传统公共行政理论和新公共管理理论进行了区分，具体如表 7－1 所示④。

表 7－1　　传统公共行政理论与新公共管理理论

特征	传统公共行政理论	新公共管理理论
价值	效率、效能及经济（3E）	成本-效益、顾客回应性
组织结构	理性官僚模型	充满竞争的企业化模式
对人的认识	非人性化的个人、理性人	顾客
认知模式	理性科学主义	理论推理、经验观察、指标测量、实验
预算	理性（成本-收益）	以绩效为基础、市场驱动
决策观	理性-全面	分散化、降低成本
政府职能	执行	执行

萨姆·奥弗曼（Sam Overman）认为，新公共管理理论的新颖之处不算多，但有一些重要的不同之处，主要体现在以下六个方面⑤：

第一，包括了诸如计划、组织、控制和评估的一般管理职能，以此替代了对社会价值观以及科层制同民主冲突的讨论；

---

① BOX R C，MARSHALL G S，REED B J，REED C M. New public management and substantive democracy. Public administration review，2001，61（5）：616.

② GORE A. From red tape to results：creating a government that works better and costs less. U. S. Government Printing Office，1993：2.

③ 休斯. 公共管理导论. 北京：中国人民大学出版社，2007：64－70.

④ 罗森布鲁姆，等. 公共行政学：管理、政治和法律的途径（第五版）. 北京：中国人民大学出版社，2002：40.

⑤ OVERMAN E S. Public management：what's new and different. Public administration review，1984，44（3）：277－278.

第二，工具取向使其更偏好经济和效率的标准，以此替代了公平、回应性或政治性；

第三，实用主义的态度使其关注焦点从政治或政策精英转向了中层管理者；

第四，更强调管理的一般性，或者至少降低了对公共和私人部门之间差异的重视，而不是相反；

第五，对处理组织外部关系与寻找理性的内部业务处理方式给予同样重视，以此代替对法律、制度和政治官僚机构流程的重视；

第六，与强大的科学管理的哲学传统联系在一起。

总的来说，新公共管理理论相信传统公共行政理论已经不适应现代社会。传统社会由于信息传递的低效，以及社会进步速度缓慢，需要稳定的行政结构来提升行政效率。但现代社会信息传递迅速，行政组织所面对的环境快速变化，在这样的情况下，**传统强调稳定和非人格化的科层组织理论已不能一如既往地支持高效行政，需要转变为更扁平化且富有弹性的行政模式。**

2. 对市场主义和管理主义的推崇

新公共管理理论提倡把公民当成消费者，将行政人员从公共政策过程中分离出来，企业与政府或者公共部门没有区别①。效率的高低是一项客观指标，不同的主体可以围绕这项指标进行竞争。如果私人部门在公共产品的生产和公共服务的提供中能达到更高效率，则并不必然要恪守公私部门的区别，可以让公共部门从公共产品的生产中退出，并外包给效率更高的私人部门，从而提高行政效率。

新公共管理理论大量借助私人部门的运作经验，试图减弱对投入和过程的过分强调，它强调放松管制、增强自由裁量权和灵活性，更注重产出和结果②。这些经验包括弹性组织、扩大的自由裁量、合同外包等，而这些措施的直接指向是政府运作的效率和结果。比如，指导美国政府改革实践的《戈尔报告》，即强调通过采用以经济和市场为基础的市场化方式，将自上而下的科层制转变成企业家政府，强调下放聘用权力，精简采购步骤，并在政府的内外都采用市场机制③。

7.2.2 民营化

由于新公共管理理论将政府视为问题本身，而不是解决问题的手段，因此，在新公共

---

① BOX R C, MARSHALL G S, REED B J, REED C M. New public management and substantive democracy. Public administration review, 2001, 61 (5): 611.

② ROMECK B S. Where the buck stops: accountability in reformed public organizations//INGRAHAM P, THOMPSON J, SANDERS P. Transforming government: lessons from the reinvention laboratories. Jossey-Bass, 1998: 205.

③ MILLER H T. A Hummelian view of the Gore report: toward a post-progressive public administration. Public productivity & management review, 1994, 18 (1).

管理理论的描绘中，政府几乎成为低效、浪费、官僚主义和繁文缛节的代名词。在此理解下，尽最大可能削减政府管控影响的领域，让私人部门提供公共服务，就成为最合乎新公共管理理论逻辑的方案。休斯将民营化理解为“从整体上减少政府的介入，如减少生产、供给、补贴、管制或这四种工具的任意组合”①。民营化理论开始于经济学的讨论。随着福利国家的破产，越来越多的经济学家开始反对凯恩斯主义，提倡回到传统主义的经济学，这就是新自由主义（neo-liberalism）。经济学家哈耶克（Friedrich A. Hayek）、施蒂格勒（George J. Stigler）、弗里德曼（Milton Friedman）等人将对国家干预的反对上升到了一个新的理论高度。如弗里德曼在其《资本主义与自由》（*Capitalism and Freedom*）一书中对“政府机构在资本主义社会中应该发挥怎样的作用”进行解答，他认为，**身处自由市场中的政府，作为创立政治和经济自由的一种工具，其作用应该限制在最低程度**②。

虽然新自由主义为民营化提供了理论前提，但萨瓦斯（E. S. Savas）认为政府规模的不断膨胀、政府开支的不停增长、政府雇员数目庞大和政府雇员收入水平高出私人部门雇员收入水平等因素直接促使政府考虑民营化的问题。萨瓦斯认为，政府可以借助更多力量来完成任务，不需要亲力而为，这些方式包括外包、特许经营、拨款补助、代价券、志愿者服务、自我服务、市场等等③。

在实践层面，民营化在英国主要表现为国有企业私有化，在美国主要表现为放松市场管制。英国民营化运动的起因，可以追溯到 20 世纪 70 年代中期所发生的高失业率和高通货膨胀率这两大并发症，它们打破了人们对传统凯恩斯主义实行宏观调控能自动达到供需总量平衡的信念。英国民营化采取了三种主要形式：一是出售国有资产，主要形式是向人们发行股票以出售国有资产，实现国有资产从公共部门向私人部门的转移。二是放松进入管制，打破国家对公用事业垄断的格局，取消新企业进入公用事业的行政法规壁垒，这既可以在出售国有资产的情况下实现，也可以在不出售国有资产的情况下实现。三是通过特许投标、合同承包等方式，鼓励私人部门提供可市场化的公共产品或服务，不涉及资产所有权的转移④。

在美国，自里根当选总统以来，实施了众多改革，包括：“放松经济性管制，收缩政府经济职能；适度分权，放松对州与地方政府的规制；放松管制，健全政府运行机制；严格审查，定期清理过时的规章制度”⑤。1981 年，里根发布的第 12291 号行政令规定必须

① 休斯．公共管理导论．北京：中国人民大学出版社，2007：117．

② 竺乾威．公共行政理论．上海：复旦大学出版社，2008：374．

③ 萨瓦斯．民营化与公私部门的伙伴关系．北京：中国人民大学出版社，2002．

④ 王俊豪．英国公用事业的民营化改革及其经验教训．公共管理学报，2006（1）．

⑤ 陈世香．新公共管理运动期间美国政府规制改革的基本内容及启示．武汉大学学报（人文科学版），2005（1）．

改革工商业管制的指导思想：以最大限度地增进全社会的净收益程度作为制定工商业管制的最高原则；对管制的成本与效益尽可能进行定量分析；管制的对象应该是实际效果而不是产生效果的中间过程；一般情形下，政府不应对企业的设立与经营方式、产量与物价等经济现象施加管制。

7.2.3 政府再造

新公共管理理论对于传统政府的贬斥和批判并不局限在宏观的低效、浪费、官僚主义等形象上，同时也体现在对于政府组织结构和组织形式等微观领域上。在韦伯的论述中被认为最具效率的官僚结构，在新公共管理学者眼中已经跟不上信息化、扁平化的现代社会的发展步伐。提高现代政府效率就要改变基于纸笔相传、科技发展缓慢的传统社会所采用的政府结构，要像企业一样打造出具有快速响应能力、激励有效的行政流程，即进行政府再造（reinventing government）。

政府再造可追溯到 1977 年美国的税制改革（加州第 13 号提案）以及 1979 年英国撒切尔夫人胜选（上任开始便实施国有企业民营化），进而在 20 世纪 70 年代延伸扩张。1979 年撒切尔夫人上台后提出的进阶改革被视为政府再造的里程碑。所谓政府再造，其含义并非与行政改革、效率革新、绩效改进、组织缩减乃至私有化管理等内涵一致，而是强调进行政府组织与管理革新：在结构上建构“精简政府”，在功能上重塑“政府授能”，在管理方面引进“企业型”体制，在服务方面实施“分权化”与“授能化”，在改变与民间团体关系上则推动“民营化”。

休斯归纳了 20 世纪 70 年代以来政府再造推进的背景：

第一，政府功能不彰，统治正当性下降。政府规模（scale）过大导致施政成本不断攀升且行动迟缓，改革者要求政府裁并组织和精简员工来缩小政府规模；政府范围（scope）太大所导致的全方位政府反而是无能政府，改革者主张通过国有企业民营化来缩小政府范围；政府运作的方法（methods）不恰当，尤其是科层制垄断结构最为人所无法忍受，改革者建议引进市场自由竞争机制。

第二，新古典经济学崛起，理论指引行动。新公共管理运动的主要哲学基础来自新古典经济学的几种相关理论，包括公共选择理论、委托-代理理论（principle-agent theory）和交易成本理论（transaction cost theory），这些理论都体现出对科层制垄断的批评及对市场自由竞争机制的偏好，自 20 世纪 70 年代后也逐渐影响了英国、新西兰和欧洲等国家的政府再造。

第三，企业部门改革成功，刺激公共部门跟进。20 世纪 70 年代以来，随着经济全球化，企业所面临的竞争压力日益增加，企业部门改革迫在眉睫。然而，限制其生存发展的最后关卡却与政府的行政效率和法制条件有关。更确切地说，全球竞争力的焦点已由企业层次转为国家层次。如果政府施政绩效未能提高，产业的竞争力提升将受阻。因此，70 年代私人部门改革也引发了公共部门的革新风潮。

第四，技术环境急速变迁，冲击政府的运作方式。20 世纪 90 年代以来，在各国政府再造的要项中，普遍强调运用咨询科技改善工作流程，以提高服务效能和品质。

从 20 世纪 70 年代相继进行的政府再造运动，各国皆确立了其标杆（benchmark）[①]：在英国，有撒切尔夫人主义、进阶改革、公民宪章（Citizen's Charter，1991）、文官新制与变革（1994）；在法国，有行政分权化与现代化、公共服务创新（1979）；在德国，有“宁静改革”（Gentle Revolution，1990）、人事（法制）改革法（1997）；在新西兰，有“迈向公元 2010 年”（Path to 2010）；在澳大利亚，有文官改革新制（1992）；在美国，有国家绩效评估改革，包括《政府绩效与成果法案》（1993）、国家绩效评估委员会（1993）、绩效报告书（1993）；在加拿大，有“2005 年公共服务新制”（Public Service 2005）。

特别需要重点提到的是，20 世纪 90 年代初，随着克林顿当选总统，美国也掀起了重塑政府运动，这场运动将提升政府绩效作为其重要内容，以“让政府工作更好，花费更少”（make government work better and cost less）为主要目标[②]。克林顿政府的绩效改革运动包括三部分内容：（1）颁布《政府绩效与成果法案》，它是美国历史上首部关于政府绩效改革的立法，是克林顿政府绩效改革的基石。（2）建立了绩效改革运动的直接领导机构——国家绩效评估委员会，由副总统戈尔领导。（3）发布《从繁文缛节到结果导向：创造一个工作更好、花钱更少的政府》（《戈尔报告》）。1993 年，国家绩效评估委员会发布《戈尔报告》，成为克林顿政府绩效改革运动的行动指南。该报告的主要内容是聚焦企业化政府，表现为市场主义风格的创新。报告讨论了四个方面的改革内容：削减烦琐、拖拉的办事程序，从人人为遵守规则而负责向人人为实现结果而负责的体制转变；顾客至上；授予下属取得结果的权力；回归本原，构建一个花费少、效果好的政府[③]。在报告中，国家绩效评估委员会联合其他相关部门共同提出了 374 条建议，其中 294 条得到执行。

毋庸置疑，这场大规模的政府再造运动对政府组织与实践都产生了重要影响。

7.2.4　企业家政府

虽然西蒙的事实价值二分对于管理主义在公共行政学中的发展有显而易见的促进，但

① LANE J E. Public sector reform. Sage Publications，1997：1-16，301-307.

② GORE A. From red tape to results：creating a government that works better and costs less. U. S. Government Printing Office，1993：I.

③ 同②6-7.

新公共管理理论本身也有对行政伦理的判断，其对企业家精神的推崇就是典型代表。在新公共管理学者眼中，基于传统公共行政理论乃至科层制架构开展工作的公务员只会是照章办事、唯唯诺诺、不思进取的小零件，本身没有改善效率的动机，组织没有相应的提高效率的激励措施，个人也没有开拓创新的意愿。只知道循规蹈矩、按照既定章程办事的传统公务员是无法面对一个快速变化、需要快速能动响应的现代社会的。在这一观念下，要像企业家一样开拓进取就成为新公共管理理论对行政伦理价值的重要倡导。

比如，奥斯本和盖布勒就倡议以企业家政府（entrepreneurial government）观念来引导政府再造的方向①。1992 年，他们出版《改革政府：企业家精神如何改革着公共部门》(*Reinventing Government*: *How the Entrepreneurial Spirit is Transforming the Public Sector*）一书。在该书中，他们强调企业家精神或企业家并不限于企业部门组织，凡是时时能以新的方法来运用资源，使之发挥最大生产力和效能的都是企业家，政府部门一样可以培养出企业家精神。所谓“企业家政府”，即政府在既有的文官体制中，培育政府的企业家精神与企业型官僚。政府的企业家精神，是在政府的体制及运作之中具有某些变迁导向的内在特质，这些特质能够积极引发革新理念，并将此种革新理念转化为具体的方案设计，以实际的行动体现方案设计，协助政府部门处理公共事务、解决政策议题与妥善利用行政资源。而所谓“企业型官僚”，是指在公共部门内从事构思、设计和执行革新理念的成员②。奥斯本和盖布勒在该书中详细归纳了企业家政府的十大原则：

第一，起催化作用的政府：掌舵而不是划桨；

第二，社区拥有的政府：授权而不是服务；

第三，竞争性政府：把竞争机制注入到服务提供中去；

第四，有使命感的政府：改变照章办事的组织；

第五，讲究效果的政府：按效果而不是按投入拨款；

第六，受顾客驱使的政府：满足顾客的需要，而不是官僚政治的需要；

第七，有事业心的政府：有收益而不是浪费；

第八，有预见的政府：预防而不是治疗；

第九，分权的政府：从等级制到参与和协作；

第十，以市场为导向的政府：通过市场变量进行变革。

这十项原则后来被克林顿政府所采用，成为美国政府再造计划的基本架构。它在 1993 年成立的国家绩效评估委员会第一年的评估报告中，重新被整合归纳为四大原则：顾客至

① 张润书．行政学．台北：三民书局，1998：497.

② 江岷钦，刘坤亿．企业家政府．台北：智胜文化事业有限公司，1999：63.

上、人民优先（putting customers first）；删减法规、简化程序（cutting red-tape）；授权员工、追求成果（empowering employee to get results）；节约成本、提升效能（cutting back to basics）。

7.3　公共政策学：公共政策研究的专门化

第二次世界大战后，公共行政学在学科和实践上遭遇的身份危机，让越来越多的学者思考这样一个问题：纯粹的学术性公共行政是否与现实问题并不相关？

一方面，部分学者意识到这些现实问题绝大多数是政策性的，尤其是政策分析性的，而不是政府内部行政；另一方面，由于政策问题涉及的范围宽广且内容复杂，大大超出了原有理论的解释范围，研究者们深切感到应当建立一门能够兼容各相关学科的优势且能够解决各种现实公共政策问题的全新学科。

7.3.1　公共政策研究的专门化

公共政策研究的专门化，从学理上来自于对事实价值二分法的继承，而在现实操作上则来源于人们对政府"解决问题"的特别关注。其目的在于建立一门专业化的、解决问题的、具有内在一致性的学科，从而解决人类社会生活中的具体问题。正如洛伊（Theodore J. Lowi）所说，随着政府的扩大，社会科学的分析单位已经变得越来越小，政府更需要去关注实际的影响和实施层面的问题①。既然政府是通过政策直接影响社会生活，那么，将政策本身的实际影响和实施进行科学研究，将可以直接有针对性地分析和改善社会生活。

美国公共政策研究专门化的一个重要事件，是在斯坦福大学召开的"关于国际关系论的革命性、发展性学术讨论会"，这次会议由纽约卡内基财团赞助。它是一次美国社会科学界罕见的众多泰斗云集的盛会，与会的有当时闻名于世的一些社会科学界英才，如政治学家勒纳（Daniel Lerner）、拉斯韦尔，文化人类学家米德（Margaret Mead），经济学家阿罗，等等。在这次大会上，拉斯韦尔给出了一个定义：公共政策学就是"以制定政策规划和政策替代案为焦点，动用新的方法论对未来发展趋势进行分析的学问"。作为会议的主要成果之一的论文集《政策科学》（*The Policy Sciences*）于 1951 年出版。

在该书中，拉斯韦尔对第二次世界大战后学术研究生态的完整性遭到破坏表达了深深

① LOWI T J，SIMON H A. Lowi and Simon on political science，public administration，rationality and public choice. Journal of public administration research and theory，1992，2（2）：106.

失望。为了减少学科之间的“离心力”，他试图通过整合多种学科知识来建立一门全新的、统一的社会科学学科，即政策科学。在该领域，经济学理论和数量方法被大量引进。于是，不仅政策科学家获得了进行独立分析的可能性，而且政策科学这一学科也看上去更为“科学化”了。20 世纪 70 年代以后，公共政策理论成为教学、研究和实践的焦点。1972 年，政策研究组织（the Policy Studies Organization）形成。这一时期，传统公共行政研究仍处在痛苦挣扎中，但公共政策理论却进入了发展和地位凸显时期，并显示出了其作为一门独立学科的趋势。各高校纷纷建立公共政策学院，原来的公共行政学院也纷纷改名为公共政策学院。

事实上，目前公共政策学在美国早已体制化，出现了一批学会，如政策研究组织、评估研究会、公共政策分析与管理学会，以及大量思想库，如布鲁金学会、斯坦福研究所、企业研究所和传统基金会。还出现了一批政策科学或政策分析期刊，如《政策科学》（*Policy Science*）、《政策分析》（*Policy Analysis*）、《政策研究杂志》（*Policy Studies Journal*）、《公共政策》（*Public Policy*）、《政策分析与管理杂志》（*Journal of Policy Analysis and Management*）等，以及一批周边期刊，如《公共行政评论》《美国政治科学评论》（*American Political Science Review*）等。同时，也出版了大量的论著或教科书。在职业化方面，政策分析家已成为一种正式职业，联邦、州和地方政府都设立了政策分析职位，再加上大学及思想库的教研职位，政策科学的职业化已达到相当规模。可以说，公共政策学已经成为与公共行政学和公共管理学相竞争的典范[①]。当然，也有人认为公共政策学仍然未能摆脱作为公共行政学下属学科的影子，其原因在于公共政策学的关注点并不能整合公共行政领域的内容，也未能提供一个整体性的解释框架。为此，一些公共政策学者主张摒弃以实证主义方法论为基础的政策科学，逐渐转向以后实证主义方法论为基础的政策咨询（policy inquiry），并提出了各种各样的政策研究替代性方案。

7.3.2 公共政策学的产生与发展

公共政策学对社会科学产生了深刻影响[②]，其发展路径从整体来看是一个从总体认识论向各独立分支研究领域发展的过程。由于公共政策学强调对具体问题的可操作性解决，其独有立场决定了其以具体政策议题为导向，成为针对多种研究对象的松散集体，而非有清晰理论边界和理论核心的派别。公共政策学的发展具体可划分为萌芽时期、蜕变时期、当代发展时期三个阶段。

---

① 休斯．公共管理导论．北京：中国人民大学出版社，2007：148．

② LOWI T J，SIMON H A. Lowi and Simon on political science，public administration，rationality and public choice. Journal of public administration research and theory，1992，2（2）：106.

1. 萌芽时期：20 世纪五六十年代

虽然公共政策学的历史可以追溯到 20 世纪 50 年代，但直到 20 世纪六七十年代，专门研究公共政策的思想才获得了巨大的社会影响力。当时，不少国家先后出现了诸如暴力犯罪增加、经济滞涨、能源危机、失业扩大、环境污染以及社会保障、公共卫生、公共交通等领域的众多社会问题，这些问题大大激化了社会矛盾，使社会动荡不安。人们因此对政府提出了强烈诉求，其关注的焦点也就不再是抽象的理念或原则问题，而是与自身切身利益密切相关的特定公共政策和公共服务。在此背景下，公共政策学刚好可以被派上用场。

在此期间，公共政策学产生了诸多代表性理论，包括：拉斯韦尔的“决策过程”(1952)① 和“政策导向”(1951)②，伊斯顿（David Easton）的“政治生活的系统分析”(1965)③，多伊奇（Karl Deutsch）的“政府的神经”（1963)④，唐斯（Anthony Downs）的“科层制模型”（1967)⑤，德洛尔（Yehezkel Dror）的“公共政策制定检讨”（1967)⑥，鲍尔（Raymond Bauer）和格根（Kenneth Gergen）的“政策形成的研究”（1967)⑦，奎德（Edward Quade）等人的“政策分析理论”⑧，等等。

2. 蜕变时期：20 世纪 70 年代

在 20 世纪 70 年代，公共政策学在政策系统与政策过程研究方面取得了显著成就，特别是在政策评估、政策执行、政策终结方面形成了各种理论。而这一时期外在政策环境的变化也致使政策科学无论是在研究方法还是在实质理论方面都有所转变，特别是几大事件——反贫战争、越战、“水门事件”、能源危机，都在一定程度上促进了政策科学研究对政策评估、定量与定性分析、动态分析、道德价值判断、沟通等方面的关注，也促进了政策学派的完善和发展⑨。

此阶段的公共政策学特别关注政策过程理论，并建立了众多模型，包括：安德森

---

① LASSWELL H D. The decision process：seven categories of functional analysis. University of Maryland Press，1952.

② LASSWELL H D. The policy orientation//LERNER D，LASSWELL H D. The policy sciences：recent developments in scope and method. Stanford University Press，1951：3-15.

③ EASTON D. A systems analysis of political life. Wiley，1965.

④ DEUTSCH K. W. The nerves of government：models of political communication and control. The Free Press，1996.

⑤ DOWNS A. Inside bureaucracy. Little，Brown，1967.

⑥ DROR Y. Public policy making reexamined. Transaction Publishers，1983.

⑦ BAUER R A，GERGEN K J. The study of policy formation. The Free Press，1968.

⑧ QUADE E S，BOUCHER W I. Systems analysis and policy planning：applications in defense. Rand Corporation，1968.

⑨ 丘昌泰. 公共政策：当代政策科学理论之研究. 台北：台湾巨流图书公司，1999：42.

(James E. Anderson) 的五阶段的政策过程模式：问题的识别和议程确立、制定、采纳、实施、评估[①]；奎德提出的五要素：问题的确定、探求备选方案、预测未来环境、模拟各种备选方案的影响、评估各种备选方案[②]；梅 (Judith May) 和韦尔达夫斯基 (Aaron Wildavsky) 建立的政策周期理论：议程设置、问题分析、执行、评估、终结[③]；布鲁尔 (Garry D. Brewer) 和德利昂 (Peter DeLeon) 确定的动因、估算、选择、执行和评估的过程模型[④]。除此之外，此阶段研究焦点在政策过程方面拓展，形成了若干新政策理论。

(1) 政策评估 (policy evaluation)。

由于社会政策的大规模推行，以及政策推行后面临着越来越多的问题，在 20 世纪 60 年代晚期至 70 年代早期，整个政策分析界几乎无一例外地关注政策评估。早期政策评估的焦点为效率测量，其后强调田野研究 (field study)，再后来则是社会实验 (social experiment) 研究。

由罗西 (Peter H. Rossi) 等人所著的《评估：一个系统途径》(*Evaluation: A Systematic Approach*) 是最早对评估进行研究的著作[⑤]。帕勒姆鲍 (Dennis J. Palumbo) 和纳茨米亚斯 (David Nachmias) 则关注理想的政策评价理论，探讨是否存在政策评估取得预期效果的理想范式 (an ideal paradigm)[⑥]。戈尔顿波格 (Edie N. Goldenberg) 在他的"关于政策评估目的的理论"中认为，政策评估的目的因政策活动的不同呈现出不同表征，政策评估是通过基于政策效果的评价来改进政策，因此要充分理解政策评估活动的本质[⑦]。这一阶段有影响的政策评估相关理论还包括戴伊的政策效用理论[⑧]，豪斯 (Ernest R. House) 关于正义应该成为政策评估重要标准的理论[⑨]，以及库巴 (Egon G. Guba) 和林肯 (Yvonna S. Lincoln) 的"回应性评估"[⑩]。帕顿 (Michael Q. Patton) 对"为了获得实际可用的评估结果应该怎么做"进行了研究，提出了"以利用为中心" (utilization-focused) 的评估过程、评估核心和评估前提[⑪]。

---

① ANDERSON J E. Public policy-making. Rinehart & Winston，1984.

② QUADE E S. Analysis for public decisions. Elsevier，1982.

③ MAY J，WILDAVSKY A. The policy cycle. Sage Publications，1978.

④ BREWER G D，DELEON P. The foundations of policy analysis. Dorsey Press，1983.

⑤ ROSSI P H，LIPSEY M W，FREEMAN H E. Evaluation：a systematic approach. Sage publications，2003.

⑥ PALUMBO D J，NACHMIAS D. The preconditions for successful evaluation：is there an ideal paradigm? Policy science，1983，16 (1)：67-79.

⑦ GOLDENBERG E N. The three faces of evaluation. Journal of policy analysis and management，1983，2 (4)：515-525.

⑧ DYE T R. Politics，economics，and the public：policy outcomes in the American states. Rand McNally，1966.

⑨ HOUSE E R. Professional evaluation：social impact and political consequences. Sage Publications，1993.

⑩ GUBA E G，LINCOLN Y S. Effective evaluation：improving the usefulness of evaluation results through responsive and naturalistic approach. Jossey-Bass，1981.

⑪ PATTON M Q. Utilization-focused evaluation. Sage Publications，2008.

在这些讨论的基础上，斯塔夫比姆（Daniel L. Stufflebeam）等人在《评估模型》（*Evaluation Models*）一书中对政策评估产生以来近 50 年中所运用的评估模型进行了归纳，在某种程度上覆盖了评估领域已有的成果。他列举了 22 种评估模型，并划分为四大类，包括伪评估、问题取向的评估、决策取向的评估和社会回应取向的评估①。

（2）政策执行（policy implementation）。

在对 20 世纪 60 年代联邦政府推动社会改革政策的失败案例进行研究后，政策研究者认为，除应加强政策评估以外，还应特别重视政策执行的研究，哈佛大学肯尼迪政府学院就此发表《公共部门执行问题报告》（A Report on Studies of Implementation in the Public Sector）。该报告指出：政策执行过程的政治与官僚面向既是根本的错误来源之一，也是政府官员与政策分析家所忽视的面向之一。普雷斯曼（Jeffrey L. Pressman）和韦尔达夫斯基经过详细跟踪调研所著的《实施：华盛顿的宏大期望如何在奥克兰破灭；或者说，为什么联邦计划根本没有成效》是政策执行研究的经典之作②。在该书中，他们提出了政策执行分析区别于传统公共行政理论的不同关注点：

第一，政策执行分析对政策评估和政治行为有明确的关注，检验不同的政策目标是如何实现，以及实现绩效的原因。

第二，政策执行分析关注“合作行动的复杂性”，传统公共行政理论在分析政策执行时，往往关注于一个单一的机构及其所处的直接政策环境，而政策执行分析中则需要将大量的相关公共和私人部门视为行动者。

第三，政策执行分析对公共政策中隐含的因果假设进行细致的分析，特别是那些往往没有明说的实现政策目标的必要条件。

普雷斯曼和韦尔达夫斯基相信，在这样的研究框架下，政策执行分析可以对政策的执行得出比传统公共行政理论更系统的理解和认识。尤其是，传统公共行政理论往往假设政策过程可以清晰划分成政策制定、执行、总结调整三个阶段，但实际上政策本身就是在执行的行动中基于不断变化的资源和目标调整变化的。执行在某种意义上就是动态的政策重新制定的过程。因此，政策执行往往就是改变原目标以适应资源现实，与动员新资源以实现老目标之间的动态平衡的过程。其中的目标、假设、因果关系和涉及的行动者都不能视为理所当然，都应该动态、综合地进行分析，这样才能理解政策执行。

---

① STUFFLEBEAM D L，MADAUS G F，KELLAGHAN T. Evaluation models：viewpoints on educational and human services evaluation. Springer，2000.

② PRESSMAN J L，WILDAVSKY A B. Implementation：how great expectations in Washinton are dashed in Oakland：or，why it's amazing that federal programs work at all，this being a saga of the economic development administration as told by two sympathetic observers who seek to build morals on a foundation of ruined hopes. University of California Press，1984.

(3) 政策终结 (policy termination)。

20 世纪 60 年代的政府功能庞大，政府经费数额巨大，大政府理念相当流行。但当许多政策出现失败迹象，加之能源危机与经济不景气，小政府理念在此时期开始产生影响。许多政策学者开始反省：失败的公共政策难道不可以终止吗？如何终止公共政策，才能减少人们的反对？

基于这些疑问，一些学者开始关注政策终止策略，如提出缩减管理（cutback management）的观念，希望削弱政府职能、减少不必要的冗员或降低政府的赤字预算，“最好的政府就是管理最少、花费最少的政府”。也有学者提出“日落立法”（sunset legislation），即为加强立法机关的监督，可以制定终止行政部门及公共政策的条款。关于终止的方式，可以考虑在行政组织法中设立机关自动消失的条款，或者经由政策评估与考核的程序，如果评估结果未达某种标准，则该政策必须终止。

政策终结的角力往往比政策制定过程更惨烈，其原因在于：第一，政策的制定一般不会设定终止时间，而且大量人力、物力会投入实施的政策之中，终止政策通常伴随着懊悔和痛苦。第二，要终止现有政策通常伴随着很难成功且很激烈的政治斗争，谨慎的政治家一般不愿意去触碰，特别是现有政策的利益集团已组织完毕，拥有共同意识并在政府中拥有相当根基。第三，政治家通常不愿承认过往错误，因为过往的错误已经属于沉没成本而不会影响未来权位。但对于接手的公务员来说，改正过往的错误很可能变成一种冒犯。“如果这个政策像你现在说的这么差，为何你当时不反对”会成为一个常见的质疑。第四，尝试终止政策的倾向本身就会对现行的体制和士气造成损害，好比终止战争的想法必须要考虑消息本身对军队士气和战斗力的损害一样。第五，终止政策的政治激励比较少，终止一项政策往往很难像制定一项政策那样被视为政绩。不过，也有五种情况会促使政策的终止：一是领导换届；二是支持原政策的意识形态褪色；三是一段时间的动荡环境使得人们不再乐观地预计自己未来的生活；四是精心设计的政策终止计划缓慢地改变形势，缓冲政策终止带来的冲击；五是在设计政策时就预设好政策终止的条件①。

3. 当代发展时期：20 世纪 80 年代至今

当代公共政策理论发展对既有研究主题进行了修正，并在以下两个方面予以拓展。

(1) 公共政策伦理与价值。

自政策科学运动兴起以来，就没有否认伦理与价值的重要性，因为政策科学是以决策理论为基础的，政策问题需要选择，政策目标需要选择，政策方案更需要选择。70 年代之后逐渐形成了探索公共政策伦理与价值的三种路径：第一，社会哲学与政治伦理。从政

---

① BARDACH E. Policy termination as a political process. Policy sciences, 1976, 7 (2), 123-131.

治哲学立场探索公共政策伦理是最普遍的方法。如约翰·罗尔斯（John Rawls）的《正义论》（*Theory of Justice*），强调以功利主义为主体的伦理应该被分配正义（distributive justice）所取代①。第二，伦理问题与社会道德。从特定的伦理问题个案探索公共政策伦理与价值，如国家安全、社会福利、堕胎或死刑犯等问题所引申的伦理问题。这一途径是问题取向的，强调的是公共权利的议题，代表性作品为比彻姆（Tom Beauchamp）的《伦理与公共政策》（*Ethics and Public Policy*）一书②。第三，专业与行政伦理。从政府机关或专业组织的伦理问题着眼，强调公共责任与义务的建立。特别重视专业道德规范与行政伦理的建立，代表作品为高斯洛普（Louis C. Gawthrop）的《公共部门管理、系统与伦理》（*Public Sector Management*，*Systems*，*and Ethics*）一书③。

（2）公共政策与公共管理。

政策与管理是天然伙伴，有了公共政策却没有管理公共政策的技巧，仍然无法成功将公共政策付诸执行。因此，推动公共政策的计划、组织、指挥与管制等工具非常重要。换言之，政策是管理的一环，公共政策不过是策略管理的另一种形式。梅尔茨纳（Arnold Meltsner）与贝拉维塔（Christopher Bellavita）在《政策组织》（*The Policy Organization*）一书中指出，有效的政策管理依赖于政策沟通，政策沟通必须依赖政策组织，并且将观点转化为可行的政策行动④。劳伦斯·林恩（Laurence Lynn）在《管理公共政策》（*Managing Public Policy*）一书中则认为，必须要融合管理与组织行为，将政治与政策融为一体，才能有效地管理公共政策⑤。美国公共政策分析与管理学会便长期致力于融合组织行为管理与公共政策。

7.3.3　公共政策学的两条路径

概括而言，公共政策研究有两种不同的路径，每一种均有其自身的关注点和侧重点。一种被称为政策分析路径。政策分析路径往往运用抽象的统计资料和数学模型，重点研究决策和政策制定问题。这一研究路径包括安德森和奎德各自提出的政策分析基本模型、林德布洛姆（Charles E. Lindblom）的渐进决策理论、戴伊的系统决策理论以及他和齐格勒（Harmon Zeigler）共同提出的精英决策理论。另一种路径是政治性公共政策。政治性公共政策更感兴趣的是公共政策的结果或产出、决定特定事件的政治互动和政策领域⑥。在

① RAWLS J A. Theory of justice. Harvard University Press，2009.
② BEAUCHAMP T L. Ethics and public policy. Prentice Hall，1983.
③ GAWTHROP L C. Public sector management，systems，and ethics. Indiana University Press，1984.
④ MELTSNER A J，BELLAVITA C. The policy organization. Sage Publications，1983.
⑤ LYNN L E. Managing public policy. Little，Brown，1987.
⑥ 休斯. 公共管理导论. 北京：中国人民大学出版社，2007：132.

政治性公共政策路径中，有部分学者集中于决策过程的研究，以拉斯韦尔、德洛尔为代表，这一传统也被称为政策科学路径。

这两种路径的主要差异在于其赋予政策过程的作用不同。政治性公共政策从倡导的意义来看待信息，也就是说，它意识到从诸多的观点中可以得出令人信服的例证，并将这些例证纳入政治的过程中。而政策分析是从一系列的备选方案中寻求最佳答案，并且可任意运用一系列的统计工具①。

1. 政策分析路径

政策分析以具体政策为研究对象，包括政策制定、执行、评估等内容。

我们可以从不同的理性假设来区别政策分析的不同框架。1959 年，林德布洛姆在《公共行政评论》发表了《渐进决策科学》(The Science of Muddling Through) 一文，该文对政府决策过程的理性模式作了深刻分析，区别了全面理性模式和渐进主义模式。对于这两种理性模式，林德布洛姆进行了如下区分（见表 7-2）②。

表 7-2　全面理性模式和渐进主义模式

A：全面理性模式	B：渐进主义模式
1A：对不同政策的价值或目标有清晰认识，这通常依靠实证分析获得	1B：价值目标的选择和对所需行动的经验分析不是彼此分离而是密切交织
2A：政策制定的公式是手段-目的分析：目的是确定的，那么实现它们的手段就是确定的	2B：由于手段和目的并非完全分离，手段-目的的分析往往是不适当的或有限的
3A：判断一个“好”政策的标准是它可以被证明是实现理想目标的最适当的方式	3B：一个“好”政策的判定标准来自许多政治分析家在政策上达成一致
4A：分析是全面的；每一个重要的相关因素都被考虑在内	4B：全面分析不能出现 （1）重要的、可能的结果被忽视 （2）重要的、可能性替代政策被忽视 （3）重要的、有影响的价值被忽视
5A：严重依赖于理论	5B：持续性比较将大大减少或消除对理论的依赖

全面理性模式体现的是对客观理性的追求，代表着对人类自身认知能力的自信，并试图通过寻找科学方法得出一个统一结论。在政策分析领域中，准实验研究、多元回归分析、投入产出分析、成本效益分析、运筹学研究和系统分析得以广泛运用，其理论基础就是全面理性模式，因为这些分析方法多是通过舍去一些偶然因素来形成一些客观的假设以构造因果关系。全面理性的一个代表是肯尼迪-约翰逊时代流行的计划项目预算制分析方法。

① 休斯. 公共管理导论. 北京：中国人民大学出版社，2007：150.

② LINDBLOM C E. The science of “muddling through”. Public administration review，1959，19（2）：81.

建立在有限理性基础上的渐进主义模式，最早显然是从西蒙开始的，其行政人的特征就是具有有限理性。有限理性否认了认识的全面性，强调目标的重要性，并强调政策分析的政治价值，主张在持续性的比较中减少或消除对理论的依赖。林德布洛姆否认了大多数政府决策是基于完整信息做出理性决策的模型。相反，他认为整个政策制定过程是为了响应短期政治条件而做出的一系列渐进式决策。他的核心思想是：政策制定不取决于政策制定者的意愿，而是决定于具体的事件和环境。他的分析鼓励了政治科学与公共行政学、公共政策的边缘学科——渐进分析的发展。

2. 政策科学路径

拉斯韦尔提出政策科学的初衷是试图通过学科间整合，把有关政策过程的知识与政策过程中的知识结合起来，其关注效率，但最终的目标是实现民主。为此，其主张的关键词包括问题导向、价值为本、跨学科、历史性、环境的，它强调规范性本质，并希望提供民主性政策建议。拉斯韦尔还强调要认识到政策分析与权力的紧密关系。他所设定的政策科学是要带给公共政策更多思考，考虑定量分析方法限度，并有责任澄清服务于人类尊严的目标①。

拉斯韦尔提出了政策科学的六项主张②：

第一，关于民主的学问。公共政策与个人有关，因此，分析政策必须分析个人对政策的反应。由于个人意志反映在民主的政治体制中，因此，政策分析必须对政府和政治权力有敏锐的洞察力。

第二，哲学基础是理论实证主义。拉斯韦尔认为公共政策学就是要使用数学公式和实证性数据，追求政策的合理性，因此，公共政策学是一门利用科学方法进行分析的科学。

第三，对时间和空间都非常敏感。他认为，当人们选择某一模型进行分析时，必须在时间和空间上有明确记录。

第四，跨学科。拉斯韦尔虽然重视公共政策学与政治学的联系，但他并不认为公共政策学就完全等同于政治学，它是融汇了多种社会科学在内的崭新的学术体系。当时，人们比较多地强调两大学科的结合，一是政治学，二是经济学。

第五，政府官员与学者共同研究的学科。学者们特别需要了解官员掌握的数据，因此，在公共政策研究上需要官员与学者联盟。

第六，包含“发展模型”（developmental construct）。在公共政策研究中，经济学家

① WILDAVSKY A. The once and future school of public policy. The public interest，1985，79（1）：25.

② LERNER D，LASSWELL H D. The policy sciences：recent developments in scope and method. Stanford University Press，1951：3-15.

应研究经济发展模型，政治学家应研究政治发展模型，社会学家和文化人类学家应研究社会文化发展模型。

许多学者，特别是德洛尔等人，直接沿着拉斯韦尔提出的政策科学作为一门全新的、综合的统一社会科学的方向前进，并给予了继续推动。在德洛尔看来，以政策的直接效果为指向，重视技术和科学方法，“这对政策科学的发展有帮助，但却具有许多缺点：缺乏制度；缺乏政治——它不能研究诸如维护全体一致和派系形成的政治需要；缺乏价值体系——它不能研究政治价值、意识形态以及神的恩宠等非理性问题；缺乏创造性——最大功效原则只能选出最优，但不能推出全新的方案”①。德洛尔认为，要坚持拉斯韦尔的政治性公共政策的传统，政策科学的宗旨应该是改进决策体制的设计和运作②。

为了应对政策分析对政策科学的挑战，德洛尔提出了多个需要突破的方面，包括：关于政策制定与政治科学的哲学和智力的理解；增加历史和比较的观点；真实地处理政策实际；寻求宏观理论；政策范式批判；宏观政策创新；政策制定和统治设计；改善政策制定的途径；政策制定的输入方式；加强学科基础；开发多维方法论、方法和技术，等等。德洛尔的代表作包括《逆境中的政策制定》③ 及公共政策三部曲——《公共政策制定的再审查》④和《政策科学设计》⑤ 和《政策科学进展：概念与应用》⑥。

此后，美国兴起了一场旷日持久的政策科学运动，各高校开始大量设立政策科学研究生专业。

7.4 新公共服务理论对管理主义的质疑

如果回看 20 世纪 90 年代世界范围内的管理主义改革，管理主义所谓的新思路、新方法都已不再新奇，**但管理主义的公共行政理论至少在两方面为公共行政留下了启示：一是公务员的有效激励；二是责任的有效归属**。然而，作用力越大反作用力也越大。当新公共管理运动发展成世界性的大规模管理改革潮流之后，随着新公共管理理论的盛行，对其的批判也越发高涨。甚至，批评新公共管理理论和仅关注政府效率的管理主义本身也在某种程度上发展成为公共行政的一个重要研究领域。新公共服务理论便应运而生。

---

① 丁煌．西方公共行政学说史．武汉：武汉大学出版社，1999：256.

②④ DROR Y. Public policy-making reexamined. Chandler，1968.

③ DROR Y. Policymaking under adversity. Transaction，1986.

⑤ DROR Y. Design for policy sciences. American Elsevier，1971.

⑥ DROR Y. Ventures in policy sciences：concepts and applications. American Elsevier，1971.

7.4.1　新公共服务理论的基础

新公共服务理论直接脱胎于新公共管理理论所认为的政府应该“掌舵”而不是“划桨”的观点，认为政府是掌舵人的观点是一种误导，政府应该服务而不是掌舵。新公共服务理论的主要代表人物是罗伯特·B. 登哈特和珍妮特·V. 登哈特（Janet V. Denhardt）夫妇，他们于 2000 年发表的论文《新公共服务：服务而不是掌舵》（The New Public Service：Serving Rather Than Steering）第一次系统地阐释了新公共服务理论的基本理念，并成为对新公共管理理论的重要建设性批判。

登哈特夫妇指出，新公共服务理论的基础包括民主公民权理论（theories of democratic citizenship）、公民社会和社区模式（models of community and civil society）、组织人本主义和话语理论（organizational humanism and discourse）①，这三种理论为探讨新公共服务创设了很好的理论氛围。

专　栏

罗伯特·B. 登哈特

罗伯特·B. 登哈特，美国著名公共行政学者，1942 年出生于美国肯塔基州，1968 年在肯塔基大学获得公共行政博士学位。登哈特以其在公共行政理论和组织行为方面的研究而著称。全美公共行政与公共事务学院联合会前执行会长扎克教授对其评价为：“他对公共服务意识的执着追求已经使其成为公共服务尊严的主要代言人。”

民主公民权理论主张，公民权和公民身份是公共行政的重要基础。在公民身份下，公民要看到自身利益之外更广大的利益，并采取更广泛和更长远的视角。这既需要对公共事务有所认识，也需要作为整体一部分的归属感，而这又建立在社区身份的道德联系之上②。民主公民权理论强调公民对政治生活的积极参与，同时认为政府应该为公民的参与创造条件，并且确保个人的自身利益能够自由、公正地相互影响。

公民社会和社区模式主张，社会由公民和不同公民团体组成，这些小团体组成公民社

① DENHARDT R B，DENHARDT J V. The new public service：serving rather than steering. Public administration review，2000，60（6）：552-553.

② SANDEL M. Democracy's discontent. Belknap Press，1996：5-6.

会。在其中，个人利益包含在社区关注范围内，并且公民参与彼此的对话和讨论。公共行政的核心是在公民、社区和政府之间建立一个健康和积极的中介机构，同时关注公民的愿望和利益，并能为公民提供在更广泛的政治制度内行动的经验。

组织人本主义和话语理论包括诠释理论、批判理论和后现代主义。总体而言，这些理论都主张减少权力和控制对公共组织的限制，而更加重视内部员工和组织外的服务对象以及公民需要。

7.4.2 新公共服务理论的基本主张

新公共服务理论主要有六大主张①，以下详述之。

1. 服务，而不是掌舵

公务员的一个日益重要的作用就是帮助公民表达并满足他们的利益，而不是试图控制或引导社会方向。在传统的政治实践和理论下，政府作为“社会的指导”发挥中心作用，现代生活的复杂性使得政府的这种角色不仅是不恰当的，而且是不可能的。在一个倡导积极公民权的世界，政府官员将日益发挥超过作为服务提供者的作用——他们将发挥调解、调停，乃至审判的作用。面临新的社会和公共行政环境的变化，**公共行政的新角色将需要新的技能，不是旧的管理控制能力，而是新的关于经纪、谈判和解决冲突的技能。**

2. 人们的利益是目的，而不是副产品

公共行政者必须有助于建立一个集体，并形成公共利益共享的概念。我们的目标不是要寻求由个人选择驱动的快速解决方案。相反，它与共同利益和共同责任相关。公共利益不应仅是民意的大多数，更应该是公民在协商基础上的共识。

传统公共行政理论以效率为目标，注重工具的发现和使用，并假设良好的公共行政必然实现公共利益，而登哈特认为必须依据公共利益来设计工具和组织，而不是相反。换言之，政府的作用是保证公民利益占主导地位，无论是问题的解决方案还是其过程都必须和民主准则相一致，即符合公正、公平和平等的原则。

3. 战略地思考，民主地行动

公民需求能够通过集体努力和协作过程得到最有效和负责任的实现②。新公共服务提倡协作和参与，并希望首先建立这样的渠道和认识，使得人们认识到政府是开放的、可进入的，是负责的，是能够满足公民需要的。否则，协作和参与不可能实现。

---

① DENHARDT R B, DENHARDT J V. The new public service: serving rather than steering. Public administration review, 2000, 60 (6): 553-557.

② 同①555.

4. 服务公民，而不是顾客

公共利益来自价值的分享对话，而不是个人自身利益的聚集。因此，公务员的作用不在于回应“顾客的需求”，而在于建立信任和协作的公民关系。新公共服务理论强调包容性的行政模式，即使是社会中的边缘群体，如在美国公共行政特殊语境下的少数族裔、同性恋者、女性等，他们的意见也需纳入并得到尊重和考虑。

5. 责任不是简单的事情

公务员应比市场主体更主动和热心，他们应遵循宪法法律、社会价值观、政治规范、专业标准和公民利益。责任是一个相当复杂的问题，在这个问题上，无论是传统公共行政理论还是新公共管理理论都考虑得过于简单。在传统公共行政理论那里，责任通过科层制和层级制来实现，“政府行政者只是简单和直接地向政治官员负责的政府官员”；新公共管理改革则以成本效率作为判定标准，试图通过消费者-提供者模式来回答公民与行政者之间的责任关系，这也是一种简单化处理。公共行政运作不仅要制订解决方案，更重要的是需要注重公民权责任，我们应关注使科层制成为实现社会正义和平等的工具，这与单纯地促使政府响应多数人的意愿不同。

6. 注重人的价值，而不仅仅是生产力

公共组织和网络的成功，从长远来说，更有可能是基于尊重所有人的合作和领导权共享。公民权利和公共服务的价值高于企业价值，相对于“把人们的钱当作自己的”的企业管理者来说，公民利益能让公务员为社会做出更有意义的贡献。企业管理者和公共行政者的区别在于：首先，相对于需求和资源，公共行政者对管理本身的了解更为重要；其次，公共行政者必须承担风险，他们不像企业家那样，能够在做决定前知道失败的结果和自己将承担的后果。

登哈特夫妇认为，公共行政人员采取怎样的行动，取决于这些行动依据的假设和原则的类型，即行政行为的根本价值观。一方面，如果假定政府的责任是促进个体自身的利益，我们将采取与之相适应的一系列行动；另一方面，如果承认政府的责任是促进公民权利、公共话语和公民利益，我们将采取的行动则完全不同。因此，最重要的是要改变当前公共行政中的某些基本假定，并用公共服务的概念加以替换。

7.4.3　公共价值

随着新公共服务理论对管理主义批判的深入，人们对于政府管理的复杂性也有了更深的理解。如果效率不再是单一的政府行政目标和所追求的价值，那么公共行政该如何确定自身的应然价值取向，以及如何正确行动呢？同时，随着公共事务涉及的主体越来越多元，不同类型的组织之间错综复杂的联系已经不能用统一的模板化的方式进行切分，那么

又应该如何把这些原本价值取向完全不同的主体统一在一个有一定内在一致性且相互协调的大框架下呢？

在此背景下，公共价值及公共价值治理（public value governance）概念慢慢进入人们的视野。虽然公共价值治理尚没有形成具体的理论模型，但其中已有一些观点被人们所关注①。

首先，公共价值被认为存在于包容性对话和审慎讨论之中。公共价值不再被政府垄断，政府也不是唯一承担公共价值义务的主体。市场、政府、非营利组织和公民团体都有可能承担公共价值工作，换言之，也都有可能失败。

其次，公共行政学不仅关注低效行政，也关注社会不公、政府虚化、公民权受损等问题。从学理层面，社会中人的行为并不只是追逐个人利益最大化，同时也受心中的公共精神所推动。一个理性的人也会在沟通、交流中逐渐受到影响和改变观点。

再次，公民不只是被视为选民或客户，同时也是重要的问题解决者和公共价值的创造者。公共的边界不只是政府既定的范围，而是体现在对话和审议设定政策目标的所有相关过程中。也可以说，民主是一种生活模式。

最后，公共价值并不机械地以效率为中心，而是以对公民关切事项的表达乃至妥善处理为核心。效率、效果、民主和宪政价值都是衡量的内容。政府责任在于维持基于公共价值的多主体合作关系，以此促进公民权与公民精神的积极表达。

本章小结

管理主义公共行政学通常强调效率，并试图针对政府部门的具体问题以及困扰其多年的管理弊病提出解决方案。其核心思路是借鉴企业的管理思路，通过重塑政府的奖惩措施乃至创造政府内部的激励机制，改变政府部门做多做少都一样的缺点，使公务员的积极性真正被调动起来，同时辅之以科学化的管理工具与决策分析工具，从而使政府部门的效率得到真正提升。

公共政策学和新公共管理理论是 20 世纪后期在理论和实践上最具影响力的公共行政理论流派。通过对传统公共行政理论的批判，对市场主义、管理主义的强调，公共政策学和新公共管理理论一方面促成了公共行政向公共管理的转变，另一方面指导了各国的政府改革实践，推进了政府民营化进程、政府再造以及企业家政府的重塑，使得政府面貌发生了巨大变化。

① BRYSON J M, CROSBY B C, BLOOMBERG L. Public value governance: moving beyond traditional public administration and the new public management. Public administration review, 2014, 74 (4): 445-456.

关键术语

管理主义　公共政策学　新公共管理理论　政府再造　企业家政府

本章推荐阅读

DENHARDT R B，DENHARDT J. V. The new public service：serving rather than steering. Public administration review，2000，60（6）.

FARR J，HACKER J S，KAZEE N. Revisiting Lasswell. Policy sciences，2008，41（1）：21-32.

KETTL D F. The global public management revolution. The Brookings Institution，2005.

LERNER D，LASSWELL H D. The policy sciences：recent developments in scope and method. Stanford University Press，1951.

LODGE M，HOOD C. Into an age of multiple austerities? public management and public service bargains across OECD countries. Governance，2012，25（1）：79-101.

LYNN L E. Public management：old and new. Routledge，2006.

RICCUCCI N M. The "old" public management versus the "new" public management：where does public administration fit in. Public administration review，2011，61（2）：172-175.

SABATIER P A. Theories of the policy process. Westview Press，2007.

THOMPSON F，MILLER H T. New public management and bureaucracy versus business values and bureaucracy. Review of public personnel administration，2003，23（4）：328-343.

第 8 章

反思：宪政主义对管理主义的批判

我们可能经常对什么是共有的宪法价值承诺认知不一，如在特定情形下何谓自由、平等或正义的要求，但是关于这些原则的话语应是联邦机构独特的和共同的语言。对此概念和理念的认知——宪法认知，有助于行政人员变得更为团结和充满活力。在很多职业领域，它能让人们找到自己职位的缺失①。

——荷马（C. J. Homer）

本章导言

行政效率的提高并不足以解决规范层面的合法性危机。在公共行政理论研究或具体实践中，公共行政都必须进行价值判断与选择。因此，如何在具体、复杂的公共行政中，尤其是在遇到两难困境时，找到判断是非对错的选择标准，就成为贯穿公共行政学发展历程的一条重要主线。公共行政学的宪政主义就是从宪法和法律出发，试图改变公共行政学缺乏规范标准的困境。其思想核心是从宪法和法律出发，按照社会契约的逻辑，推导出行政行为的应然模式。如果宪法和法律是公民与政府之间的契约的具体体现，那么，解读何种公共行为符合宪法和法律的精神就将直接为缺乏规范标准的公共行政找到一个相对明确的指导标准。

① Homer C J. Remarks on FEI's 20th anniversary dinner. US Federal Executive Institute，1988.

在讨论宪政主义（constitutionalism）之前，我们先回顾一下第 6 章中文森特·奥斯特罗姆所举的例子。他认为，基于传统公共行政理论的政府会产生许多危机："司法部部长是总统的下属，司法部及联邦政府的所有雇员都是总统的雇员。下属雇员不遵守总统的命令就会被免职，检察官工作太勤奋，忙于可能不利于总统的事，也会被总统免职。"① 按照传统公共行政理论，上下级之间的命令服从关系要清晰，下级只有执行上级命令才能提高效率。但是，当上级为了自身政治利益命令下级不勤奋工作，下级却因为过于勤奋地完成分内工作而被总统以不服从命令为由解雇，这种矛盾到底该如何解决？

对此，传统公共行政理论并没有太多谈及。一种合理的逻辑是，在上下级命令服从和工作描述之间存在更高的行政伦理指标，可以用来判断在这样的情况下应该如何行动。于是，同样源自对民主代表制及其现实的反思，**宪政主义在公共选择理论的小政府药方和新公共行政理论的大政府药方之间提出了另一种思路，同时也对管理主义提出了直接批判。**

8.1　宪政主义的思想渊源

正如福克斯（Charles J. Fox）和米勒（Hugh Miller）所总结的，宪政主义试图"以宪法替代每一次的选举获胜者，在这里，如果能证明宪法的原则高于被选举者的话，就不必对公民主权的忠诚有所妥协。在那些众口不一的命令声中，我们可以选择指导立宪的那一个去遵守"②。如果宪法作为最大的共识约定被接受的话，那么复杂的公共事务中就有了一个规范价值的锚定点，整个应然的推理逻辑都将更加严谨。

8.1.1　宪政主义的内涵

宪政主义有时会被当成非管理主义的代名词，但在美国公共行政学中，宪政主义有非常具体的含义，它通常会直指宪法和法律，即使谈及公共行政的价值，也是针对宪法和法律所蕴含的价值。比如，在罗森布鲁姆等人所著的《公共行政学：管理、政治和法律途径》一书中，有关法律途径的论述就是针对非常具体的法律规定的冲突与公务员实际行政所产生的种种问题，而非泛泛而谈的民主价值③。同样，当美国学界使用"宪政主义"一词时，其通常暗含有探讨具体宪法所蕴含的价值，以及宪法价值与宪法制定过程对实际公

① 文森特·奥斯特罗姆. 美国公共行政的思想危机. 上海：上海三联书店，1999：140.
② 福克斯，米勒. 后现代公共行政：话语指向. 北京：中国人民大学出版社，2002：25.
③ 罗森布鲁姆，等. 公共行政学：管理、政治和法律的途径（第五版）. 北京：中国人民大学出版社，2002.

共行政制度与实践的影响两个重要主体。

应该说，公共行政学的宪政主义有着悠久的传统。与欧洲大陆传统国家不同，美国作为一个新大陆国家的建立奠基于理性协商与思考，也即在一定程度上是理性辩论的产物。因此，宪法作为根本大法就成为整个国家公共合法性的根本来源，是公民对国家社会契约的具体象征。“合法性”一词因此并不仅仅是“正确或好”的书面表达方式，更重要的是体现了对宪法精神的判断与解读。这使得美国对于合宪性、合法性的讨论有非常具体的条文可供解读，并在各个历史时期对具体公共行政产生了重要而深远的影响。

宪政主义以及相关的法律路径包括许多针对具体判例的分析，这些分析对美国公务员的日常实践，尤其是在判断公共行政伦理冲突的过程中有着非常重要的意义。由于中美之间公共行政体制与法律体制的不同，美国的具体行政法律规定与公务员管理制度或许并不一定能引发读者的兴趣。因此在本章，我们将着重回顾宪政主义对公共行政理论做出的贡献与思考①。

8.1.2 宪政主义对新公共管理运动的总结

公共行政学的宪政主义发展直接源于对新公共管理理论的反驳。

新公共管理运动打着企业家精神和去除繁文缛节的旗号，使得大量对政府行政进行限制的法律法规遭到剧烈攻击，这些法律被认为严重伤害了政府行政的活力，因此需要对政府行政进行解制（deregulation），即对提高政府效率无帮助的法律限制都应删改或取消。在此过程中，政府行政被描绘成与企业管理并无本质差别。管理主义的观点初看之下并没有太大问题，在实践中也确实带来了政府效率的提升，但其解制的思想却在公共行政研究与公共行政实践两方面都产生了很大问题，并引发了宪政主义的反驳。

事实上，与企业管理不同，政府行政往往很难确定一个纯粹、单一的组织目标。即使在组织目标相对单一的政府部门，究竟其为了提高组织绩效，可以牺牲多少相关群体的利益，这都是难以回答的问题。对一个群体来说的“繁文缛节”可能在另一个群体看来就是“性命攸关”的法律保障。在企业家精神的倡导下，公民、公务员、政务官都陷入了巨大困惑中：究竟哪些法律限制是冗余的？哪些法律限制是不能逾越的，一旦逾越组织的绩效就会失去其公共性，或达不到原本的组织目标？这其中的判断标准究竟是什么，管理主义并不能给出一个很好的解答。更重要的是，人们以及社会的观点是会改变的，舆论和社会认识中的“繁文缛节”或许不久就会反转并被认为非常重要。即使在一定时期内，对摒弃

① 对于美国具体行政法律问题及相关判例感兴趣的读者，可以参考《公共行政学：管理、政治和法律途径》一书的法律途径相关章节。

一些"不必要的"法律有极强的呼声，如果公务员真正像企业家一样逾越这些法律，他们就会处在舆论反转以后对其违法行为"秋后算账"的危险之中。这就使得公务员并不能像私人企业主对待自己企业一样大破大立，鼓励公务员像企业主一样行动的理论，在某种程度上同时破坏了对公民与公务员的保护。

8.1.3　宪政主义的基本假设

宪政主义者认为，**在具体行政中出现的种种两难处境，其实质是公共行政的价值冲突，并随之形成了对于行政行为合法性的挑战**。尽管随着科技进步和社会发展，公共行政不断采用新的手段与方法，但行政效率的提高却并不足以解决规范层面的合法性危机。其原因在于以下三个方面：

其一，规范层面对合法性的判断并不能通过实证行为进行测量或计算。因为，价值是一种无法观察的事项，并不存在可以对价值判断进行指导的实证实验。因此，根植于经验层面的管理技术，无论其如何提高也并不能直接解决公共行政中的价值冲突。

其二，公共行政中的价值冲突并不能像管理主义所希望的那样通过具体的法定规章制度或合同形式明细化，并外包给私人部门。因为，公共行政中的价值冲突往往形成矛盾，一项价值的完成会伴随着对另一项价值的挑战。例如，在具体工程建设中，对于"多、快"的强调往往就会挑战对"好、省"的坚持；一方面强调组织的行政效率，另一方面公务员招聘中又要考虑种族、性别等代表性，效率最高的人员反而不一定能被政府录用，等等。制定规章或者合同并不能自然理顺原本冲突、矛盾的目标，即使面对成文的规定与组织目标，公务员在许多状况下依然无所适从。

其三，公共行政的价值冲突也不能简单地追随即时社会舆论，因为舆论变化是非常快而不确定的。如果公共行政的价值只是简单地被社会舆论影响，公共行政就会失去其稳定性，并且会使得公共部门及公务员陷入进退两难的境地。

可以说，**宪政主义为理解和处理公共行政理论及实践中所普遍存在的价值冲突打开了一个可能的窗口**。更重要的是，由于其观点在于解释宪法的精神，这样的认识论路径尤其得到解释学、后现代主义等一系列意图挑战现有学术权威的流派的支持。因此，公共行政的宪政主义研究也得到了很大推动，并成为公共行政学的重要理论分支。

8.2　宪政主义的主要观点

如何在具体、复杂的公共行政中，尤其是在遇到两难困境时，找到判断是非对错的标准，就成为贯穿公共行政学的一条重要主线。宪政主义认为，**对于公共行政学中存在的价值冲突，其真正的解决之道在于寻找公共行政价值上的支点，从而使对价值的判断摆脱各说各话的境地，并形成一个相对具体、可靠的判断标准。**这个价值的支点自然而然就是国家的宪法和法律，因为这些是公民通过代议制以及建国者通过协商等方式确立的，是社会契约的具体体现。因此，所有公共行政中的价值本质上不应该与宪法所蕴含的价值相冲突。

8.2.1 宪政主义的主要议题

为了探寻宪法的价值以及这些价值对公共行政的影响，宪政主义的研究在两个方面有重要争论。

其一，美国的宪法价值支持的是一个理性化的权力集中的行政体制，还是鼓励分权并强调自主性的体制。这两种观点都能从宪法典籍中找到相应依据，而更重要的是，这种在价值层面对于分权与集权的讨论，会对具体的行政制度产生根本性的影响。当我们强调“善治”的时候，如何“治”是依托于如何定义“善”，一旦“善”的认定标准发生了变化，公共行政就会产生剧烈的变化。因此，如何辨析公共行政中的价值是宪政主义的首要任务。

其二，对于公共行政价值的判断主体也有激烈辩论，这主要在于对于宪法所规定的三权分立的民主意涵的解读。在理想状态下，三权分立模式中的立法、行政、司法是平等的、互不隶属的地位，三种权力相互制衡从而达到整体政治体系的动态平衡。可是在现实中，由于公共行政的实践无法机械地完全按照法律条文的模式进行，大量的行政自由裁量权的存在，使得行政人员在某种程度上既创设法律又解释法律。按照三权分立的思想，这种对法律的实质性创设应该由立法机关完成，至少应该在立法机关的监督下进行，因为立法机关才是代议机关，是公民意志的表达。但按照三权分立的思想，立法机关又不应该控制、干涉行政权，否则三权分立就无法实现。究竟如何才能既保证行政行为符合法律的精神，又不会影响宪法确立的三权分立的整体建构，也是宪政主义公共行政学中极其重要的问题。接下来，我们还会对这两个方面的争论进行具体阐述与介绍。

8.2.2 宪政主义的理论基础

宪政主义对于公共行政价值的辨析在很大程度上与其对管理主义的批判密不可分。在本质上，宪政主义认为当行政行为脱离了公法中的价值，而去适应各种企业管理中的行为规范时，政府部门、公务员以及公民就都处在相应的危险之中。因此，宪政主义希望减少公共部门纳入工商管理和企业管理教条后所产生的副作用，并得出公共行政自身的价值准则。这些价值准则并不是从空泛的行政伦理角度论述的宪政主义，而是扎根于公法并对行政行为起实际指导作用的理论框架。宪政主义者希望通过明晰宪法与法律的价值，使得诸如全面质量管理、360 度考核这些企业管理工具可以在公共部门中得到更好和更适合的应用，从而减少管理主义盛行所带来的副作用。

针对这一目标，宪政主义设定了三个理论大前提：

第一，宪政主义认为公共行政在理论上就有别于企业管理，不存在没有附加条件、可以横跨公共或私人部门的一般管理原理。**公共行政一旦抛弃公法的理论根基（在美国，这通常包括宪法、成文法及判例三部分），其根本价值乃至行为逻辑都会遭受巨大的动摇。**管理主义的名著，奥斯本和盖布勒的《改革政府》及《戈尔报告》，都表达了这样一种观点：政府部门与企业之间在具体的绩效运作上是相似的，通过引入企业管理的相关技术与管理方法，政府部门可以如私人部门一样获得富有企业家精神的高效运作，因为从根本上说，它们都是类似的为了完成特定目标所组织起来的结构相似的组织。这一观点很通俗易懂，并容易为读者所接受。但这样的观点实质上只是从组织结构图上来对比分析行政组织和私人部门，其相似性的结论并没有政府部门具体日常行政经验的支撑①。

更重要的是，管理主义对一般管理原则的强调实际上有意无意地忽略了政府部门和私人部门建构逻辑的不同②。政府部门的组织结构是按照公法设立的，而不是按照组织行为学设立的，其中最关键的区别就在于各种各样的法律对行政行为的限制，以及政府需回应与满足多元化的社会需求。尽管私人部门也要受到各种法律限制，以及要从多样的社会需求中寻找商机，但私人部门所面对的民商法并不是从公法以及公民权利的角度出发，并不需要考虑公民的权利、义务和自由。因此，从这一角度出发，**无论组织的结构在表面上如何相似，使用的管理工具如何类似，只要政府还需承担宪法要求的保护公民权利的义务，私人部门的管理手段就不能不加选择地应用到公共部门中。**

第二，美国宪法是以制约权力滥用为出发点的，而非简单地追求效率。对行政权进行过度解制，会把宪法所致力抑制的对权力滥用的恐惧重新释放出来。美国的三权分立有着悠久的传统，更重要的是，三权不仅相互制衡，而且三个权力部门是以不同的方式和渠道向选民负责：国会采用的是代议制的直接选举模式；总统是通过间接的选举人团的选举模式选出来的；而最高法院则是通过最间接的方式获得代表性并对选民负责的。通过分割三种权力到相互制衡的三个部门，并让每个部门保持与选民的不同距离，美国宪法通过这样的制度设计，可以既防止政府权力滥用，又防止一时的民粹主义和情绪化的社会运动冲击

① MOE R C. Exploring the limits of privatization. Public administration review，1987，47（6）：453-460.

② CRAIG B H，GILMOUR R S. The constitution and accountability for public functions. Governance，1992，5（1）：46-67.

整体政府体制的稳定性或形成社会情绪化的暴政。

可以说，美国宪法在某种程度上是反集权的，它设想通过分权的方法达到防止权力滥用。当然，这种美国建国时的宪法观念，在现代政府运作中确实遇到了挑战。许多政府工作不能简单分离到三种独立且互不隶属的权力部门。随着政府行政越来越细分和专业化，立法部门和司法部门往往缺乏足够的知识来制衡。各种国家标准、行业管制从理论上说很大一部分是属于立法权的范畴，但往往通过行政命令来执行。即使在行政分支内部，越来越多的分权与外包使得对委托代理的控制也越来越难。在这样的情况下，分权反而使得掌握碎片化权力的机构和部门的权力更难相互制衡。正是在此情况下，现代公共行政形成了左支右绌的尴尬局面。

第三，有效问责是公共管理的核心之一，而碎片化的行政模式导致问责困难，也使得宪法和公法的精神难以落实。例如，从理想化模式出发，总统作为行政分支的首脑，理应保障法律得到忠实执行，但如果行政首脑实际上并不能指挥相应的行政部门，或者这些行政部门的产生与运作超出了最高行政长官的控制，那么，行政长官是否应该对行政分支出现的状况负责，就成了很大的问题。“当能源与环境保护局将准备官方发言稿和国会证词、起草行政管制命令、监督被监管机关执行管制规定等工作都外包给私人部门以后，要求总统或其他人对这些行为承担政府问责责任显然是不可能的，滥用政府权力的可能性反而变得显而易见。”①

与此同时，行政部门、立法部门与司法部门在现实中也不断地互相渗透，而并非完全分立。例如，美国宪法规定，中央政府中各部门对总统负责，总统有权任免这些行政部门的领导人，同时，政府部门所制定的政策目标需经得起国会问责。然而，随着国会中越来越多的带有管制权力的委员会的成立，中央政府的许多行政命令在一定程度上都出自立法机关中的委员会，而非政府部门，这使得整个科层制的命令服从链条都受到很大的冲击②。现实中的公共行政逐渐偏离理想的组织结构设计。

8.2.3 宪政主义的具体批判：行政体制碎片化

私人部门中所设想的清晰的权力责任链条在政府现实行政中并不存在。无论是总统（或其他层级的行政首脑），还是国会（或其他层级的立法机关），都不能像理想模型那样全权控制整个政府行政过程。正如中国的俗语所言：“不怕县官，就怕现管。”**由于真实世界中行政权力的碎片化，行政权力在某种程度上更多地掌握在各个部门或相关的机构中。**

---

① MOE R C, GILMOUR R S. Rediscovering principles of public administration: the neglected foundation of public law. Public administration review, 1995, 55 (2): 135-146.

② FISHER L. Constitutional conflicts between congress and the president. University Press of Kansas, 2007.

宪政主义者认为只有承认这点才能认识真正的行政世界，否则，使可能是闭门造车地假想出一个与私人部门类似的政府部门。

必须要明确的是，公共行政学中所谓行政体制的碎片化（fragmentation）并不等于管理学所说的分权体制（decentralization）。碎片化的行政体制往往在原本大的行政组织中细分出很多与其他机构平级并高度独立的行政部门，在某些情况下甚至会出现这种情况——在同一大的行政单位内部，有个别内部机关又受其他上级机关的领导，进而形成双重领导。如前文所说，在美国的政府部门中的确有部分组织受立法机关的委员会直接领导，这就是行政体制碎片化的典型例子。甚至在许多情况下，行政分支会有许多刻意安排的外围机构，这些外围机构不受政府问责制乃至公务员管理法规的限制，却行使着公共权力。这种情况在中国体制下，体现为各种说不清、道不明的事业单位，以及企业化运行的管理区和开发区；而在美国体制下则体现为各种政府背景的基金会和政府支持的“民营企业”，例如，对贫困家庭申请廉租房和低收入家庭申请房贷影响巨大的联邦国民抵押贷款协会，即房利美（Fannie Mae），在2008年收归国有之前，就是私人所有但直接听命于国会的典型外围组织。

白宫管理和预算办公室（Office of Management and Budget）也是一个典型的碎片化例子。它是美国总统府幕僚机构之一，协助总统编制和审核国家预算，原名为预算局，1870年改为现名。它的主要职责是：汇总各部门属于联邦开支的项目及方案，进行初步研究审核然后提交总统核准；负责协助总统检查政府部门的组织机构和管理状况，并向总统提出改善管理工作的建议。它在发展过程中产生了许多碎片化的现象。例如，按照组织架构原则，管理和预算办公室属于总统府的幕僚机构，归属于政府部门，向最高行政长官总统负责。管理和预算办公室下面又设有联邦采购政策办公室（Office of Federal Procurement Policy），因此，从组织上看，二者具有行政隶属关系，但同时，美国于1874年颁布实施的《联邦采购政策办公室法》又确立了联邦采购政策办公室在政府采购领域行政分支的最高地位。它虽然不是一项程序性法律，但通过该法的协调可以保障联邦采购相关法律法规的一致性，联邦采购政策办公室主任负责规定采购政策的方向，并规定各政府机关在采购领域应遵守的政策、法规、程序和格式。

然而，与传统组织管理或企业管理不同的是，一方面，联邦政府采购政策办公室虽然隶属于白宫管理和预算办公室，但却是由国会授权、领导并推动建立的，所以出现了隶属于政府部门但由立法部门授权、领导的状况；另一方面，白宫管理和预算办公室的碎片化也并不仅仅来自外部干预或领导，其自身也在一定程度上着力推动本部门的碎片化。例如，1883年，白宫管理和预算办公室自身也推动建立了一个新的独立专门机构——美国国家与社区服务公司（Corporation for National and Community Service）。该公司属于美国联邦政府的代办处，主要负责管理、协调各种与志愿者相关的非营利组织，并作为志愿者服务组织的统一管理机构，致力于改进生活、加强社区服务、通过志愿服务促进社会的融合。与中国的共青团青年志愿者管理组织类似，美国国家与社区服务公司一方面从法理上并不属于行政部门的一部分，而是一个独立的法人机构，另一方面却行使着管理志愿者组织的政府职能，并和政府有关部门有显而易见的领导与被领导的关系。

因此，在美国行政体制碎片化的过程中既有外部推力，又有内部动力。不同的权力分支或者部门机构通过在其他系统中安插归自己领导的独立部门来达到渗透、影响，乃至控制其他系统的目的；而政府部门自己也乐于把行政职能下放给归自己领导的“独立企业法人”，形成“民营国家队”①，从而既可以使自身的责任减少，规避对行政部门的法规限制，又可以让这些部门便宜行事，成为政府部门的“白手套”。

碎片化给行政体制带来了直接影响。这些由立法机关安插在政府部门的独立部门，往往可以通过部门内的法务部或外包咨询机构，将相关草案直接发函或转发给国会。在许多情况下，行政规范性文件甚至直接由国会中的相关委员会的雇员来草拟制定。如此，总统以及行政分支在组织管理上的权威和责任都会受到相当的冲击，传统的对于政府行政的想象和组织设计也不再符合现实的行政模式②。对于政府部门的问责在碎片化中不断分散和弱化，而对行政问责的弱化在新公共管理理论的企业家精神、组织行为学模型等的倡导下又被进一步弱化。

这使得美国公共行政出现了一个悖论：一方面，管理主义的改革方针不断强调公私部门的伙伴关系，强调民营化、分权和将政府业务外包给高效率的私人部门；另一方面，致力于向私人部门学习的分权和外包，在政府部门中却造成了碎片化的结果，使得政府的实际行政与组织命令链越来越脱离传统管理学所假设的组织结构③。管理主义改革理论的前提假设是，公共部门与私人部门的组织结构有着极大的相似性，企业的管理方式同样可以适用于政府。然而，当政府采用企业的管理方式以后，政府的组织结构却不再与私人部门相同，而呈现出多头领导、责任不清等碎片化问题。换言之，管理主义改革的大前提在实际进行管理主义改革之后却不再成立了，这使得管理主义改革陷入了逻辑上的死循环。无论是在理论还是实践中，总统或行政首长要能有效管理行政部门，就需要法律保障他的管理权威和命令可以在整个行政部门中得到广泛承认和落实。领导权要落实并集中，不能碎

① “民营国家队”，即在法律意义上属于私有的或企业，但实际上受政府指挥，表达政府意愿，按照政府命令来确定自身经营方针战略的组织。

② MOE R C. Traditional organizational principles and the managerial presidency：from phoenix to ashes. Public administration review，1990，50（2）：129-140.

③ SALAMON L M. Rethinking public management：third-party government and the changing forms of government action. Public policy，1981，29（3）：255-275.

片化；部门要有行政能力；具体行政行为以及政府项目要可以问责。否则，对具体政府部门的控制与问责就无法实现。

基于上诉三个前提，**宪政主义者认为公共行政中的问题在一定程度上源于宪法规定与管理主义模型和方法不相适应。**管理主义并没有注意到公共部门和私人部门本质上的不同，没有重视宪法对于防止权力滥用的强调，并忽略了理顺政府行政问责体系的重要性，而简单地强调提高效率。正是因为管理主义在大面积的政府再造改革中忽略了这些，才使得政府行政脱离了原本的公法赋予的合法性根基。更重要的是，因为防范权力滥用、有效问责等要求都来源于宪法，因此，如何理顺整个政府行政体系就尤其需要突出宪法的重要性，要反思和理解宪法的要求。只有这样，才能重新找回公共行政在效率之外的合法性基础。

在理论上，宪法和法律奠定了公共行政的基础和框架。公共行政的可问责性、公平、公正等都是法律要求的目标，但这些目标在现实政府行政及政府对公民的具体服务中都受到了实质性侵蚀。美国宪政主义者尤其批评，无论是总统还是国会，往往都只关注具体行政事项或利益集团，而忽略整体性地考虑公共行政的合法性。因此，美国政府行政被分割成数百个孤立的管理法规，其中大部分法规并不讨论本部门法规和其他部门或政府整体之间的关系。更重要的是，为了一时的政治目的或社会舆论，某些部门甚至会越权办理一些本不属于其组织职能的业务，这给有效问责设置了更大的障碍。

宪政主义者认为，管理主义最大的错误在于将政府理解成若干相互独立，并按照私人企业逻辑运作的行政组织。这种观点通过原子化的视角把每个政府部门都理解成了有着自身使命、可以决定自身业务标准并向特定顾客服务的半自治组织。但这种理解既不符合宪法原则，又不符合政府的实际运作。政府的所有部门并不是相互独立的，也不应该相互独立。公法和行政法从法律逻辑上就要求各个政府部门要相互配合，从而避免滥用权力和行政行为的相互矛盾。因此，政府行政和私人部门管理最大的区别就在于，政府行政是基于公法要求，而非基于私人经理或企业主的个人利益。科层制结构在企业中更多的是为了控制员工行为，保障企业主利益，类似的科层制结构在政府中却应以提高行政的可问责性为出发点。尤其是对于选举上任的政务官来说，保证行政过程以及事务官的可问责性比建立一个高效、低成本的政府要重要得多。因为，只有这样才能保证民选的政务官能够确保在自己任期内永聘的事务官可以忠实地履行自己的命令。这也是事务官功绩制可以运作的前提。忽略这些本质性的不同来谈管理，最终会使得公共行政研究迷失自身标准，无法辨别究竟哪些条文是真正的繁文缛节，而另外哪些所谓的繁文缛节只不过是作者不喜欢的合理规制罢了。

宪政主义认为，必须超越管理主义的原子化，一个政府部门的财务、人力、信息管理等业务不应割裂开来讨论，也不应急于再造行政流程，而应该找到更根本的判断政府行政合理与否的标准。可见，**宪政主义尝试以宪法和法律为准绳，重新将碎片化的行政系统整合起来，并明晰真正适用于政府的“公共行政原则”**①**。**

8.3 宪政主义的“公共行政原则”

由于宪政主义理论试图重塑公共行政中的宪法和公法基础，以及在这些基础上派生出的行政价值规范，因此，重新发现和审视宪法和公法中指导公共行政实践的价值原则，就成为宪政主义非常重要的一步。宪政主义希望通过重新发现这些规范价值，使公共行政对于价值的探讨既超越选举政治本身固有的不稳定性，也超越只关注行政效率的自我限缩。

8.3.1 宪法与“公共行政原则”的确立

莫伊（Ronald C. Moe）等人的“公共行政原则”② 是宪政主义公共行政研究的典型代表，其核心思想是，在面对政府管理规定时，不能无原则地判断哪些是繁文缛节，哪些符合企业家精神。也即，流程再造不能无原则地进行，而需遵循公法所奠定的“公共行政原则”，包括：

（1）政府部门管理的目标是执行国会和民选代表通过的法律；

（2）总统是行政权力分支和武装力量的最高长官，对法律的执行负有责任；

（3）行政权力分支在面对公民和职员，以及在设定行政规范和实质标准时，复审法院可以对其进行程序问责；

（4）对于政策和法律执行的问责依赖于从总统、部门领导到基层各环节的权力范围的明晰；

（5）政策和项目目标应和立法保持一致，并具有合理的测量标准及可行性；

（6）政策（或政策评估）、行政权威、行政资源之间法定责任协同一致，可以使法定目标的实现变得可能；

（7）权力和责任可以清楚落实到具体的行政人员身上；

（8）问责制要求政府职能和任务须由政府职员或政府雇用的下属机构执行；

---

① 为区别于传统公共行政理论的公共行政原则，本书用加引号的“公共行政原则”来表述宪政主义的“公共行政原则”。

② MOE R C，GILMOUR R S. Rediscovering principles of public administration：the neglected foundation of public law. Public administration review，1995，55（2）：135-146.

(9) 在确有必要的情况下，可以允许违反政府组织原则的特例存在，但必须保证政府职能可以实施，同时法定的问责要求可以得到落实；

(10) 行政绩效可以通过常规和专门管理法规的检查和管制来达到保留高效部门和减少冗余部门的目的。

莫伊等人认为，**"公共行政原则"是政府部门管理得以实现的基础，并且由宪法所确立。**在政府中，一个流程再造团队或者一项机构创新改革，一旦不符合法律和规制或者不能很好地回应国会的问责，就会失去其公法赋予的合法性。

8.3.2 "公共行政原则"与管理主义原则的不同

宪政主义的"公共行政原则"和前面提到的管理主义公共行政的一般原则有本质区别。"公共行政原则"并不期望总结出可以提高公共行政效率的原则，因此，"公共行政原则"并不会成为自相矛盾的"行政谚语"。"公共行政原则"是希望在纷繁复杂的管理工具和管理改革中，明晰不可动摇的法律基础。无论其对效率的变化产生何种影响，一旦某项政府改革违反了相应的"公共行政原则"，其合法性就会受到冲击和影响，也必将在未来的组织关系或问责上产生更大问题。

"公共行政原则"实质上是对公民权利的保障和对政府忠实履行法定职能的保证。这些原则显然不能等同于低效科层制的原则，但管理主义改革以及公民在长期的公共行政实践中已经将这些原则视为理所当然且不加重视。这种想法误以为办事效率就是政府行政的全部，却没有想到，在宪政主义公共行政那里，尽管政府付出了效率下降的代价，但这些代价换回来的却是责任明确、权力可控的行政。所谓的企业家精神与企业化改革不应该也不可能代替公共行政的政治和法律问责。充斥当前美国政府的各种"私人政府"(private government)、"民营国家队"应该重新分类，并在立法机关和司法机关的监督下重新国家化。即使它们仍然保留私人部门的身份，其承担相应的政府职能时也要受到必要的管制和程序控制，而不能以私人部门身份作为挡箭牌，规避必要的公法限制。只有这样，才能理顺公私合作中的行政问责问题，规范承担具体业务的外包公司与整体政府部门的组织联系。

更重要的是，要保证政府行政的有效性，维持行政组织各部门的基本原则非常重要。尽管总统或行政首长不可能事事亲力亲为，但只要各部门按照相应的法定原则运作，一般就可以保证组织运作的制度性常态。然而，科层制的组织形式在私人部门和在政府中的不同意义必须得到改革者的重视。在企业管理中，科层制的组织形式经常被批评为低效和不符合信息时代的发展潮流，政府改革中往往也沿用企业的这种改革思路。例如，澳大利亚学者休斯就认为，科层制的政府组织形式只适应于依赖鹅毛笔、公文传递来交换信息的时代，随着信息技术的发达，公共部门应该突破科层制的束缚。但值得注意的是，政府中部门与部门之间的联系紧密与否，并不取决于信息传递技术，而是取决于法律要求。当法律不允许信息共享的时候，无论是怎样的信息技术，都不可能也不应该让政府部门越权处理法律没有授权的行政事项。行政方式的改变和政策的变更都要得到国会的批准，并往往伴随着法律变更，而这也是保障总统和其他层级的民选官员能够有稳定的预期，并确保政策方向与其本人预期一致。

从现实行政实践出发，尤其要注意政府中违反“公共行政原则”的三种现象：首先，政府项目往往包括一系列的行政组织和部门，在很多情况下，这些相关的行政组织和部门分散于不同的行政系统，甚至还有政府之外的社会企业参与到政府项目之中。在这种状况下，往往容易出现多部门相互推诿扯皮的情况，难以问责到位。其次，有的政府部门将其业务外包给其他公立或私立部门，甚至还有把外包业务的工作本身也外包的情况。最后，政府在建设所谓新型公私合作伙伴关系的过程中，出现了强势私人部门要挟政府，成为事实上的政策制定者的情况①。

针对这样的情况，应从宪法和法律的要求出发，当政策和行政项目涉及多个部门时，统筹协调的权威需要单独授予一个单一的可问责部门，并由高级公务员承担协调任务。外包，特别是多层次外包的审批，需要由统筹型的核心政府部门来执行，并且要对公私部门的伙伴关系进行审查，不能仅仅看部门绩效，即使承担行政任务的是外包的私人部门，也不能违反相应的法律法规对行政实施过程的限制，公私合作伙伴关系不能成为私人部门违反法律法规的借口和挡箭牌。

因此，**如何处理美国宪法中所要求的分权制衡和行政权需要集中到单一责任主体之间的矛盾，是公共行政合法性的核心。**如果分权制衡导致多个部门参与到行政决策过程中，究竟哪个部门应该对最终的行政结果负责？但如果行政权集中到单一部门，又如何保证永聘制的政府部门不会失控？究其本质，这样的矛盾源自公共行政中基于公法的理论范式与基于企业管理的理论范式之间的冲突。

管理主义范式认为，法律、行政规范性文件和各种各样的政府规制叠床架屋一般地严重限制了政府的活力，僵化的科层制结构使政府管理机制变得机械，并难以实现创新。在政策制定与政策执行之间，有大量从事上传下达工作的层级，这些层级除了传递信息及减小管理幅度外，并没有对组织绩效做出实质性贡献。因此，管理主义倡导扁平化的结构，并提倡把评价政府部门绩效的标准从是否严格执行法律规定转变成“顾客”（公民）的满意程度。在这样的范式下，一个好的部门领导应该是一个勇于创新和承担风险的管理者，这样的管理者敢于突破或无视不必要的限制组织发展的法规和条文，从而以更小的成本完

① KETTL D F. Sharing power: public governance and private markets. The Brookings Institution, 1993.

成组织任务。在管理创新面前，是否符合法律的要求，或者是否需要法律并不重要，更重要的是转变管理思路和行为。

与管理主义不同，宪政主义理论认为，联邦政府从根本上是由国会通过相关法律组织建立起来的，国会在政府行政中依然扮演着不可忽略的角色。因此，**在思考如何解决实践中科层制带来的弊端时，不应采用掩耳盗铃式的无视法律法规的理论范式，而应该真正思考如何理顺科层制，从而使法律法规与科层制能对政府行政起到促进作用。**既然科层制出现的问题是一个法律问题，就应该通过法律的方式来解决。

宪政主义承认，现有的美国政府行政体制在某种程度上说存在着过度管制的情况，也有解制的必要性，但正确的解制方法应该是通过国会和总统对政府行政相关法律进行全面系统的审视与检讨。总统是行政部门的负责人，国会是确定行政部门职能、编制与预算的机构。解制工作不能交给部门机构独自创新与再造，在再造的过程中，整体行政体制的良性运行必须有相应的负责人。对政府的每一项限制都应有相应的目标。在某种程度上，一些限制组织绩效提升的政策，同时也是防止权力和预算滥用、平衡利益冲突和避免行政失误必不可少的保证措施。与私人部门不同，公共预算的资金不是来自自由的市场交易，而是从公民手中运用国家强制力强制征收上来的，这就决定了公民不可能成为纯粹的顾客，而政府部门也不应仅以经济效益论英雄，对行政行为的限制在先天上就应该比私人部门多。

8.4　宪政主义的现实主张

如前所述，我们回顾了宪政主义对于管理主义改革的批评，以及宪政主义强调的奠定公共行政合法性的“公共行政原则”。**但是，按照宪法和法律的原则来要求公共部门只是合法性的一部分，如何让宪法和法律的精神适应现实的公共行政是更重要的一环。**与通常理解不同，即使在美国宪法中，三权分立也并非代表着简单地将政府行政权完全交给总统。宪法授予了国会许多影响联邦行政部门的直接权威，甚至比不采取三权分立国家的影响还要明显。例如，中国的行政体系在理论上采取议行合一的原则，人民代表大会是国家权力机关，但中央机关“定职能、定机构、定编制”的“三定”方案是由国务院直接负责的，属于行政分支内部确定。而美国虽然是三权分立体制，但联邦政府部门的预算、编制、职能都是由国会负责确立的。因此，威洛比认为美国国会同样是联邦行政的源头。同样，由于美国是海洋法国家，大量的法院判例在事实上起着判例法的作用，对行政人员的行为规范产生了各种限制，使得司法机关也对政府行政行为产生了巨大影响。因此，如果不理顺政府部门的角色，政府部门就会同时受三权领导，最后反而变成不受领导的第四权力分支。宪政主义者对这一问题的重要性几乎没有疑义，但对其解决之道就存在着巨大分歧。

宪政主义理论认为，美国公共行政的一个大问题是如何将联邦的行政国家整合到美国的宪法体制之中。由于三权分立思想的影响，整个美国联邦政府部门实质上并不是由总统、国会或法院单独控制的。通过不同的渠道和方式，三个系统都能对实际行政产生巨大的作用①。这种制度设计是源于对权力滥用的恐惧，而非为了提升行政效率。但当现代政府不断细分化、专业化，并俨然成为行政国家的时候，具体政府部门的扩张已远超美国宪法制定者的预期。**当总统、国会和司法部门都不能完全掌控具体行政事务部门时，政府部门事实上可以在三权之间“辗转腾挪”。在这种情况下，如何保证政府行政符合民主宪政的模式就成为一个大问题。**因此，20 世纪美国公共行政的一项重要工程就是通过国会和联邦司法部门的干预，在分离的政府行政中贯彻宪法价值，并因此衍生出不同的宪政主义公共行政改革方针②。这些方针以理顺公共行政的权责和法定角色为目标，但不同的改革方案又相互争鸣。

8.4.1 消弭行政体制碎片化

传统公共行政理论往往用工具性眼光来理解行政活动，行政被认为是达到政治目标的工具。因此，加强民选政务官的控制力就成为保证公共行政合法性的重要一步。问题是，虽然理论上行政要服从于政治，但是行政组织因为遵循的是科层制的原则，因此不能和基于选举政治的政治职位简单地等同起来。更重要的是，随着美国的行政部门逐渐演化成庞大的行政国家，宪法所谓的权力分立受到了巨大挑战。按照刻板印象，政府部门往往被理解成完全受总统（包括总统本人和总统的相关辅助机关）掌控的执行部门，政府行政被理解成是行政权的执行，但这样的理解无疑很难解释国会和法院对联邦政府部门所施加的巨大影响和直接作用。所以，当政府部门同时受行政、立法、司法部门领导而导致权责不清时，要求将所有联邦行政分支的管理集中到行政部门，从而由总统全权管理的观点，就成为一种自然的合乎逻辑的回应。

例如，美国总统政府行政委员会（President's Committee on Administrative Management）在 1837 年就开宗明义地表示，“总统是且必须是全国政府官员的唯一代表”③。只有当总统可以真正作为整个行政体系的首席行政官员时，行政部门的效率才能提高，权责才能统一，相应的管理方针、工作轻重缓急的分配才能明晰起来。这样的观点在罗斯福新

① MERIAM L，SCHMECKEBIER L F. Reorganization of the national government：what does it involve? The Brookings Institution，1939.

② ROSENBLOOM D H. Retrofitting the administrative state to the constitution：congress and the judiciary's twentieth-century progress. Public administration review，2000，60（1）：39-46.

③ BROWNLOW L，MERRIAM C E，GULICK L. Report of the president's committee on administrative management//SHSFRITZ J M，Hyde A C. Classics of public administration. Harcourt Brace College Publishers，1997.

政中得到广泛传播。司法对行政的干预被视为是干扰行政权力、影响行政绩效的祸首。罗斯福总统推出了标志性的“法院填塞计划”(Court-Packing Plan)，按照这一计划，总统可以提名另一名法官取代任何超过 70 岁但还没有退休的联邦最高法院的法官。当时，最高法院的大法官中有 6 人的年龄已超 70 岁，总统可以借此机会把最高法院的大法官人数从原来的 8 名增加到 15 名。“法院填塞计划”的表面理由是，年纪太大的法官难以胜任法院繁重的工作，需要增加更年轻的法官，以使法院更好地履行职责。但其真正的原因是，此前几年，最高法院通过几个关键案件的判决，严重阻挠了罗斯福推行的新政。按照美国法律，大法官是由总统提名的，但总统并没有权力对大法官进行罢免。而且，总统的任期与大法官并不重合。大法官可能会历经几届总统，即使总统党派变更，可能新总统依然要面对对立党派的大法官。除非大法官本人犯有重大过错，否则其职位不受任何影响，司法完全独立。也就是说，司法部门完全有能力改变或终止某个行政行为。虽然在历史上参议院司法委员会最终拒绝了这项计划，“法院填塞计划”仍然是总统独立执掌行政权这一观点的代表方案。与对司法机关的判断类似，美国总统政府行政委员会也认为立法机关不应对行政做过多干预，一旦国会制定并通过了相关预算，行政的责任与预算执行就该独立归属于行政机关。

8.4.2　以立法机关为主维持公共行政的合法性

针对加强总统对行政权力控制的观点，宪政主义内部有不同声音。例如，罗尔认为，总统作为最高行政长官，并不等于是唯一的行政长官①。国会也将这种把行政权力全部交给总统的观点视为独裁的象征②。总统确实有宪法赋予的影响行政的权力，但国会和司法部门同样也有这种权力。更重要的是，总统只能忠实地执行立法机关确立的任务，而这并不能简单等同于一般的管理行为。在此背景下，以立法机构为主，通过明晰宪法价值来保证众多负责具体行政职能的政府部门的行政合法性，便成了宪政主义的另一种思路。

这种观点批评了从罗斯福新政开始的国会放权的改革思路。在管理主义者的批评下，国会被认为是陈旧且危害管理能力的象征，一些激进的观点甚至认为国会在第二次世界大战后存在时间不会超过 20 年③。正是在新政背景下，国会将立法权过多地授予了总统和行政部门，甚至在一些情况下国会连实质性的指导标准都没有④。而这一虚化国会和放权于

---

① ROHR J A. To run a constitution：the legitimacy of the administrative state. University Press of Kansas，1986.

② KARL B D. Executive reorganization and reform in the new deal：the genesis of administrative management，1900－1939. Harvard University Press，1963.

③ KEFAUVER E，LEVIN J. A twentieth-century congress. Essential Books，1947.

④ ROSENBLOOM D H. Framing legislative-centered public administration：congress's 1946 response to the administrative state. University of Alabama Press，2000.

总统和具体部门的策略，在历史上已经被证明难以为继。因此，1846 年，国会通过颁布相关法案，重新定位其自身和相关行政部门在宪政结构中的角色，从完全放权改为由国会制定政府部门的相关程序，并持续监管政府部门的运作。这些监管不仅包括结果导向的行政绩效评估，也包括对行政过程和行政行为是否符合宪法价值，以及公共行政是否遵循国会系统控制的检查。这些法案以 1846 年美国通过的《联邦行政程序法案》(Administrative Procedure Act)、《立法重组法》(Legislative Reorganization Act)、《联邦民事侵权赔偿法》(Federal Tort Claims Act) 与《联邦雇佣法》(Federal Employment Act) 为代表。通过这一系列法案，行政部门所面临的立法监督得到显著加强，国会也可以持续检验并审查行政行为①。

国会可以确定宪法价值，并由此制定行政行为的规范标准。当然，即使对那些认为立法机构应该占据主导地位的理论来说，国会确实没有能力也不可能完全取代政府部门中必需的立法权威，也不可能亲力亲为地制定所有政府规范性文件。但是，相比于新政时期那种完全不受控制的放权，国会更应该将向部门下放的立法权威视为自身的延伸。因此，即使是政府部门内部确立的规范性文件，也同样应该遵循国会立法所遵循的价值与公开原则。"日复一日，国会在立法中一直需要考虑公民的利益与诉求；当行政部门行使国会赋予它们的立法权时，行政部门没有任何理由不像国会一样'考虑公民的利益与诉求'。"②《联邦行政程序法案》对行政部门以符合宪法价值的方式行政做出了具体要求，国会可以依据《联邦行政程序法案》直接干预具体的行政程序。例如，根据《联邦行政程序法案》，立法机关要求并监督政府部门进行信息公开，同时规定公共政策的公民参与程度③，对行政规范性文件的草拟也规定了相应的听证、公民意见征询程序。行政部门要公布和提供它们日常工作的相关信息，并接受司法机关的复核及判决。

8.4.3 立法机关监督行政过程

首先，立法机关可以通过直接判定行政政策的合法性来保护公民权利在面对国家庞大的专业行政部门时不受侵害，从而实现对行政的监督。为了达到此目标，美国国会通过了一系列法案，其中的代表是《联邦咨询委员会法》(Federal Advisory Committee Act)④、《协商立法法》(Negotiated Rulemaking Act)⑤。在美国的宪法体制下，国会制定的限制行政行为的法规是行政部门日常行政的行为规范和依据，更重要的是，立法机关还成立相应

① 张千帆. 世界行政法体系的形成与发展. 比较法研究，2006，20 (6)：20-36.

② U.S. Congress. Congressional record，79th congress，2nd session. U.S. Government Printing Office，1946，vol. 92：5756.

③ WARREN K F. Administrative law in the American political system. West Publishing Company，1982.

④ 有关讨论参见苏苗罕. 联邦咨询委员会法. 行政法学研究，2006 (4)：131-136.

⑤ 有关讨论参见沈岿. 关于美国协商制定规章程序的分析. 法商研究，1999 (2)：83-91.

的机构，对这些法案的实施进行监督问责，从而在组织结构中形成对行政政策与行政行为的直接干预和影响。

具体而言，《联邦咨询委员会法》要求联邦各咨询委员会向公众及两院代表公开其相关信息，以备审查，从而解决政府机构不受限制自设咨询委员会的弊端①。信息公开不仅要求让公众知道政府在做什么，也包括将公民及相关组织纳入行政政策的制定过程，《协商立法法》就是这一思想的产物。行政专家不再被假设为客观中立且能发现最优解决方案的唯一群体，政府行政中不应该由行政专家单独决策，即使是非专业的相关人士的意见，也应该在立法机关牵头的规章制定中保留一席之地②。可见，在行政规章制定方面，无论是行政程序法初创时的灵活程序模式，还是行政程序法发展过程中出现的、取代灵活程序的混合程序模式，都不具备值得公民信赖的有效性。于是，学术界和政府部门开始考虑将协商程序作为规章制定中对抗式程序的替代。

根据《协商立法法》和美国行政会议（Administrative Conference of the United States）在 1882 年和 1885 年提出的关于尝试协商程序的建议，协商程序成功的前提条件大致包括：

(1) 将要受到重大影响的利益是有限的、可认定的，且能够选出个别人来代表它们；

(2) 协商委员会适当且平衡地代表各方利益，成员愿意诚信协商以达成合意；

(3) 讨论和协商的问题是众所周知的，且已经达到适于决策的成熟阶段，没有一方当事人必须在无法协商的基本价值方面做出妥协；

(4) 所要制定的规章涉及多方面的问题，当事人可以根据每个问题对他们各自的重要性来决定如何坚持或让步；

(5) 各方当事人之间的力量是彼此制衡的，任何一方的利益不得在协商过程中居主导地位，他们都相信协商程序会比任何其他方式更有助于其利益的保障或实现；

(6) 有达成合意的最后期限，委员会在限定时间内可能达成合意；

(7) 协商程序不会不合理地延误拟议规章的通告和正式规章的公布；

(8) 政府部门愿意运用和参加协商程序，愿意将其拥有的适当权限授予委员会，并在最大限度符合法定义务的情况下，愿意公布任何合意结果作为拟议规章。

协商程序旨在解决传统的规章制定程序因其内在的对抗性质而形成的耗资、拖沓和投诉率高等弊端，因此，协商程序理论对协商程序优势的阐明是建立在批评对抗式程序的基础上的。

除此之外，立法机关还可以通过复杂的立法机关审查更直接地影响行政部门的运作。

---

① STECK H. Politics and administration: private advice for public purpose in a corporatist setting//RABIN J, BOWMAN J. Politics and administration. Marcel Dekker, 1984.

② COGLIANESE C. Assessing consensus: the promise and performance of negotiated rulemaking. Duke law journal, 1997, 46 (6): 1255-1349.

尽管对于这种立法审查的评价褒贬不一，但无可否认的事实是，美国政府行政并不仅仅是行政部门自己的事情，立法部门也发挥着直接作用。国会制定并通过法案以后，行政部门并不一定会安全按照法案的要求运作，因此，直接的审查是保证具体行政符合法律规定的必不可少的组成部分。出于方便直接审查的目的，1846 年通过的《国会改革法》(Legislative Reorganization Act) 对国会的直接审查具有明显的推动作用。这项法案允许议员雇用拥有专业知识的助手，监督专业的行政问题。更重要的是，该法案以与政府部门对应的方式来设置参众两院的委员会，并且授予这些委员会持续监督政府部门具体行政的权力①。这种对应政府部门设置委员会的形式强化了立法机构在联邦政府行政中的作用，也使得政府部门在进行政策制定和实施具体行政行为时不能忽略国会的意见。

而且，与我们熟悉的代议机关问询不同，国会及其下属委员会对政府部门的审查非常精细，涉及每项具体的行政工作。例如，《国会预算与截留控制法》(the Congressional Budget and Impoundment Control Act) 禁止总统通过截留国会已经通过的拨款，变相裁撤自身不喜欢的机构的策略，并加强了国会在政府编制和核发预算过程中的信息收集权力②。1878 年通过的《检察长法》(Inspector General Act) 在行政内阁机构内部设立了检察长，成为国会安插在政府部门内部的影子部门，进行内部监督③。最重要的是 1883 年通过的《政府绩效与结果法》(Government Performance and Results Act)，该法案要求政府部门制定包含明确组织目标与绩效指标的战略规划，并且要将绩效指标量化以备检查，在制定战略规划的过程中，政府部门要咨询并尊重立法机关对于具体政府部门应该达到何种绩效的意见。《政府绩效与结果法》的重要意义在于使立法机关在行政部门组织发展与政策执行中有了法定职能，并且推动了绩效预算制的发展。由于有了立法机关对组织战略规划的确认，政府部门也有更充分的理由宣称其行政方案是得到代议机关授权、符合代议机关目标的，因此行政行为更具合法性。

8.5 宪政主义的启示

总的来说，由于其相信管理知识的普适性，管理主义所秉持的管理理论导致公共行政

① ROSENBLOOM D H. Building a legislative-centered public administration: congress and the administrative state, 1946—1999. University of Alabama Press, 2000.

② JOYCE P G. The reiterative nature of budget reform: is there anything new in federal budgeting? Public budgeting & finance, 1993, 13 (3): 36-48.

③ MOORE M, GATES M J. Inspectors-general: junkyard dogs or man's best friend. Russell Sage Foundation, 1986; LIGHT P C. Monitoring government: inspectors general and the search for accountability. The Brookings Institution, 1993.

领域的效率追求与宪法确立的三权分立体制存在着根本性冲突。这使得公共行政陷入了两难格局：如果完全不承认管理知识在公共领域的合法性，则公共行政自建立以来追求的提高政府效率，更有效地进行公共服务的整体目标就将失去学科合法性。但如果将公共部门与私人部门等同起来，宪法规定的三权分立、相互制衡的原则又将受到巨大挑战，公共行政的公共性又将失去最根本的合宪性原则。因此，**如何调和管理理论与三权分立宪政体制的矛盾，就成为事关美国公共行政合法性的“大问题”。**尤其是在现实层面，由于行政部门高度专业细分和复杂，已经隐现其在三权之中的独大态势。在此局面下，三权分立、相互制衡的原则要求立法和司法分支必须对行政部门进行实质性介入。政府行政因此不再仅仅是行政分支的事务，而是事关立法和司法权力如何合理、恰当地介入行政事务，最终达到动态平衡。宪政主义公共行政学就是从这些现实问题出发，希望通过回归宪法的价值来理顺管理主义要求集中政府行政权和宪法希望分权制衡之间的矛盾。

美国的政治文化往往具有一种制度主义的倾向，其暗含着相信制度本身可以按照理性设计的逻辑进行运作。因此，卡曼（Michael Kammen）将美国宪法视为一台“会自己运转的机器”①，但是现实的公共行政并非制度设计中那么完美无缺。尤其是在三权分立、相互制衡的体制下，如何将扩张的行政国家纳入立法、司法可控制的范围，同时又不影响政府行政必需的效率，这并非宪法一确定就可以自然解决的问题。虽然公共行政往往会和行政权力分支联系起来，但实际的公共行政还会牵连到许多不同方面。其中，民选的行政部门的政治长官、永聘的行政部门、行政部门的附属执行组织、行政部门内代表立法机关监管行政过程的审查单位，都会对具体行政部门的政策制定、预算、政策执行、绩效评估等过程产生影响。

更重要的是，这些组织本身的成立与运作又是基于不同的公法来源，代表着不同的公共权力。从这点出发，把公共部门类比成私人部门的理论，在前提假设上就犯了过度简化的错误。国会的微观管理和法院的司法干预，并不能因为影响行政效率就予以去除，因为这是宪法为保障制衡所规定的根本权力。即使确实存在如《戈尔报告》所说的委员会滥用权力的情况，其解决思路也应该是思考如何制衡议会的权力而不是剥夺其权力。事实上，很多从私人部门管理的角度看是低效、笨拙的设计，却是政府必不可少的。这里的原因在于，**归根到底，私人部门并不需要保障自由，而保障自由却是政府的根本目的之一。**因此，在政府中可以同时观察到为提高组织效率所设立的组织和为了限制权力所设立的组织。集中行政权和分权制衡的观点相互对立、妥协，而政府就在这种矛盾冲突中不断进化和完善。

① KAMMEN M G. A machine that would go of itself：the constitution in American culture. Transaction Publishers，2006.

本章小结

本章总结了宪政主义公共行政学的基本观点。宪政主义认为，当行政行为脱离了公法中的价值，而去适应各种企业管理中的行为规范时，行政部门、公务员以及公民就都处在相应的危险之中。因此，宪政主义希望减少公共部门纳入企业管理教条后所产生的副作用，并得出公共行政自身的价值准则。宪政主义认为，必须超越管理主义原子化的视角，一个政府部门的财务、人力、信息管理等业务，不应割裂讨论，急于再造行政流程，而应找到更根本的判断政府行政合理与否的标准。宪政主义尝试以宪法和法律为准绳重新将碎片化的政府行政系统整合起来，并明晰真正适用于政府的行政原则。真正的解决之道在于寻找公共行政价值上的支点，从而使对价值的判断摆脱各说各话的境地，而有一个相对具体可靠的判断标准和指标。

关键术语

宪政主义　行政体制碎片化　“公共行政原则”

本章推荐阅读

KAMMEN M G. A machine that would go of itself：the constitution in American culture. Transaction Publishers，2006.

ROHR J. Ethics for bureaucrats：an essay on law and values. CRC Press，1988.

ROHR J A. To run a constitution：the legitimacy of the administrative state. University Press of Kansas，1986.

ROHR J A. Toward a more perfect union. Public administration review，1993，53(3)：246-249.

罗森布鲁姆，等. 公共行政学：管理、政治和法律的途径（第五版）. 北京：中国人民大学出版社，2002.

珍妮特·V. 登哈特，罗伯特·B. 登哈特. 新公共服务：服务，而不是掌舵. 北京：中国人民大学出版社，2010.

汉密尔顿，杰伊. 联邦党人文集. 北京：商务印书馆，1980.

弗里斯，金判锡. 公共行政中的价值观与美德：比较研究视角. 北京：中国人民大学出版社，2014.

第 9 章

重组：治理理论与公共行政的多元主体

无论是国家还是市场，在使个人以长期的、建设性的方式使用自然资源系统方面，都未取得成功；而许多社群的人们借助不同于国家也不同于市场的制度安排，在一个较长的时间里，对某些资源系统成功地实行了适度治理①。

——埃莉诺·奥斯特罗姆（Elinor Ostrom）

本章导言

在公共行政学界针对自身“身份危机”争论不休之际，“治理”作为新兴概念迅速流行，并成为当代公共行政学的标志之一。在此之前，众多理论流派虽然观点不一，但仍然以政府及科层制为公共行政本体，而治理则扩张和重组了公共行政本体，使得行政行为不仅是政府的特有活动，市场组织也可参与其中，同时，其对公民自主与社区活力的强调，又使得公共行政学中原本关注公民权利的那些流派深感认同。治理理论并没有统一公共行政学内的分歧，或真正解决公共行政的合法性危机，但其最大的特性是充满活力与弹性，各种不同的理论都可以在此框架中找到相应着力点。治理成为各种理论的黏合剂。

在公共行政学史中，其学科本体可以说长期以来都是围绕政府来定位，而治理理论的

① 埃莉诺·奥斯特罗姆．公共事物的治理之道：集体行动制度的演进．上海：上海译文出版社，2012：1.

兴起则对此产生了冲击。在此之前，众多理论流派虽然观点不一，但仍然以政府及科层制为公共行政本体，而治理理论则扩张和重组了这一本体。政府不再被视为理所当然的学科本体，而是被作为网络结构中的一个角色，即使这个角色可能是最重要的。治理理论的兴起过程在某种意义上是实践领先理论的过程，即先有各地根据自身情况开展的治理实践，而后有理论界对治理理论进行的总结。大体而言，治理理论仍在发展中，尚未形成统一的学科范式，且在治理概念下甚至会出现截然不同甚至对立的观念。但不可否认的是，治理理论已在很大程度上推动了公共行政学的发展。

9.1 治理理论的产生背景

与之前介绍的诸多公共行政学派类似，治理理论的兴起本身也与对传统公共行政理论失效的反思有关，但由于治理理论兴起的时间比其他理论要晚许多，所以其产生背景又兼有对其他理论实践和行政改革的反思。

9.1.1 传统政府结构与全球化的紧张关系

治理理论的流行在一定程度上是由现实原因造成的。20 世纪 90 年代以来，在多种因素的影响下，“公共问题已跳出公共机构边界”①，甚至呈现全球性特点，出现了诸多全球性问题，包括环境污染、资源短缺、粮食危机、难民、城市蔓延、毒品，等等。不同于传统社会问题的地域性特点，全球性问题超出了传统的政府行政能力和边界。由于这些问题呈现频发及彼此加速恶化的特点，问题的瞬息万变远远超出了公共部门进行结构调整和能力增强的速度。“全球化使得国家不仅因为太小而无法解决大问题，而且也因为太大而无法解决小问题。”② 在屡屡出现政府失灵的状况下，以国家、地区等为边界解决公共问题的方法越来越难以奏效，迫切需要寻求新的解决路径。面对全球性、复杂化的公共问题，单一的行动主体显然已经无法应对复杂问题，唯有市场、社会与政府等多元主体联合起来，实现合作，复杂问题才能得以解决。

9.1.2 世界政治风潮的变化

20 世纪八九十年代的全球新自由主义改革的潮流，由里根、撒切尔夫人等一系列政

① SALAMON L. The tools of government: a guide to the new governance. Oxford University Press, 2002.

② 同①3.

治家推上高潮。在新自由主义的意识形态中，政府被视为问题本身，而不是解决问题的手段。同时，解制、民营化、公共服务削减、公共部门管理主义及政府再造运动使得许多部门获得半独立的地位，不再完全受制于传统的命令服从架构。可以说，在治理理论兴起之前，传统的政府结构和运转模式已经有了许多变化，而这些变化也对政府产生了进一步的影响：大量削减政府财政预算的运动使得政府行政的目标和出发点逐渐被改变，从思考保护公民权利到更重视成本效益分析；集体主义的价值观逐步让位于个人主义；市场逐渐变成了规范价值上的甚为强势的资源配置工具。因此，纳税人开始抗拒给政府交税，政府也相应地比以前拥有更少的对社会的影响力。当然，虽然政府的直接干预手段和影响在下降，政府和社会及政府和市场的各种联系又在不断加强。

在此情况下，推动公共行政研究本体论转变的治理理论应运而生。从本质上说，**治理理论既是一种重新定位国家和社会的政治策略，也是一种重新审视政府再造和转型的学术旨趣。**因此，治理理论既具有非常策略性的政治手段的面向，又具有抽象学科本体论变化的学术关怀。治理概念的流行，一方面是由于公共行政学理论的变化改变了人们对于行政事务的看法，另一方面也是因为行政事务的实践必须要有新的概念来描述和总结现状。于是，新的理论和新的实践形成合力，将公共行政学的关注点从国家体制转向治理活动本身，以及在其中发挥影响的私人和志愿组织。

9.2　治理理论的兴起

世界银行被认为最早使用了“治理”一词，其在 1989 年的报告中已提出“治理危机”一词，而世界银行 1992 年度报告的标题就是“治理与发展”。此后，在政治学、公共行政学、经济学、政治经济学、国际关系学、公司结构、社会组织及所有提到公共事务或共同事务的场合，治理概念频频出现。

9.2.1　治理的定义

治理的传统含义指的是在特定范围内行使权威。1995 年，联合国下设的“全球治理委员会”（Commission on Global Governance）发表研究报告《我们的全球伙伴关系》（*Our Global Neighborhood*），明确提出治理新内涵：治理是个人和机构、公共部门与私人部门管理其共同事务的所有方式的总和。它是一个容纳冲突和利益分歧、采取合作行动的持续过程。它既包括拥有强制性权力的正式机构和政府，即相关正式制度安排，也包括个人和机构为了自己的利益而同意或接受的非正式制度安排。罗西瑙（James N. Rosenau）

认为，与统治（government）不同，治理（governance）指的是一种由目标支持的活动，这些管理活动的主体未必是政府，也无须依靠国家强制力量来实现[①]。治理意味着一种新的统治过程，意味着统治条件已经不同于以前，或是以新的方法来统治社会[②]。

罗茨（R. A. W. Rhodes）将治理概括为两条路径：国家中心（state-centric）和社会中心（society-centric）[③]。从国家中心论出发，治理是政府通过伙伴关系，把社会中其他行动者吸纳到公共事务管理中。这种路径强调政府权力对伙伴关系的主导与规制作用，政府是公共利益的最佳代言人。从社会中心论出发，治理强调依靠社会各行动者之间的自主协商，政府与其他非政府部门一样，是普通的参与者，而不是依靠权力对这种公私合作关系进行主导。公私部门各种正式或非正式的互动关系，促成了不同的网络治理形态[④]。

可见，**与传统公共行政理论不同，治理理论的重点不在于分析政府内部的公共预算、政策制定等问题，而在于分析政府组织和其他组织之间的大量复杂关系。**

9.2.2 治理的特征

简单而言，**治理可以看成是一种政府与社会共同管理的理想类型**（ideal type）。斯托克（Gerry Storck）总结了治理理论的主要特征，包括[⑤]：

第一，治理主体的多元化。治理主体是出自政府但又不局限于政府的一套社会公共机构和行为者。治理理论给我们发出的第一个信息，就是挑战按照宪法和正式规范来理解的政府体制（它不能代替国家而享有政治强制力，也不可能代替市场而自发地对大多数资源进行有效的配置，只能是对国家和市场手段的补充）。治理理论仍然强调政府作为公共权力的持有者的重要性，但它并不认为政府在社会的治理中占据主要位置，也不再是治理的核心，这意味着参与主体更为多元化。

第二，主体间责任界限的模糊性。治理理论意味着在为社会和经济问题寻求解答的过程中，存在着界限和责任方面的模糊，意味着不再依据某一个组织和某一个集体来解决问题。治理理论更加强调治理的相关者即各方采取协作化的合作方式，强调各方的共同责任，不再强调完全固定的责任界限。

---

① ROSENAU J. Governance, order, and change in world politics//ROSENAU J N, CZEMPIEL E O. Governance without government: order and change in world politics. Cambridge University Press, 1992.

② RHODES R A. W. From institutions to dogma: tradition, eclecticism, and ideology in the study of British public administration. Public administration review, 1996, 56 (6).

③ RHODES R A W. Governance and public administration//PIERRE J. Debating governance: authority, steering, and democracy. Oxford University Press, 2000.

④ 田凯，黄金. 国外治理理论研究：进程与争鸣. 政治学研究，2015 (6).

⑤ STOKER G. Governance as theory: five propositions. International social science journal. 1998, 50 (12): 19-22.

第三，主体间权力的相互依赖性和互动性。在治理过程中，涉及集体行为的各个社会公共机构之间存在权力依赖。权力依赖是指代表集体行动的组织必须依靠其他组织；为实现目标，各组织必须进行资源交换并协商，以达成共同目标；交换的结果既取决于参与者的资源，也取决于游戏规则以及进行交换的环境。权力依赖强调不同权力拥有者的协作而不是分离。任何治理决策都会涉及众多主体的利益和需求，都会涉及权力的运用和公共资源的分配，所以决策的制定过程就是各治理主体进行权力和资源竞争的过程，治理过程就是各主体既相互合作又相互制约与竞争的过程。

第四，自主自治的网络体系的建立。治理理论认为，当前社会利益分化朝着多元化和集体化方向发展。它不仅意味着政府制度愈来愈复杂，而且提醒我们必须注意责任的转移，即国家退后一步而把责任推给私人部门和志愿团体——从广义上说是推给公民。治理理论强调利益相关体的自主治理能力："行为者和机构把它们的资源、技能和目标汇合起来，成为一个长期的联合体——一个体系。"可以说，这不仅意味着治理方式的变化，更广泛地意味着"国家与市民社会之间长期存在的制衡关系发生的变化"。

第五，政府作用范围及方式的重新界定。治理理论强调多样化的治理手段，不再局限于传统以政治手段为主的治理方式。可以认为，治理理论不再关注正式规制和应当如何，而是关注行为本身和实际如何。治理理论的价值在于，它是一种组织框架，可以据以求得对变化中的统治过程的了解。在主体多元化的情况下，治理的要点在于，目标定于谈判和反思的过程之中，且要通过谈判和反思加以调整。就此意义而言，治理的失败可以理解成是由于有关各方对原定目标发生争议而未能重新界定目标所致①。

治理模式对于工具选择多样性的强调，促使治理主体更多地关注治理工具的设计。作为一种新的实践范式，治理展现出了公共行政领域内多种可能的运作和协作模式。关于治理的这些特征，我们接下来将有更详细的说明。

9.2.3　善治

与治理理论同时兴起的是善治（good governance)。既然治理理论提出改变公共行政学本体，那么伴随着新的本体论就自然需要有新的规范标准，善治就是治理的标准。按照联合国亚太经济社会委员会的定义，善治的内涵包括以下八点（见图 9-1)：

(1) 参与。参与既可以是直接的，也可以通过代表机构间接进行。参与需要被组织起来，这就意味着，一方面有组织和表达的自由，另一方面这种表达是有秩序的。

---

① 杰索普．治理的兴起及其失败的风险：以经济发展为例的论述//俞可平．治理与善治．北京：社会科学文献出版社，2000：7.

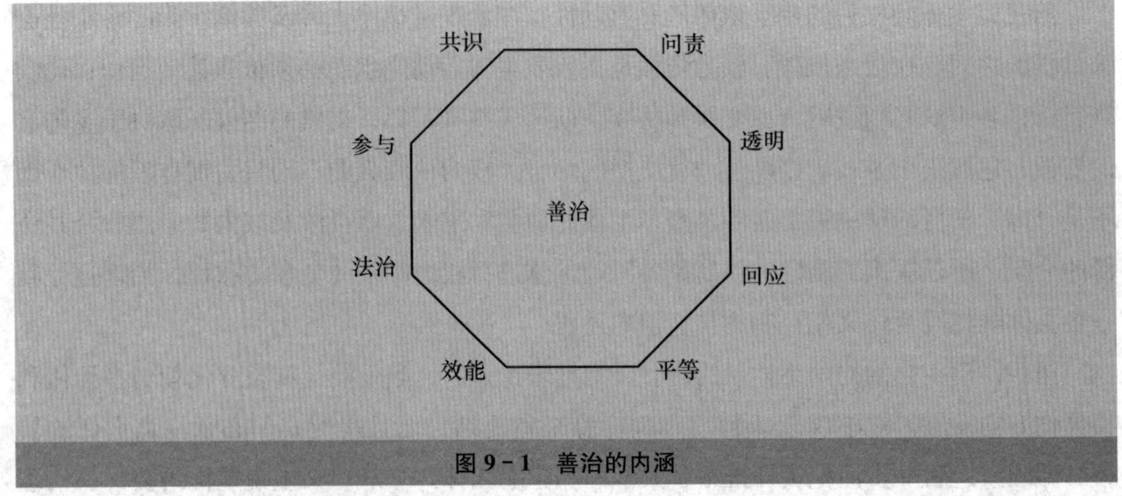

图 9-1 善治的内涵

(2) 法治。好的治理要求存在可以被公正执行的法律规则。它要保护人类的利益，尤其是保障少数群体的利益。公平、公正地执行法律要求有独立的法官及公平、不贪污的警察体系。

(3) 透明。透明意味着决策的制定和执行是在规章制度的规范下进行的，也意味着那些受到政策制定和执行影响的群体可以获得此类信息，且大众可以通过媒体很容易地理解这类信息。

(4) 回应。好的治理要求在一个合理的时间轴内安排制度与进程，以回应利益相关者。在一个特定社会中，会有很多行动者和观点，好的治理要求在社会的不同利益之间进行协调，进而就什么是最关乎社会整体利益的及如何实现社会整体利益最大化达成普遍共识。同时，需要将人类社会可持续发展纳入考量范围，需要理解社会或群体的历史、文化和社会情境。

(5) 共识。传统民主模式通常以多数决定的形式进行公共决定，主要关注持不同意见的人数的多寡，而非持不同意见的人群间的意见交流与互动。换言之，传统多数决定民主模式暗含了人不可说服、意见不会变化的假设。然而，治理并不把人想象为不可理喻、冥顽不灵的群体，反而认为人在开放平等的环境中是可以互相交流，相互理解，听取别人意见可取之处，并改变自身原本想法的。**民主的根本并不在于比较不同意见人数的多少，而在于促进持不同意见的人们之间的交流，并为达成共识而努力。**

(6) 平等。社会的良好运作建立在社会中的所有成员对其有归属感的基础之上。这要求所有组织，尤其是志愿组织能够有机会维持或改善良好的运作。

(7) 效能。好的治理意味着能够在满足社会需求的同时，最大限度地利用好其可支配的资源。对于治理而言，效率意味着自然资源的可持续利用和环境保护。

(8) 问责。责任是好的治理的关键。除了政府机构，私人部门和志愿组织也要对公众及其利益负责。谁对谁负责取决于决策或行动是在组织内还是组织外执行。通常而言，组织对那些会受他们决策或行动影响的群体负责。在缺乏透明度和规则的情况下，责任是难以实现的。

以上可以认为是治理行为的通常标准。但是，即使治理理论希望改变公共行政学本体，公共行政的内在冲突依然体现在治理理论的规范标准之中。这些将在后续详细介绍。

9.3　治理理论的两大路径

治理理论内部虽然纷繁复杂，但基本都认同以下三个观点：第一，由于大量不同类型的组织加入到治理过程中，传统的国家和公民社会，或者政府和市场的界限已经不如传统体制中那么清晰。在治理过程中，网络在事实上已经存在了。第二，治理本身可以形成一种稳定的结构并符合一定的社会逻辑。治理不仅仅是政府临时的策略性让步，或者是为了缓解一时的财政周转不灵的救急措施。治理本身是结构稳定的，是符合理性行动并有内在行动逻辑的体制。治理理论往往与制度主义联系在一起。第三，治理结构并不是一时一地、某一种文化或地域所专有的行政模式。因此，治理理论热衷于总结好的治理模式和特征，其隐含的假设是，**无论是哪里的政府，要达到治理的良好效果，就需要满足一些特定的社会结构，乃至符合一些特定的结构特征。**

治理理论可分为两大路径：网络治理和元治理（metagovernance）。

网络治理主要关注新自由主义改革的制度遗产。例如，公共服务外包等改革改变了一度在第二次世界大战后被大力扩充的政府科层制。在这些改革中，基于市场、半市场和网络的制度搭建了新的公共服务平台，同时增加了公共服务的参与主体，政府对于私人和志愿组织的依赖性也进一步增强。因此，网络治理视角中的行政世界是一个网络，在这个网络中，国家权力或者说公共权力并不是被政府完全垄断的，而是不同程度地分散在大量网络之中，并由网络中大量的相关公共、私人和非政府组织所共同影响和推动的。

元治理同样认为治理的本体从科层制转移到了市场或网络，但它不认同使用网络就要削弱国家权威，而是仍然将政府作为治理中的重要部分和一员（而非网络或市场的对立面）。这一路径认为，真正应该关注的不是如何将公共服务转移给更多非政府主体，而是分析政府在网络治理时代应该发挥什么作用、扮演什么角色和使用怎样的政策工具。由于我们所处的世界已经有很多私人、志愿和公共组织投入治理之中，在这个过程中权威是高度碎片化的，治理网络是非常多元化的。国家的角色已经从对社会的直接治理转到用多种方式干预调控的元治理模式。从这一视角出发，政府依然是非常重要的政策制定者，但不再是传统的依赖命令和控制的科层体制，而是更多地依赖间接调控和影响相对松散的相关团体。

9.3.1 网络治理

罗茨认为，"治理就是管理网络"①。作为广泛存在的社会协调方式，网络是指涉及多个组织或组织的某些部分的相互依赖的结构关系。网络通常表现出一些结构性的稳定，能够建立超出正式关系或者法定政策关系的相互链接②。贝瑞（Frances Berry）等人区分了网络研究的三个传统，包括社会网络、政策网络和公共管理网络（public management networks）（见表 9-1）。

表 9-1　网络研究的三个传统

	社会网络	政策网络	公共管理网络
行为假设	来自"嵌入式环境"的意向[a]；社会资本的或有价值（contingent value）[b]	行动者理性地追求首选政策	有效地提供服务；工具主义
研究方法	案例研究；模型分析（block modeling analysis）；欧氏距离分析（Euclidean distance analysis）[c]；回归分析；动态网络模型	案例分析；回归分析；时间序列分析；历史事件分析	案例研究；回归分析；欧氏距离分析
主要问题	网络结构和位置是行动、态度和产出的结果与前提	政策行动者如何实现预期的政策；行动者的网络如何影响政策结果	网络效能的比较；管理者的行为如何影响网络的结果；存在什么类型的网络，它们之间的区别是什么

注释：

a. 格拉诺维特（Mark Granovetter）的嵌入理论（embeddedness theory）强调环境和行动之间的关系，他认为人的行为受到多种环境因素的影响，也依赖于一系列的意愿，包括政治影响力、声望、感情依赖、亲情和家庭责任、个人身份、情感和经济利益福祉。

① 关于治理理论中的网络一词，不同时代的著作有不同含义。在计算机互联网兴起之前的时代，网络是和层级制相对应的术语。网络意味着非政府的、非层级的平级合作组织。因此，这种语境下的网络是不包括政府在内的，特指民间组织合作的治理网络。网络一词强调的是地位平等、不相隶属的关系。而在计算机互联网兴起以后，随着大众对于网络的想象的变化，网络一词中广泛联系的意义超过了平等关系的意义，网络被用于描述不同主体的合作和联合。因此，在这种语境下的网络治理是包括政府等官僚组织结构的机构在内的。在阅读治理文献中，可以发现这种词义的发展与变化。RHODES R A W. The new governance：governing without government. Political studies，1996，44（4）：652-667.

② O'TOOLE Jr，LAURENCE J. Treating networks seriously：practical and research-based agendas in public administration. Public administration review，1997，57（1）：45.

b. 博特（Ronald Burt）提出了结构洞（structural holes）的概念，并主要关注社会资本。在其对组织内部和各组织之间的网络研究中，工具和目标导向的行动被认为是组织行为的基础，理性行为经常被假定为指导个体行为的基础，并且经济结果也常被研究者看作一个独立变量。

c. 欧氏距离是一个通常采用的距离定义，它是在 N 维空间中两个点之间的真实距离。欧氏距离分析就是空间分析。

资料来源：BERRY F S，BROWER R S，CHOI S O，et al. Three traditions of network research：what the public management research agenda can learn from other research communities. Public administration review，2004，64（5）：544.

1. 政策网络的定义

在上述三种网络中，政策网络的影响最大，在此将专门介绍。

尽管学者们普遍认为政策网络在政策过程（政治过程）中扮演着重要角色，但对政策网络内涵和本质的认识和理解，学界并未形成一致看法。比较有代表性的定义为：政策网络是由于资源相互依赖而联系在一起的一群组织或者若干群组织的联合体①。在治理视角下，政策网络被认为是公共与私人部门行动者横向协调的集体行动，尤其强调政策过程中的组织间关系。**因而治理路径的政策网络研究主要集中在政策领域内的组织间关系上**②。荷兰公共政策学者肯尼斯（Patrick Kenis）和施耐德（Volker Schneider）认为，对政策网络最恰当的解释应该是：它是由相对稳定和持续进行的关系网构成的，这些关系网可以动员和聚合分散的资源，使得集体行动能够和谐地结合起来，指向一个共同的政策方案③。

政策网络具有三个显著特征：第一，主体之间相互依赖。政策网络主体必须依赖其他主体，以获得实现自己目标的手段。它们之间的相互依赖性不是静态的，而是随着彼此之间的互动而变化。第二，政策网络是一个过程。政策网络由各种具有一定资源和不同利益与目标的主体构成，其中没有任何一种主体具备足够的驾驭能力来主导其他主体的战略性活动。政策网络就是这些主体利用各自资源，寻求实现各自利益和目标的相互影响、相互作用的动态过程。第三，政策网络的活动受到制度制约。这些关系和规则反过来会影响和制约它们之间的互动和相互作用，并使它们之间的互动方式得以持续，使它们之间资源分配的方式得以形成，并在彼此间的相互影响和互动中发生变化④。

事实上，政策网络就是在公共政策制定和执行过程中，政府和其他行动者围绕共同目

---

① BENSON K J. A framework for policy analysis//ROGERS D L，WHETTEN D. International coordination：theory research and implementation. Iowa State University Press，1982：137-176.

② SCHNEIDER V，WERLE R. Policy networks in the German telecommunicationdomain. Campus/Westview，1991：87.

③ KENIS P，SCHNEIDER V. Policy networks and policy analysis：scrutinizing a new analytical toolbox. Campus Verlag，1991：45.

④ KLIJN E H. Analyzing and managing policy processes in complex networks：a theoretical examination of the concept policy network and its problems. Administration & society，1996，28（1）：90-119.

标不断协商而结成的正式（制度性的）和非正式联系。政策网络在本质上是一种建立于非等级制协调之上的、公共部门与私人部门之间相互作用而形成的一种特定治理形式或治理结构。它区别于科层制和市场机制，是政府与市场之外的一种新的治理形式①。可见，作为处理公共问题、供给公共服务的治理路径，政策网络主要通过在组织间、群体间的政策网络进行资源交换、共同合作，最终解决公共问题。

从网络视角出发，治理就是包含不同行动者的网络的运行过程。网络化治理有利于解决一系列复杂、动态与相互依赖的公共难题。与市场机制、层级制相比，网络化治理强调政府与非政府行动者之间的合作，具有自己的特点与优势②。

表 9-2　　治理模式：市场、层级制与网络

	市场	层级制	网络
规范基础	契约、产权	雇佣关系	能力互补
交流手段	价格	文书主义	交互性
冲突解决方法	讨价还价、诉诸法庭	行政许可、监督	互惠、信誉
灵活度	高	低	中
成员间的忠诚度	低	中	高
基调或氛围	精确和（或）怀疑	正式化	开放、互惠
行动者偏好或选择	独立	依赖	相互依赖

资料来源：POWELL，W. Neither market nor hierarchy：network forms of organization. Research in organizational behavior，1991，12（1）.

澳大利亚政策科学家马林（Bernd Marin）和美恩茨（Renate Mayntz）认为，政策网络反映变化了的国家和社会关系的政治治理的新形势……政策网络主要解决涉及复杂政治、经济与技术任务，且资源互相依赖的各种政策问题。因此，需要以非常高的专业技术和其他专门化和分散的政策资源作为前提③。政策网络研究不仅强调网络结构的重要性，而且追踪共同决策如何得以形成的过程。可见，政策网络有两种角色④：

第一，政策网络是国家与社会之间相互影响、相互依赖形成的治理结构。现代社会日益复杂、动态、多元，国家机关无力单独实施治理，必须依赖其层级控制以外的其他社会主体的资源和协作，国家和社会的许多组织形成相互影响、相互依赖的政策网络。因此，

① BORZEL T A. Organizing Babylon—on the different conceptions of policy networks. Public administration，1998，76（2）：253-273.

② 田凯，黄金．国外治理理论研究：进程与争鸣．政治学研究，2015（6）.

③ MARTION B，MAYNTZ R. Policy networks：empirical evidence and theoretical considerations. Routledge，1991：41.

④ 朱亚鹏．西方政策网络分析：源流、发展与理论构建．公共管理研究，2006（1）.

政策网络是与市场、科层制三足鼎立的第三种社会结构形式与国家治理模式。在不断复杂和变化的环境中，科层制的协调如果不是不可能的话，也会显得很困难。同时，因为市场失败的存在，潜在的放松规制也显得很有限。只有在网络中，治理才变得越来越可行，公共和私人部门相互依赖的资源，以非层级的方式连接在一起，通过行动者交换资源，来协调他们的利益和行动①。在网络模式中，政府不能像一台凌驾于社会的超脱的机器一样来主导社会，政府本身就是社会系统的一部分，它只是影响公共行政过程的社会行动者之一②。

第二，政策网络是一个治理过程，在这个过程中，不同公共主体与社会主体之间相互调适各自的策略，以便形成一致行动，达到共同结果。政策网络的参与者包括公共部门、私有部门和第三部门。各种不同的公共主体和社会主体拥有相互冲突的目标、利益和不同的权力地位，没有一个主体占据主导地位。在此背景下，政府已不能扮演万能角色，政策过程中各个主体之间的协商至关重要。政府不再被看作优越的、高高在上的发出指令的角色，而是一个行动者。网络中的公共政策制定则是行动者之间进行资源交换、合作并达成共识的过程。

显然，与传统的政府决策过程相比，政策通过政策网络模式形成会比较耗时。尽管如此，支持者们认为它还是比其他模式更为有效。讨价还价的过程保证了行动者合作行为的形成，政策网络在政策执行过程的相对有效性可以抵消任何在政策形成过程中所产生的效率损失③。

2. 政策网络的分类

从事政策网络研究的学者们往往依照不同指标将政策网络划分为若干类型，并结合特定政策领域加以探讨。在诸多分类中，以罗茨的分类最受瞩目。根据利益团体的分布、成员、垂直的相互依赖、资源的分配、平行的相互依赖五个标准，罗茨把网络分为五种类型：政策社群（policy community）、专业网络（professional network）、府际网络（intergovernmental network）、生产者网络（producer network）、议题网络（issue network）④（见表 9-3）。

表 9-3　　罗茨的政策网络分类

网络类型	网络的特点
政策社群/地域性网络	成员稳定且数量极为有限；垂直型的相互依赖；有限的平行沟通
专业网络	成员稳定且数量极为有限；垂直型的相互依赖；有限的平行沟通；服务于专业团体的利益

---

① BORZELT A. What's so special about policy networks? an exploration of the concept and its usefulness in studying European governance. European integration online papers，1997，1（16）：15.

② KICKERT W J M，KOPPENJAN J F M. Managing complex networks. Sage Publications，1997：32.

③ KENIS P，SCHNEIDER V. Policy networks and policy analysis：scrutinizing a new analytical toolbox. Campus Verlag，1991：47.

④ 有关讨论参见竺乾威，马国泉. 公共行政理论. 上海：复旦大学出版社，2008：358.

续前表

网络类型	网络的特点
府际网络	成员有限；垂直型的相互依赖；广泛的平行沟通
生产者网络	成员流动变化；垂直型相互依赖有限；服务于生产者的利益
议题网络	参与人数很多但不稳定；垂直型相互依赖有限

罗茨依据成员资格、整合程度、资源分配与权力关系四个面向，将政策社群与议题网络作为两大极端类型（见表 9－4）。政策社群在一端，它的结构特征是组织稳定、资格限制严格、内部有纵向的权力等级关系；议题网络则处于另一端，它的结构特征是成员资格开放、组织不稳定、纵向的权力等级和权力支配很少①。

表 9－4　　政策社群与议题网络的四个面向

		政策社群	议题网络
成员资格	参与者资格	有限，排除某些团体	参与者较多
	利益形态	经济或专业利益为主	广泛的利益
整合程度	互动频率	所有团体针对相关政策议题的事务进行高频率互动	接触频率和强度不一
	持续性	成员关系、价值与结果具有持续性	随时变动中
	共识	成员有共享的基本价值，并接受结果的正当性	可以达成某种协定但冲突一直持续
资源分配	网络间资源分配	所有参与者都拥有特定资源，基本关系是交换	有些成员拥有有限资源，基本关系是协商
	组织内的资源分配	层级节制体系，领导者可以分配资源	变异性较大，分配与管制成员的能力因议题而不同
权力关系		可能有支配性团体，但成员之间的权力关系是平衡、非零和博弈	不平等的资源与渠道反映出不平等的权力关系、零和博弈

3. 政策网络的形成

韦伯（Christopher M. Weible）和萨巴蒂尔（Paul A. Sabatier）分析了政策网络形成的原因：(1) 政策制定者对交流信息和意见的需要；(2) 政策制定者对资源、信息共享的需要；(3) 结盟的需要；(4) 追逐权力的需要，即行为者在网络中追逐权力，企图控制关键资源，扩大自己的影响；(5) 协调的需要，即行为者试图通过网络协调差异，以便在政策过程中采取一致行动。此外，网络主体也可能因为共同的价值观与信念而结合在一起。

网络理论展示了许多正式和非正式的关系，包括交易和互惠关系、共同利益、共同信念与共同的职业视角。目前，网络理论已相当成熟。罗茨曾就“何时建立网络”提了十条

---

① 郭巍青，涂锋．重新建构政策过程：基于政策网络的视角．中山大学学报，2009 (3)。

经验：(1) 需要来自公共部门、私人部门及第三部门的多个机构进行合作；(2) 核心价值在于专业化的自由裁量权及技术专长；(3) 质量无法明确规定或者难以界定和衡量；(4) 行动者需要大量的可靠信息，或者对当地情况有所了解；(5) 商品难以定价；(6) 政策领域与党派政治分开；(7) 服务提供本地化；(8) 中心监控和评估需要很高的政治和行政成本；(9) 执行涉及组织链，而且今后可能引起许多有关所有权的纠纷；(10) 对于我们正在做什么和为什么要做的问题有共同的或部分重叠的表述①。

政策网络路径瓦解了传统政策研究的政治-行政二分模式。政策网络路径认为，官僚机构不仅是政策执行的工具，它们因为拥有不同的部门权力与责任，呈现出不同的政策偏好，同时也兼任政策制定者，此双重角色在官僚机构与社会相关利益团体互动时也会得到加强。

9.3.2　元治理

如前所述，元治理通常是指那些支持、建设自我管理的正式或非正式的管制结构。在这种治理理论中，政府既是合作的参与者，也保留了一些控制治理过程的能力。换言之，**元治理理论试图在自由裁量权和控制之间达到某种平衡**。为达到此目的，元治理包含了一系列间接控制治理过程的策略。塞伦塞（Eva Sørensen）和托尔福（Jacob Torfing）将这些策略分为"上手"（hands-on）和"离手"（hands-off）两种②，这两种策略都不是强制性质的控制模式。在第一种模式中，政府会更多地参与到治理过程中，从而通过与各治理相关主体的互动来影响治理。第二种模式则通过间接设定激励条件的方式来影响治理，例如，给自己支持的治理模式财政奖励，制定治理过程的规范框架，诉诸舆论监督等。

但不可忽略的是，治理往往是以减少政府影响，或者"国退民进"等为诉求乃至前提要求的，因为通常需要政府让步才能给更多治理主体创造一定的自由度和合作空间。所以，元治理虽然与政府对治理的影响有关，但本质上其实是探讨政府如何以及在多大限度上为网络的合作创造协同空间（collaborative space）。所谓协同空间即"政策和空间上可以让多重公共、私人和非营利组织共同形塑、制定和执行公共政策的空间"③。在政府行政体制改革中，关于应该如何"国退民进"才能保证不会"一抓就死，一放就乱"的讨论很常见，这些都属于典型的元治理命题。此外，新模式的财政支持项目，再造的开放政府平

---

① RHODES R A W. Different roads to unfamiliar places: UK experience in comparative perspective. Australian journal of public administration, 1998, 57 (4).

② SØRENSEN E, TORFING J. Introduction: governance network research: towards a second generation//Theories of democratic network governance. Palgrave Macmillan, 2007.

③ SKELCHER C, MATHUR N, SMITH M. The public governance of collaborative spaces: discourse, design and democracy. Public administration, 2005, 83 (3): 573-596.

台，或者不同的合作模式也是经常出现的议题。

从本质上看，虽然治理理论纷繁复杂，但这类关于政府该如何行动才能更好地实现“国退民进”和避免“一抓就死，一放就乱”乱象的讨论，与其他强调自我管制（self-regulation）或者没有政府的治理（governance without government）的讨论是不一样的。**元治理理论中的政府被理解成更积极的角色，其在本质是一种政府改革。**协同空间通常由一系列政府改革政策所创设，是政府意志的体现。尽管政府的意志可能是个人主义的（如撒切尔时期的改革）或者具有很强的时代性（如中国20世纪90年代的国有企业改革），但这种协同空间的创设仍然不能回避政府主体视角。

由于元治理有非常多的理论面向，接下来将特别选取协同治理进行集中介绍，力图说明政府所创设的什么样的协同空间可以称之为善治的协同治理。

9.3.3 协同治理

简单而言，**协同治理就是公民通过自由平等的对话、讨论、审议等方式参与公共决策和政治生活，其本质在于“对话与共识”。**

从治理到协同治理，更加强调主体的多元性和共识经由协商达成，即公私利益相关者集合到共同讨论中，公共部门和私人部门一起做出基于共识的决策。研究者们提出了一些协作过程的关键性因素，包括面对面对话、信任的建立、承诺的建立、理解共识等①。协同治理的理念正在受到越来越多的关注。

1. 理念：从“竞争选票”到“合作共治”

在竞争性民主理念下，民主就是为做出政治决定而实行的制度安排。在这一制度安排中，一些人通过争取民众选票获得做决定的权力。这种竞争性民主理念实质上认为民众是懦弱的、冷漠的、易受感情控制和外部力量左右的，因此民众在竞争式民主中的作用也只是通过投票来选择替他们管理的领导人。

而协同治理则旨在从全民普遍理性中得出整体利益，**协商的目标在于达成共识，它不是竞争性的而是合作性的。**在协同治理的决策形式下，政府与社会各主体之间是平等的。公民参与不仅局限于投票、请愿等社会活动，参与者还会在决策程序公开的条件下充分掌握信息，并拥有平等机会对公共决策进行公开讨论，进而提出可行的方案和意见。不同于竞争性民主中存在的争夺选票数量的状况，非竞争性民主的条件下各主体“为反对而反对”的决策行为会大大减少，且更加关注公共决策品质的提升。

---

① ANSELL C，GASH A. Collaborative governance in theory and practice. Journal of public administration research and theory，2008，18（4）.

2. 过程：从“以投票为中心”到“以对话为中心”

提倡多中心的治理理论强调，公务员日益重要的角色就是帮助公民表达并满足他们共同的利益需求，而不是试图通过控制或掌舵来掌握社会发展；政府的角色则从控制转变为议程安排、使相关各方坐到一起，为促进公共问题的协商解决提供便利。

20世纪90年代，人们越来越深刻地认识到，**“民主的本质是协商而不是投票”**。不同于“以投票为中心”的民主竞争观，协同治理所关心的是投票之前的公开讨论、协商和沟通的过程，关注的是讨论和协商如何改变偏好、减少分歧及产生合理意见并推动共识形成。发声而不是选票成为新的赋权方式。在参与公共决策以前，公民是不可能具有井然有序的连续偏好的，他仅仅部分地知道自己想要什么。协商民主就是要让多元主体围坐在一起，鼓励他们进行各种形式的谈话和交流，确保所有人拥有真正的发言权。在此过程中，倾听和发言一样重要。对话过程首先是甄别出真实的“多数人意见”的过程。当多数人的意见是“即兴的、不知情的、未经反思的”，参与协商的各方主体就不能受这些意见所左右，而应该对其进行制约。受此制约，最后多数人意见会变成“及时审慎的、耗费了很长时间并经过对多种信息的重复考虑”。**基于真实的多数人的意见，各主体通过探讨对各种问题的看法而形成公共判断，并以此指导持续性的共同行动。**

3. 结果：从多次“一对一”博弈到几次“一对多”博弈

随着全球化、信息化进程大大加快，地区异质性不断加大，民众意见也愈发分散化。不同个体有不同诉求，决策者面对一个个公民个体讨论决策方针，这种“一对一”的博弈成本是极大的。即使有民选代表，决策的讨价还价成本仍难以估量，往往导致在结果尚未适当讨论之前就匆匆付诸行动。

而在协同治理情境下，通过个体间交流、妥协等方式，纷繁复杂的公众意见会聚合为几类意见，即柱状化（pillarisation）。以柱状化结构的民意为前提，各民意群体之间再进行协调、妥协及讨价还价。在这里，**话语和商讨的作用犹如一个过滤装置，只有那些有助于形成决策的话题和真实的大多数意见才能够通过筛选。**在此意义上，协同治理是一种从局部协商到整体协同的过程。首先，碎片化的民意在局部范围内被整合到一起，决策者面对的不再是一条条孤立的个体意见，而是一类类内部相似、相互之间不同的群体共识；其次，决策者与这些能够代表全部的“真实的大多数”进行协商，各类群体之间也相互诉说观点，试图说服对方或被说服；最后，不同于之前多次的“一对一”博弈，决策者只需进行几次“一对多”博弈，就可以在政府与社会之间达成共识，大大减少了决策成本，并提高了决策效率。

因此，总体而言，协同治理是一个复合体（见图9-2），并指向共识决策。首先，协同治理是多元主体的复合，包括政府、市民、媒体、专门机构等；其次，协同治理是多源声音的复合，政府不仅倾听也表达，市民中有支持声音也有反对声音；最后，协同治理是多元界面的复合，包括面向市民的友好简约界面，面向媒体、社会组织的开放包容界面，以及面向政府内部的专业复杂界面。

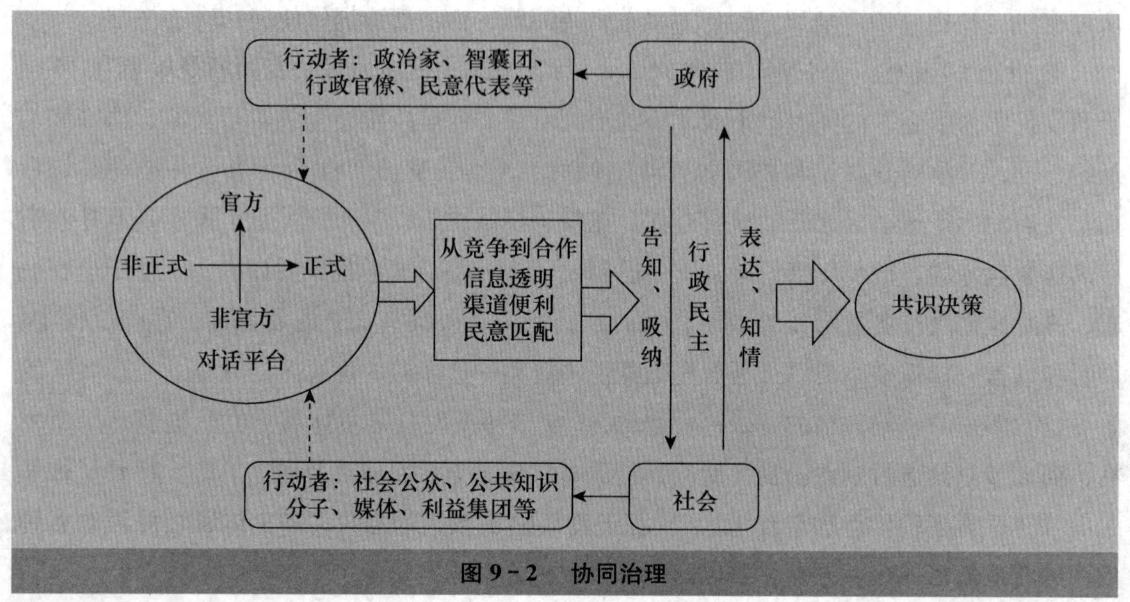

图 9-2　协同治理

9.4　治理的具体实践

由于治理是一个理论与实践并重的概念，而且在这个概念兴起和推动的过程中，大量的地方性实验发挥了重要的作用，因此，对治理理论的理解必须结合实践本身。

9.4.1　公民的观点表达与舆情搜集

在治理实践中，民意的搜集和整理、政府与公民的沟通是治理成功与否的决定性因素。因此，对于治理实践的讨论，首先要注意的是民意收集和信息整合的平台。与传统的舆情搜集机制有所不同，治理希望通过广开信息渠道来激发出更有创造性的意见。换言之，如果说传统舆情搜集主要是静态地搜集整理既有观点，治理则希望通过各种观点的汇集来激发出新观点和新思路，其主要针对的问题是传统政府中的沟通失灵、信息不对称和信息不通畅。史密斯（Graham Smith）将治理中常见的民意采集方式总结为 12 个类别①：

（1）征求意见稿。这是最传统的一种民意征集方式，但至今仍是非常重要的一种信息

① SMITH G. Beyond the ballot：57 democratic innovations from around the world. Power Inquiry，2005.

采集方式。尤其是在网络信息技术高速发展以后，这种直接面向公民介绍具体政策情况，并质询意见的传统方式又焕发出新的活力。

（2）民意调查。调查问卷可以提供标准化的数据信息样本。一项好的民意调查可以在很大程度上弥补由公听会参与人员主客观限制所带来的观点偏见，同时也可以在一定程度上反映民意的变化。

（3）公听会。公听会是非常普遍的一种民意搜集方式。公听会最大的优点是速度快，而且组织费用低廉，能提供一定程度的互动。

（4）公开调查。与公听会类似，公开调查通常也由政府部门推动，邀请有具体诉求，特别是有对立党派诉求的各方，对具体议案进行辩论交锋，由政府居中听取各方意见。公开调查通常涉及有更大影响的议题，比如规划选址和基础设施建设。

（5）部门开放。通常由具体职能部门组织，遵循特定的模式和渠道，开放职能部门，并展示部门或者项目计划给任何有兴趣来参观访问或陈情、咨询的公民。在这些活动中，公民可以和职能部门的工作人员进行沟通和讨论，了解双方的想法和所面对的问题。

（6）真实规划（planning for real）。真实规划是由英国邻里规划基金（Neighbourhood Initiatives Foundation）开发的一种技术。这一技术将公听会和社区 3D 建模结合起来，参与者可以通过填写给他们的意愿卡片来设想未来社区的改变方向，然后通过 3D 建模展现出的效果来验证规划者和参与者的设想是否相同。

（7）社区可视技术。运用可视规划技术，通常会涵盖过百的组织和个人，由多场公听会共同拟定规划的效果图，然后再进入次轮的讨论程序。

（8）参与式剧院（participatory theatre）①。其核心思想是情景剧的表演可以促进公民对于社会状况的认知和理解，并探寻改变的机会。在参与式剧院中，演员先演一小段情景剧来展现主人公是如何失败的。然后在重复表演中，观众将受邀提出意见，以帮助主人公通过不同的行动来获得成功。之后参与者会受邀上台取代演员，按照自己认为可以成功的方法来演示主人公应该采取的行动。这种方式特别适合于那些被传统信息搜集渠道排除在外的群体，也被称为“被压迫者剧场”（theatre of the oppressed）。

（9）基于特定身份的信息搜集论坛。例如，社区居民、租户基于地理区位的论坛，基于性别的妇女论坛，基于厂区的工人论坛等。

（10）常设公民小组（standing citizens'panels）。这种模式会设立一个有统计代表性意

① KAPTANI E，YUVALD N. Participatory theatre as a research methodology：identity，performance and social action among refugees. Sociological research online，2008，13（5）：2.

义的公民样本，通常会依据性别、年龄、民族和职业定期对样本进行调整，这样可以使得调查正式化和官方化。这种模式的优点是，它包含了较大数量的公民意见，并具有相对稳定的基础，因此也就可以分析趋势变化乃至政策或服务实施后的影响。这种方式也比许多针对单一议题的一次性调查的成本更低。但这种模式在现实运作中通常很难吸纳社会边缘群体，尤其是年轻人，如果同情或向这些边缘群体倾斜，整体代表性又会受到侵蚀，这是这种方式的两难之处。

(11) 焦点团体（focus groups）。这也是非常常用的方法。组织者通常会选取一小组有特定兴趣或社会背景的人进行深度的沟通和交流。焦点团体通常作为民意调查的补充，以及用于搜集边缘群体的意见。

(12) 请愿（petition）。虽然请愿通常不会被认为是一种治理模式，但从信息搜集的角度看，请愿本身也是在发出请愿者的声音，他们希望自身在社会上可视，其观点能被政府接纳，因此，从结果和功能上有一定的沟通作用。

9.4.2 治理实践的具体类型

在各国的治理实践中所呈现的具体实践类型非常丰富，具体而言有五大类型。

1. 协商创新平台

协商创新平台通过多种观点的汇集和辩论，让政府决策不再基于单一的信息来源和既有的政策思路，通过整合多种民意调查方式使决策者更准确地把握民意动向。英国在 2003 年夏天对转基因食物议题的辩论就是一个例子[①]，此次辩论的发起者是政府的咨询组织，即农业和环境生物技术委员会（Agriculture and Environment Biotechnology Commission）。

首先，委员会召开了 9 个深度讨论工作坊。这些工作坊地理位置的选择考虑了全国覆盖面。每个工作坊有 18～20 名个人参与者和 2 名机构代表，其中前 8 个工作坊召集不同年龄和社会经济阶层的参与者，第 9 个工作坊则专门召集对转基因有深度了解的成员。

其次，委员会开了 675 场公听会。公听会上会播放一段专门拍摄的影片和发放其他相关材料，同时还向与会者发放问卷，展开调查。委员会召开了涵盖 77 人的 9 场焦点团体会议，以对议题提供更结构化的解释，并作为控制组来比对公听会中搜集到的意见。

最后，通过邮寄和网络提议的方式搜集无法亲身参与公听会的公众的意见。通过这样的方式，委员会一共搜集到 36 557 份有效的反馈意见。

---

① SMITH G. Beyond the ballot：57 democratic innovations from around the world. Power Inquiry，2005：35-36.

2. 审议平台

建立审议平台也是重要的治理实践。这种实践集中于政策制定过程，通过让更多的公民有机会和时间进入到决策过程，从而尽量凝聚共识，形成更具合法性的政策。

例如，2004 年，加拿大不列颠哥伦比亚省设立了公民议会（Citizens' Assembly）。这个特殊的议会是独立的非党派属性的议会，由 160 名随机抽取的不列颠哥伦比亚省公民组成。他们负责监督在省级选举中的投票是如何转变为立法的议席，然后在监督整个过程后，由随机抽取的委员会讨论形成报告，最终得出如何改进投票制度以实现单记可让渡投票制（single transferable vote）的新机制。不列颠哥伦比亚省是世界上第一个采用随机抽取的公民团设计并改进省级选举制度的省份。其 160 名成员由来自全省 79 个选区的 80 名女性和 80 名男性组成。整个阶段分成三个部分：在第一阶段，公民议会成员要用三个月学习选举制度的相关知识；第二阶段是为期两个月的公听会环节；第三阶段则是为期三个月的审议讨论，并形成最终报告和意见。该省的实践就是一个典型的创立审议平台的治理模式。

3. 政府与多元主体合作机制

多元主体参与是治理理论的核心，同时也是其在实践中最受瞩目的特色之一。关于多元主体合作有很多种理解。政府的各种简政放权，由民间或市场实体来承担公共服务等，都可以说是广义上的政府与多元主体合作的实践。在这些政府和其他主体有着较为明显区隔的合作机制之外，还有些政府与多元主体的合作不一定存在明确的权力转移或者承担主体的变化，而更强调的是双方的合作，例如参与式预算。由于涉及公共开支，公共预算基本是不可能完全放权给社会组织或私人企业的，但这并不代表公民或其他团体就不能参与到预算的制定过程中。在预算执行过程中，同样可以做出正式的制度设计，让公民参与其中，也可以有其他非正式的公听等信息收集程序作为对预算的补充。

4. 公民直接参与平台

通常，公民直接参与或者说直接民主有两大模式：一种是作为改变或修正民选官员意见的补充。在这种模式下，直接民主作为代议民主的防洪堤坝而出现，防止选举官员过度背离民意。这其中以瑞士的公投制度最为典型。另一种更常见的直接参与是设立政策议程，让公民团体可以直接提出需要讨论和审议的议题，代仪机关提供给公民集体提案的各种渠道就是这种模式。

5. 基于信息技术的公民参与

从理论上说，信息技术只是一种技术工具，其本身并不能作为治理的类比。但在实践层面，因为信息技术改变了信息传播的方式，而这对治理本身有非常直接的影响。在这样的背景下，“E 民主”（E-Democracy）的意义也越来越凸显。

本章小结

如果说新公共管理理论试图在政府的内部寻求变革，以促进政府的转型和发展，治理理论则是在政府之外进行突破，走向共同管理架构，其主要是效仿政治社会学转向采用公民社会途径，强调公民参与，建立公共领域。

治理是个人与机构、公共部门与私人部门管理共同事务的所有方式的总和。它是一个容纳冲突和利益分歧、采取合作行动的持续过程。它既包括拥有强制性权力的正式机构和政府，即相关正式制度安排，也包括个人和机构为了自己的利益而同意或接受的非正式制度安排。

政策网络和协同治理是治理理论回应真实世界的着力点。

关键术语

治理　政策网络　元治理　协同治理

本章推荐阅读

ANSELL C，GASH A. Collaborative governance in theory and practice. Journal of public administration research and theory，2008，18（4）：543－571.

BEVIR M. Democratic governance：systems and radical perspectives. Public administration review，2006，66（3）：426－436.

BINGHAM L B，NABATCHI T，O'LEARY R. The new governance：practices and processes for stakeholder and citizen participation in the work of government. Public administration review，2005，65（5）：547－558.

FUNG A. Varieties of participation in complex governance. Public administration review，2006，66（s1）：66－75.

JOHNSTON E. Governance infrastructures in 2020. Public administration review，2010，70（s1）：s122－s128.

PETERS B G. The future of governing：four emerging models. University Press of Kansas，1996.

PIERRE J. Debating governance：authority，steering，and democracy. Oxford University Press，2000.

PIERRE J B, PETERS G. Governance, politics and the state. Macmillian, 2000.

RHODES R A W. The new governance: governing without government. Political studies, 1996, 44 (4): 652-667.

RHODES R A W. Understanding governance: policy networks, governance, reflexivity and accountability. Open University Press, 1997.

STIVERS C. Governance in dark times: practical philosophy for public service. Georgetown University Press, 2010.

第 10 章

解构：后现代公共行政

解构概念对于公共行政研究者和实际工作者都是一种重要的资源①。

——戴维·J. 法默尔（David J. Farmer）

本章导言

在公共行政学一百多年的发展历程中，从学科初创到原则确立，从共识瓦解到“身份危机”，从知识再整合到批判性反思渐起，这门学科不断演绎着思想的更新，也不断深化着对既有认知的探讨。公共行政研究离不开其所赖以产生与发展的恢宏的思想文化的变迁。20 世纪六七十年代，伴随着西方国家在经济、科技、社会、政治、文化诸方面所形成的新的社会文化思潮和思维方式，后现代主义异军突起，并旗帜鲜明地引领着对传统思想的批判和反思。文化思潮的更迭直接且深刻地影响了公共行政学的知识体系和研究方法，使其出现了全新转向，在后现代哲学认识论的基础上形成了公共行政学的新的研究思路。这既是学科自我创新的又一次展现，也回应了之前公共行政学整合过程中表现出来的种种困境，它的出现是理论和实践的必然。

一般认为，后现代主义（postmodernism）是后工业社会的产物。后工业社会以科学知识、信息技术为主导，其特征是生产事务的信息化、电脑化和自动化，知识产业成为社

① FARMER D J. Papers on the art of anti-administration. Chatelaine Press，1998：2-5.

会的主导产业。在后工业社会，一切传统的生活方式、文化习俗、价值评判、审美标准等都被抛弃，社会阶层以知识和教育为准则重新分化、组合。与此同时产生的后现代主义作品注重表达的是“叙述话语”本身，表现出无选择性、无中心主义、无完整性等特征。从另一个角度而言，后现代主义是站在对现代主义批判与质疑的立场上发展起来的。后现代主义作为新兴文化思潮于 20 世纪 60 年代开始登上历史舞台，并很快成为学术界的热点和主流，它的批判对象从西方现代社会和传统哲学开始，几乎涵盖了人们物质生活和精神生活的一切领域，公共行政领域也不例外。

10.1　后现代主义思潮

在理解后现代公共行政理论之前，我们需要简要回顾一下公共行政学中的不同认识论及其研究出发点和基本观点，包括实证主义、解释主义、批判主义和后现代主义。

10.1.1　几种认识论的比较

首先，想象“我”坐在一个房间里，在“我”面前分别是用绳子相连的两个盒子 X 和 Y。在实证主义认识论下，X 和 Y 都是客观存在的独立体，X 与 Y 之间的联系是因果关系。类似于 X 盒子中装入概念“吸烟”，而 Y 盒子中装入概念“肺癌”，X 与 Y 的关系则为“吸烟”导致“肺癌”。

但在其他情况下，X 与 Y 之间的联系也可能是解释性的。例如，在 X 盒子中放入概念“种族”，而在 Y 盒子中放入概念“身份认同”。在这种情况下，X 与 Y 中装的就不会被认为是客观的存在，其概念的意义与内涵首先需要依赖于研究者的解释与理解。这时候，X 和 Y 之间的关系就不再是客观的因果关系，而是解释性的。也即，当逻辑实证主义集中讨论 X 与 Y 盒子的客观联系时，解释主义则立足在分析“我”（研究者）与“X 和 Y”（分析对象）之间的联系。

更进一步，当“我”在解释 X 与 Y 的意义时，其本身并不一定如我们预设的那般自由。“我”的年龄、种族、性别、语言、民族和阶级都可能对理解与解释施加系统性影响。也即，“我”本身的体验和立场都有可能影响对于 X 与 Y 关系的理解。**这种基于固有立场而产生的特定系统性影响，是批判理论所着重强调和分析的对象。**这在许多女性主义、批判种族研究、酷儿理论和新马克思主义研究中都经常有所体现。因此，“我”本身不只是个解释者，而是变成了问题研究的一部分，而非一个超然的外在客体。离开了对“我”的分析与反思，就没法理解“我”为何会这样理解 X 与 Y 的关系。

至于后现代主义，其认识论更多地着眼于“我”以及两个盒子X与Y所处的房间，特别是房间的特点如何影响内部事物的建构。例如，X盒子内装着概念“人类活动”，而Y盒子中装着概念“全球变暖”，人们可能很直接地被这两个概念的相关关系所吸引并得出结论。但在福柯式的后现代认识论看来，社会机构的演进与发展（如医院、教堂、监狱等）从本质上改变了个体对于概念分类（如德行、健康、安全等）的体验，因此限制了人们对于整体问题的真实性的判断与想象。换言之，对两个盒子关系的解释，不止需要分析“我”本身的立场，体验“我”的特质，还需要知道“人类活动”和“全球变暖”这些概念是怎么建构出来的。说“全球变暖”的时候，“我”想到的总是一些特定的“人类活动”，但如果在Y盒子里放入其他概念，例如“全球人口”，“我”就会想到另一些“人类活动”。这种分类并不是自然界客观存在的，也不是我们主观思考的结果，而是整个知识演进和社会结构建构出来并让我们接受的。在对这些基本概念缺乏明晰的理解的情况下，其实“我”并不知道X盒子内所谓的“人类活动”与“全球变暖”究竟指的是什么。简单来说，X与Y中绝对意义上的内容并不存在，只有放在大的结构中，X与Y的关系才能被理解①。

总的来说，后现代主义是比较特殊的类别，其并没有统一的不可动摇的信条，或者具体的形成时间与发展经过。但可以确定的是，后现代主义作为一种认识论来自对现代性的反思。

10.1.2 从现代性到后现代性

在传统社会中，知识采用叙述性（narrative）形式进行传递，例如故事、神话、预言、传奇等。这些叙事告诉人们该相信什么，以及行为举止的规范。通过这样的方式，社会联系被建构出来。这些叙事给予并维持制度的合法性。因此，一个有凝聚力的社会总有普遍认同的叙事。但现代社会改变了这种知识获得方式，取而代之的是科学。在科学话语下，知识的来源是实证逻辑而不是叙事。**在公共行政领域，现代性影响突出表现为技术理性的霸权和对社会问题表达方式的限制。**一切不符合科学规范的社会诉求，都以违反科学的罪名被拒绝纳入公共议程②。

但后现代学者不同意这种观点，他们认为科学只是另一种形式的叙事，所有知识在本质上都是文字游戏，只是这种文字游戏组成了社会规则，并使其在特定语境下表达一定的意义③。因此，**尽管后现代内部并没有统一观点或意识形态，但却都秉持对语言（language）、**

① 本小节内容节选自何艳玲，张雪帆．公共行政学说史的认识论传统及其辩论．中国行政管理，2014（6）．对于公共行政认识论的详细讨论参见原文。

② ADAMS G B. Enthralled with modernity：the historical context of knowledge and theory development in public administration. Public administration review，1992，52（4）：363-373.

③ LYOTARD J F. The postmodern condition：a report on knowledge. University of Minnesota Press，1984.

观念（perspective）和叙事（discourse）的重视。更重要的是，后现代认为现代叙事模式必须改变，否则难以获得真正的知识。

福克斯和米勒认为后现代是一种批判性理论，同时更是一种实践性的理论，它在政策制定的最初阶段即已施加巨大影响。**提升公共话语和开放讨论是后现代理论对于公共行政实践的最重要的要求**①。从这一视角出发，他们认为西方民主的“循环模型”（loop-model）② 已经失败了，因为在这里大文化（macro-culture）并没有得到体现。因此，福克斯和米勒从哈贝马斯的观点出发，强调要为可信叙事（authentic discourse）即有规范价值的叙事创造社会条件。福克斯在随后的著作中，更进一步用后现代认识论重新解读了新公共管理运动的政府再造。事实上，在政府再造过程中，其中的词汇（words）、符号（symbols）和标志（signs）越来越脱离真实世界中的直接体验。正因为其中许多观点充满着矛盾，如一方面把管理者不能有效管理的原因归结为没有自由录用或开除公务员的权力，另一方面又认为增加员工职位安全感是激发创意和获得不同观点的必要条件。因此，政府再造不能被理解为一项实质性的改革。相反，政府再造就是符号政治（symbolic politics）③。

与之类似，法默尔也强调语言在公共行政中的作用。但后现代在法默尔的学术框架内被理解为一种哲学的怀疑主义（skepticism），是通过对行政语言的分析达到对既有局限性的反思④。在另一篇文章中，法默尔和合作者对公共行政的修辞（rhetoric）进行了更细致的划分⑤。他们强调公共行政在公共沟通中有巨大挑战，因此他们阐述了一种基于修辞的技巧，以增进公共部门与公民的相互理解。其中修辞被区分为四种：(1) 在公共传播中起说服作用的修辞；(2) 作为技术分析从而改进公共行政的修辞；(3) 作为强调个性特征的修辞；(4) 重新定义公共行政组织的修辞。在政府和公民沟通的过程中，行政人员需要明

---

① WHITE J D. Taking language seriously：toward a narrative theory of knowledge for administrative research. The American review of public administration，1992，22 (2)：75-88.

② 西方民主的循环模型，也就是西方公民投票选择代议代表，代议代表制定政策，而后政策作用于全社会及所有公民的环式模型。

③ 符号政治的重要观点是，政治本身是以符号作为中介的，因为政治中存在大量的内容是我们没有机会直接体验的，例如，政治家的表演、少数民族代表在重要会议上穿戴的民族服饰，或者政治家在重要节日与特定群体的座谈与访问都是符号。因为其内涵必须要放在特定的文化和社会中才能得到正确的解读，而政治也不断通过形塑新的符号来输出新的观点。例如，传统公共行政理论时期，“科层制”所指代的集权与高效，而新公共管理运动时期，“科层制”所指代的则是繁文缛节与低效。FOX C J，MILLER H T. Postmodern public administration：toward discourse. Sage Publications，1995；MILLER H T，FOX C J. The epistemic community. Administration & society，2001，32 (6)：668-685；FOX S. Viral writing：deconstruction，disorganization and ethnomethodology. Scandinavian journal of management，1996，12 (1)：89-108.

④ FARMER D J. The language of public administration：bureaucracy，modernity，and postmodernity. University of Alabama Press，1995.

⑤ FARMER D J，PATTERSON P M. The reflective practitioner and the uses of rhetoric. Public administration review，2003，63 (1)：105-111.

确使用修辞的含义，并使用与其沟通目标相对应的修辞。由此，法默尔更清楚地表明了修辞本身即意义，修辞本身就可以展现公共行政理论暗含意识形态的理念。

署名为麦克斯怀特（O. C. Mcswite）[①] 的后现代学者对后现代的理解则更具新实用主义（neo-pragmatism）和拉康主义心理分析[②]的倾向，其研究遵循了拉康（Jacques Lacan）的“词的世界创造了物的世界”的观点。在回应米勒（George A. Miller）关于我们何以可以使用共通的词汇却对“真实”有着不同理解的问题时，麦克斯怀特认为，只有我们真正停止执着于“真实”这一想法，才可能构建一个共通的世界[③]。对于公共行政，“真实”是否存在是个伪问题，而不断地强求严格的“真实”本身损害了共识的形成。因此，**公共行政并不是理性人的行政，而是公民的行政。公共行政应该尽量靠近公民，并从与公民的互动中得到公共行政的发展方向。**换言之，公共行政不应该是象牙塔中的学问，而应该为立足于政府公民互动的治理过程提供理论观点和方法论层面的帮助。

概括来说，后现代认识论有着与实证主义、解释主义及批判理论都不同的观点，其突出特点是对语言和沟通的强调。后现代主义认为实证数据和叙述二者均不是探寻社会真实（social reality）的手段。因为，人类社会本没有客观的“真实”，或者说语言本身就是“真实”的存在。因此，知识来源于对语言、叙事、修辞本身的分析。可见，虽然后现代认识论看似极端，但却有力地冲击了长期以来公共行政中的固有思维。科学主义者在这样的冲击下也开始反思能否在公共行政中建立“新科学”。

在了解了后现代公共行政的基本特质之后，接下来我们将详细介绍后现代公共行政发现了哪些现代公共行政的问题，以及后现代公共行政提出了怎样的解决思路。

10.2 现代性在公共行政学中的悖论

要理解后现代公共行政学，需要先理解现代公共行政学有什么问题。按照韦伯的总结，现代政府是在科层制、理性精神、效率原则、科学思维、赋予主观世界价值等观念中建构出来的。鲍曼（Zygmunt Bauman）在《现代性与大屠杀》中将这种观念总结为“园艺式国家管理”，即“将它所统治的社会看作设计、培育植物并喷杀杂草等活动的对象”。

① 麦克斯怀特并不是一个人，这是美国学者怀特（Orion F. White）和麦克斯万（Cynthia J. McSwain）的笔名。他们用这个笔名共同发表了不少作品，以至于麦克斯怀特教授的名声似乎比两人各自的名声更加响亮。

② 拉康主义心理分析，即运用现代结构主义语言学概念所进行的心理分析，其主要特点是把心理分析修正、拓展为语言话语，从话语结构中分析心理状态。

③ MCSWITE O C. Round：skepticism，doubt，and the real：a gesture toward intellectual community and a new identity for public administration. Administrative theory & praxis，1996，18（1）：109-116.

因此，“人类的问题是错误政策的结果，而一旦政策正确了就可以消灭这种问题”①。现代性以及在公共行政中的科层制文化和理性思维“促使我们将社会视为管理的一个对象，视为许多亟待解决的‘问题’的一个集合，视为需要被‘控制’‘掌握’并加以‘改进’或者‘重塑’的一种‘性质’，视为‘社会工程’的一个合法目标，总的来说就是视为一个需要设计和用武力保持其设计形态的花园，这种园艺形态将植物划分成需要被照料的‘人工培育植物’和应当被刈除的杂草”②。这种现代性的观点，在现实世界的运行中却遇到了问题。公共行政的现代性问题来自两组悖论。

10.2.1　现代性的第一组悖论

一方面，现代性将人类理性预设为一个超然的逻辑，将行政行为视为一个存在的对象，并期望用理性来理解、分析和设计行政的运作，从而达到更好的行政效果。在这个过程中，理性观念与公共行政实践本身是相互独立的，人们具有独立分析判断的能力。

另一方面，**按照现代性观念建构起来的现代社会却有着自身的推力，并在现实中影响乃至扭曲现实行政行为。**例如，当社会被按照功能拆分成一个个细小的模块，然后按照功能组合起来，人们却无法看到行动的结果，人类本能的道德就会沉默。例如，同情是生物性的本能，所以会有“君子不近庖厨，闻其声不忍食其肉”的说法。对一个普通人来说，在无辜受害者面前为一个歹徒磨刀、准备行凶的工具都是一件在道德上让人难受的事情。但对一个兵工厂的工人来说，工厂获得一个大订单却是振奋人心的事情，而不会考虑这个订单中生产的军火最终在世界的哪个地方造成多少无辜平民伤亡，其被害方式有多残酷、多血腥。当人的行为及组织的功能都成为大机器中的小模块之后，道德就会沉默，人们将看不到行为的结果，也就抹杀了行为的道德意义。也即，完成任务本身就成为价值的全部，而无论任务本身的道德含义为何。当现代园艺式国家管理观念盛行的时候，社会中的每一个小模块就只能看到自己的任务，以及需要铲除的干扰因素。这时，由于行为与其结果的联系被切断，对于好的行政效果的理解就已被禁锢在科层组织的任务之中了。

10.2.2　现代性的第二组悖论

一方面，公共行政学假设真实的行政世界是基于现代性组织起来的，并按照理性原则运作，因此也就“把被想象为其研究对象构成成分的理性行动原则提升为说明自身合理性的标准”。在这样的情况下，任何与科学、理性的话语不相融的因素都会被排除在研究的

① 鲍曼．现代性与大屠杀．南京：译林出版社，2002：17．

② 同①25．

体系之外，甚至不承认它们是现实存在的，是需要研究的。

另一方面，真实的公共行政实践又并不完全是理性设计所能涵盖的，也不完全按理性设计运行，这使得整个公共行政理论建构的现实基础并不牢固。这既体现在人们日常对公共行政的体验中，也体现在公共行政学的许多著名辩论之中。例如，在理性科层制下，行政行为的每个环节都是按照理性设计的，任何具有相同条件的个人在去政府办事（比如办理特定的行政申请）时都将面对同样的要求，会有同样的结果。换言之，科层制是非人格化的。但在现实中，但凡对真实行政行为有体验的人都知道，即使是在完全合理、合法的情况下，行政人员“想帮”申请人和“不想帮”申请人一定会对行政申请结果产生显著影响。

所以，真正的问题是，究竟应该如何理解这些在理性制度设计中完全一致，但现实中又确实不同的现象。此处的基本逻辑是，既然同样的条件得出了不同结果，那么证明有潜在的影响因素必然没有被我们纳入思考范围。但现代园艺式国家管理观念只会把这其中的差别归结为“杂草”（例如“个别很坏的公务员”）没有被清除。因此，现代公共行政观念会假设，只要我们填补制度漏洞，加强监管，明晰管理链条上每一步的权责以及操作步骤，就可以消灭这种公共行政实践中的差异。这本质上是一种福特式的流水线设计观，只要我们明确流水线上每个工人的职责，明确每个环节要达到的效果，并且通过质量管理把不合格的工人都开除出去，这样，从流水线下来的每辆车都会一样，并达到最高效率。

然而，**现实中的公共行政实践却不一定符合这种园艺式国家管理的假设，因为公务员及其他公职人员面对的服务对象是实实在在的人，而不是机器。**例如，一位教师在理论上应该对一个班的所有学生完全一视同仁，按照教学规定教授相应知识，但在现实中教师对不同学生的态度是存在事实差异的，而这种差异也不可能用绩效考核、组织规定等方式予以抹杀，甚至这种差异本身就是职业道德的一部分，也就是“因材施教”。换言之，教师心中是存在一套不受现代性组织设计控制的标准的，它决定着每个学生要怎么教，以及自己的时间和精力该如何分配到每个具体的学生身上。而且，这种事实存在的标准，会不可否认地对学生的教育产生影响①。类似现象在公务员岗位中也是广泛存在的。无论是街头警察、办事员等一线公务员，还是要判断对具体行政申请应该采取什么态度回应的领导者，在现实中都存在类似教师的判断，也就是我们通常说的“要不要帮你”的判断。很多时候，“帮”还是“不帮”其实都是合法的，完全符合法定程序的，要“帮”的时

① MAYNARD-MOODY S W，MUSHENO M C. Cops，teachers，counselors：stories from the front lines of public service. University of Michigan Press，2003.

候有许多方法可以在规则允许范围内突破阻碍，而“不帮”的时候也同样可以合理、合法地操作。

进一步而言，如果我们承认这些差异的存在，并且承认这是现实行政必然存在的现象，对这些差异就不可能像清理杂草一样用外力铲除。如此，我们对改善公共行政的想法就会有不同的思路。在芬纳和弗雷德里克关于有效行政问责手段的辩论中，芬纳就是持传统外部监管的思路，认为不受外界监管的公务员会腐败。但如果承认行政行为中存在着许多没法被外部法规限制的内容，那么就需要内部责任，例如专业操守、行业内监督，以及公务员的专业精神，从而真正提高行政人员的责任感。同理，当承认公共行政不能完全像流水线一样进行设计、监管，那么对公共服务外包也会有不同理解。因为，如果公共行政能完全按照现代性所倡导的非人格化进行设计，那么就有可能在严格规定各种条件的情况下，让非政府组织做出和政府同等的效果。如果行政效率的提高并不依赖各种投入产出设计，而是要依靠公务员责任感的话，那么外包用企业员工的身份来替代公务员时，就不能不考虑对公务员职业精神和责任感的侵蚀。可见，**当我们将被现代园艺式国家管理观念所漠视的行政事实放回学术视野后，对行政的理解将会有深刻改变。**

10.3　公共行政研究中的“唯实证主义”倾向

考察西方公共行政学的发展历程，我们会发现，许多公共行政学者在进行科学研究工作时都隐含了自己对所研究问题的理解或先期预设，即以实证主义的标准——研究的有效性、可测性、因果性等，来判断研究成果的可接受性。这种标准之所以盛行并为许多研究者不自觉地运用，是由于科学和技术在物质世界中取得了巨大成功①。随着自然科学成功地解释自然界，并将人类从自然限制中解放出来，技术理性-科学分析的思路和技术进步取得了绝对垄断地位。与此同时，实证主义的量化研究方法也几乎成为科学研究方法的代名词。它倡导用法则化概述对事实进行解释、预测和控制，认为只有依循解释性模式的研究才是理性的，这种研究方法被视为知识合法积累的主要甚至唯一手段。

越来越多学者质疑，公共行政不仅是公民社会公共目的执行，更是公民社会公共目的创造，**如果在方法上把公共行政简约为技术化或量化，那么公共生活的效率至上是否也被置于根本价值之上？**以下是围绕这一质疑的具体论述。

---

① 怀特，亚当斯．公共行政研究：对理论与实践的反思．北京：清华大学出版社，2005.

10.3.1 公共行政知识的“非历史”化

“非历史”倾向的产生背景与“唯实证主义”倾向一脉相承。由于“唯实证主义”强调客观中立的可测指标，因此，公共行政的丰富内涵往往被简化成有限的可操作化测量指标，并被剥离出具体历史背景之外，以至于一种公共行政模式的发展由来及其所植根的文化历史背景都被忽略不计。亚当斯（Guy B. Adams）就指出，“在过去十多年中，有很多关于美国公共行政领域的知识和理论发展的文章。这些分析非常有益，但没有哪个自觉运用历史途径来研究该领域知识和理论发展的问题”①。实际上，**历史背景最重要的层面就是公共行政得以实践、研究和传授的整体文化——可以将其整体特征概括为现代性的文化**②。

如前所述，现代性文化是以技术理性为主要内容的③。技术理性是一种思考方式和生活方式，它强调科学分析思路和对科技进步的信念。在现代公共行政学诞生的美国，技术理性的基石是在进步时代前不久奠定的。在此期间，两股不同思潮交汇，向社会和政治世界释放出大量思想和实践④。这两股思潮中，一支是从西方文化认识论的历史中衍生出来的，即 17 世纪启蒙运动思想的遗产——科学分析的思路；另一支是 19 世纪大变革的产物，包括技术进步，由于工业化取得了一系列史无前例的技术发展，技术进步因而备受推崇。

然而，现代性信仰系统中表现为技术理性的那一部分在本质上是非时间性的。通过借鉴 19 世纪末 20 世纪初物理科学的研究途径，社会科学仍主要致力于通过非时间性的因果关系来发展知识的确定性⑤。**通过发展独立于时间和空间的一般法则模型来解释人类行为，算是现代公共行政知识的基本范式。**忽视和贬低历史及背景的倾向已深深嵌入整体文化中⑥。例如，大多数公共行政文献直接从威尔逊时代跳到 1930 年的新政时期或第二次世界大战时期，学者们认为最接近于现代的制度与实践是在这一时期出现的⑦。也就是说，这些文献往往是例行性地提及威尔逊，然后直接跳到当代，而较少进行相关的历史分析。

---

①③ ADAMS G B. Enthralled with modernity: the historical context of knowledge and theory development in public administration. Public administration review, 1992, 52 (4): 363-373.

② BAUMAN Z. Modernity and the holocaust. Cornell University Press, 1989.

④ WIEBE R H. The search for order, 1887-1920. Hill & Wang, 1976.

⑤ FAULCONER J E, WILLIAMS R N. Temporality in human action: an alternative to positivism and historicism. American psychologist, 1985, 40 (11): 1179-1188.

⑥ SMITH P, Killing the spirit: higher education in America. Viking, 1990.

⑦ HENRY N. Root and branch: public administration's travail toward the future//LYNN N, WILDAVSKY A. Public administration: the state of the discipline. Chatham House, 1990.

从 19 世纪末公共行政学作为一门独立学科以来，该领域的大部分研究者始终将科学分析的思路以及科学方法的应用当作获取知识的最佳途径。在 19 世纪末 20 世纪初，从事科学意味着应用新的统计方法。美国学者威廉姆·亚伦（William Allen）就曾说过："尽管每一种救济方案都很重要，但我们有充足证据显示，没有哪一种是自足的……有一个解决办法——统计方法——它能够迅速完成工作和披露的要求。"[①] 亚伦对统计的重视并非偶然。在 17 世纪启蒙运动的经典表述中，科学意味着对自然界某方面的宏大解释。到进步时代，科学开始意味着采用科学方法："科学变成了一种程序，或一个方向，而不是一堆结果。"[②] 对许多进步主义者而言，这种科学观点在政治上是影响深远的，政治也逐渐被看作是程序化的。

技术理性要求对知识进行细致的划分，这种划分将不可避免地导致一种无背景、无时限的实践。**公共行政历史意识的消失实际上带来了颇有讽刺意味的悖论：精细的科学分析并没有准确地找到现代性融入的关键历史时刻，因此曲解了我们被现代性所迷惑的方式。**甚至，即便理论家们认为自己是努力与现代性决裂的，如同新公共行政学者们那样，但他们发现自己仍然为其所羁绊，大多数公共行政文献依旧少了历史分析[③]。

10.3.2　公共行政话语的"特殊主义"局限

美国人类学家克利福德·吉尔兹（Clifford Geertz）曾提出"地方性知识"（local knowledge）[④] 这一概念。地方性不仅是指在特定的地域，更重要的是涉及知识生成与辩护中的特定情境（context）。主张地方性知识并非否定作为普遍性的知识，地方性知识的基本主张是知识究竟在多大程度和范围内有效。这不是根据某种先天原则被预先决定了的，而正是要放到特定情境中去考察的。同样，对于公共行政学而言，基于专业分工原则形成的公共行政领域的学科专门化和自主性即特殊主义，一直都有益于现代公共行政的发展，但是现代公共行政的这种特殊主义特征往往具有"只见树木不见森林"的局限性，使我们习惯性地把从某些特殊经验中得到的知识不假思索地用在其他领域，如此就会导致一些反例，并且会产生一些使我们无法看到备选行动方案的盲点。

针对公共行政学科自身的话语体系，法默尔从"美国的"和"公共的"等方面揭示了现代公共行政的特殊主义局限。在他看来，**美国公共行政集中讨论一个国家的问题，于是**

---

① ALLEN W H. Efficient democracy. Dodd，Mead，1970.

② WIEBE R H. The search for order，1887-1920. Hill & Wang，1976.

③ ADAMS G B. Enthralled with modernity：the historical context of knowledge and theory development in public administration. Public administration review，1992，52（4）：363-373.

④ GEERTZ C. Local knowledge：further essays in interpretive anthropology. Basic Books，2000.

现代公共行政的这种特殊主义关注便具有天生弊端。美国公共行政希望成为一门科学，而现实却是美国公共行政是一个受文化约束的主题；美国公共行政希望提供最广泛的解释，而现实却是这样的解释受制于对一个国家的集中关注。现代公共行政的特殊主义特征限制了理论的力量，削弱了借鉴国外有益思想的能力，减少了对诸如腐败和政府规模这种问题的关注。因而，法默尔断言："美国公共行政的国家特殊主义在反例和盲点方面的确具有一些根本性的缺陷。"①

关于现代公共行政公共性所产生的局限，法默尔认为主要有三个方面：其一，容易使人们忽视公共部门的构成和私人部门的构成都具有社会性这一事实；其二，容易使人们忽视这两个部门之间必然具有相互联系这一事实；其三，容易使人们忽视每一个部门都有许多需要向其他部门学习这一事实。根据法默尔的总结，正是这种特殊主义使得于 20 世纪初主要产生于美国的现代公共行政理论只局限于美国的论域，局限于一种对公共生活和私人生活之间进行的狭隘、僵化的分析性划分，局限于只是关注政府的功能问题，进而使我们无法通过对不同社会的考察来传输创新举措，使公共部门和私人部门之间彼此难以相互学习并忽视这两个部门之间的相互联系，而且往往还会产生一些更多地强调功能和程序而更少地强调其内容和行动的竞争性范式②。

10.3.3 公共行政"职业主义"的失语

后现代公共行政反思还聚焦于一个切实需求，即现代公共行政学知识体系在后现代社会语境下，对作为一种职业的政府行政所面临的各种挑战集体失语了。后现代公共行政的批判性直指现代行政职业化的基石和载体，即科层制。

第一，根据传统公共行政理论，科层制的一大特征就是依据技术资格选择公共行政人员，即专业化和技术化的人事管理。"人事管理的功绩制、需要专业知识的职业的增加和管理领域的复杂性现在通过政府不断增强能力和提高效率的需求联系在了一起"③，"现代文明，尤其是其技术经济结构的本质"要求结果的可靠性，而科层制组织可以实现这一点。因此，科层制成为现代普遍民主不可避免的伴生物和实现工具。但颇具悖论色彩的是，由于被普遍要求的专业化最终使按民主原则制定的政策受挫，民主精神被官僚化为一个隐性角色，"充分发达的科层制占主导地位，会使所有类型的宪政规则变得没有意义"④，正如英国学者约翰·柴尔德（John Child）所强调的，"发达的民主政治之伦理，

① 法默尔．公共行政的语言：官僚制、现代性和后现代性．北京：中国人民大学出版社，2005.

② 丁煌．西方公共行政管理理论精要．北京：中国人民大学出版社，2005.

③ 费斯勒，凯特尔．行政过程的政治：公共行政学新论．北京：中国人民大学出版社，2002.

④ 文森特·奥斯特罗姆．美国公共行政的思想危机．上海：上海三联书店，1999.

就如我们所想象的，与我们所定义的科层制之伦理几乎是正好相反的”[①]。因此，受制于民主价值与科层制纠结繁复的关系，在科层制组织蔓延至社会各个角落的工业社会中，在效率、效益、技术等理性文化强势控制的组织环境下，**后现代公共行政思想尝试重拾公共行政所应蕴含的民主、自由、宪政等经久不衰的政治原理，从较高的精神原则展开对现代行政知识的反思。**

第二，因为公共官僚组织和公共事务区别于私人领域及其交易活动，现代行政要求官僚人员的职业行为严格接受选民监督，对权力的最终来源负责。然而，在后现代公共行政看来，现代政治理论要求的公共责任却在理性科层制面前丧失了生存能力，因为，“在权威的官僚体系中，关于道德的语言有了新词。它充斥着像忠诚、义务、纪律这样的概念——全部都朝向上级。他的良心告诉他效忠组织和上司是正当的”[②]。组织运行维系于自上而下的权威命令链条，下级必须绝对服从上级决定，而且组织规章制度对这一逻辑的巩固和官僚个人价值判断的缺失不断激励着指向上级的等级责任，而不会是指向人们的公共责任。特里·库珀（Terry Cooper）则形象地把等级责任取代公共责任的发生称为科层制的伦理困境，他指出，“面临冲突性的责任是公共行政人员体验伦理困境的最典型方式……公务员的受托人特征也使他有责任代表公民的利益行事，而该责任发生在官僚组织内部这一事实则可能导致冲突发生”[③]。

后现代公共行政指出，官僚还面临着个人价值与人们的需求及组织目标之间的矛盾，因为官僚个人常常把自身利益的满足置于首要考虑的位置，而认为对人们政治承诺的兑现以及组织整体目标的实现是次要的。曼泽（Lewis Mainzer）的《政治官僚》、德沃林（Eugene Dvorin）与西蒙斯（Robert Simmons）的《从非道德到人性化官僚》以及史密斯（Bruce Smith）与黑格（Douglas Hague）的《现代政府的责任困境》等著作都认为，官僚个人极易背叛公共责任，实际上蜕变为既不负责任也没有民主的管理[④]。也就是说，科层制因其触及社会方方面面的组织结构以及官僚人员的广泛分布，成为现代政府行政的物质基础和基本架构。但公共行政主要讨论的是公共问题的解决，理应从行政的、人们关切的角度来处理公共事务，如果公共行政人员仅执行官僚体系所规定的职能，则人们关切的因素难免遭受忽略。

第三，后现代公共行政的批判还发现，**技术的普遍运用对个性压制产生的非人格化与**

---

① CHILD J. Participation, organization, and social cohesion. Human relations, 1976, 29 (5).

② 齐格蒙·鲍曼. 现代性与大屠杀. 南京：译林出版社，2000.

③ 特里·L. 库珀. 行政伦理学：实现行政责任的途径. 北京：中国人民大学出版社，2002.

④ MAINZER L C. Political bureaucracy, Scott Foresman, 1973; DVORIN E P, SIMMONS R H. From amoral to humane bureaucracy. Canfield Press, 1972; SMITH B L R, HAGUE D C. The dilemma of accountability in modern government: independence versus control, Springer, 1971.

当代人们所渴求的个性自由解放及对公共价值的追求产生了尖锐矛盾。民主行政不仅蕴含着受托责任，还凸显着对参与精神的召唤。一项对韦伯的研究发现，韦伯自己对科层制与民主参与的看法是非常矛盾的，“一方面，他认为科层制与现代普遍民主不可避免地相伴相生；另一方面，民主也不可避免地会与科层制的趋势发生冲突。……只要科层制组织存在，被统治者就不可能摆脱或替代它的权威”①，人们参与政治生活只是一种奢求。随着时间的推移，官僚组织日趋专业化、技术化和信息化，这些趋势也严重削弱了民主参与的可及性。就此问题，罗森布鲁姆曾讨论了由“专业知识、技术和信息的增长”“专职地位的优越性”“公共行政规模与范围的扩大”等所形成的专业官僚和专家治国对民主国家的影响。在他看来，“官僚组织的每个工作岗位都需要一个专家，外人无法挑战他们的专业性，也没有办法即使是用间接的方式来揣摩其决策或行动”，因此，普通公民根本无法实现实质性和有效的民主参与。相反，民主参与和监督的乏力势必强化官僚在多重责任冲突中追逐个人利益的行为，二者形成恶性循环。

10.4 后现代公共行政的代表性观点

通过对后现代主义方法论的介绍不难发现，其知识体系和思考方法都充满强烈的反叛意味和批判色彩。当后现代主义哲学的认知体系深入公共行政研究时，其所呈现的就是以这种批判和反思为鲜明特征的批判理论的兴起与发展。当后现代主义发现现代性以及其理性内涵所产生的问题之后，它也同样需要建构新的体系来分析理解行政行为。在这个过程中，由于后现代主义坚持不用机械性的功能主义理解行政行为，语言或者说叙事逐渐成为重要的分析对象。**后现代公共行政学认为，通过语言分析可以更进一步地理解人们对于公共行政作为一个社会现实（social reality）的形塑逻辑。**

这一逻辑从根本上来说是一种作为文化代码的语言层面上的话语解构和建构活动，是一种话语的“解码”和“再编码”活动。后现代主义思潮在认知范式和方法论上的特点的形成与当代西方哲学中的“语言转向”（the linguistic turn）紧密相关。“语言问题已经在本世纪的哲学中获得一种中心地位。”② 所谓“语言转向”，是指当代哲学从认识论研究到语言哲学研究的转变。这一转变被看作是哲学中的一场伟大革命。它的过程可以上溯到19世纪末至20世纪初。在20世纪60年代以后，由于结构语言学对哲学的影响而形成了一

① GERTH H H，MILLS C W. From Max Weber：essays in sociology. Oxford University Press，1946：228.

② 伽达默尔. 科学时代的理性. 北京：国际文化出版公司，1988：6.

个转折点。在结构主义语言学的影响下，结构主义和后结构主义都把语言问题作为中心问题，并且把语言学作为思考的出发点。后现代主义认为，任何事物都依赖于语言，语言建构世界和反映世界；顺理成章的便是，以语言为基础的知识总是受制于其产生的历史条件和特定环境。以下将基于这些特点，介绍后现代公共行政的主要观点。

10.4.1　公共能量场

公共领域是现代主义的产物。但是，随着国家与社会的相互融合、公共领域与私人领域的相互重叠，以及国家化的社会与社会化的国家相互渗透，公共领域存在的前提和必要性已不复存在，公共领域就此瓦解，取而代之的概念就是公共能量场[①]。公共能量场是后现代公共行政代表福克斯、米勒所提出的核心概念，他们认为这一概念是现代物理学的场理论和现象学的方法相互修正的结果。

在公共能量场中，公共一词来自阿伦特（Hannah Arendt）和哈贝马斯的公共领域概念；能量的概念可以追溯到前苏格拉底时代希腊原子论中激进的单子多元论，指的是一种内在的力量；把场的概念与能量概念合为一体意味着一种时空的广延性，能量在其中潜在地或能动地表现着。能量场描述了一个由人的意向性控制的现象学的"在场"或"当下"[②]，**能量场由人在不断变化的当下谋划时的意图、情感、目的和动机构成。**

公共事务就是一种公共能量场。福克斯和米勒认为，公共政策的过程是一种"重复性的实践"活动，而这种"重复性的实践"活动是能量场概念的基础。正是在这个意义上，公共能量场是人们表达社会话语的场所，公共政策就在这里制定和修订。公共能量场中组织的行为者与环境的行为者之间是互动的，他们的动机和场内的能量具有自由性，具有不同意向性的政策话语在某一重复性的实践的语境中为获取意义而相互交流、论争，这也是对现代主义语境下传统科层制与环境分离、官员独白式话语的超越。在决定论者和或然论者看来，政策是由精英们制定出来的，或是传达下去让人们服从（决定论），或是像诱饵一样漂浮着，引导人们做出适当行为（或然论）。然而，福克斯与米勒认为，决定论和或然论都没有抓住重复性实践的演变规律，它们都是建立在"决定"基础上的（要么是命令，要么是操纵变量），它们都不可能综合地理解公共行政人员以及其他现实中的参与者对公共政策的执行。因此，他们提出一个隐喻——能量场，福克斯与米勒认为在能量场中呈现出一个源头多元化的公共氛围，犹如太阳黑子，它可以从任何点上燃烧起来。燃烧产

① 章伟. 解构与重构：后现代公共行政的价值考量. 复旦学报（社会科学版），2005（1）.

② 所谓现象学的在场或当下，并不是指钟表或日历上的某个特殊时刻或时段。"当下"作为一种扩展的在场是在此情境中谋划未来的积淀性行为的集合。福克斯，米勒. 后现代公共行政：话语指向. 北京：中国人民大学出版社，2002：103.

生的能量以波的形式向外传导，进而作为一个整体影响整个领域，也影响其他潜在的火焰点。福克斯与米勒能量场的观点在本质上是多元主义的。

福克斯和米勒认为，我们必须尽量远离这样一个观点：存在一个外部的现实。价值中立的研究者通过其法律一样的普遍性的阐述就能够解释它，所以在公共能量场中没有一个先天真实或者说本体论确定。换言之，公共能量场中没有价值预设或判断标准，公共政策过程就是不同政策话语相互影响的结果。为了避免陷入无政府主义，福克斯和米勒引入哈贝马斯的理想交谈和交流能力理论，对话语意义的真实性或者说真实话语的条件做出了严格限定：交谈者的真诚、表达的清晰、表达内容的准确，以及言论与讨论语境的相关性。但他们不赞同哈贝马斯的有效诉求的话语实现必须达到一致和谐的观点。相反，福克斯和米勒又引用汉娜·阿伦特的对抗性紧张关系的观点，即要在话语中期望着意义之战，期望着争辩、论证、反驳而不是和谐的异口同声。也即，**参与对话的双方是一种结构性的关系，他们之间既是平等的，又是对抗的、相互辩驳的。**对抗性的争辩也可以避免陷入科层制民主模式的独白性言说。但在这样的话语中，规则是必要的。

福克斯和米勒进而提出了话语正当性的原则，即真诚、切合情境的意向性、自主参与和具有实质意义的贡献。正当性的原则也是公共能量场中的话语规则。第一，真实的话语需要参与者彼此之间的信任。不真诚的态度会破坏彼此之间的信任，导致话语的恶化，在公共领域则是政府无力按公共意愿办事，甚至成为破坏性的部门。第二，切合情境确保了话语将针对某个对象或一定语境中的活动。切合情境要求参与者考虑问题发生的语境、受到语境影响的人们的生活及人们的利益。第三，自主参与要求人们表达一种积极主动乃至热情参与的精神状态，使人们愿意去争论、冒险，甚至去犯错误。第四，具有实质意义的贡献是指参与者能够提供独特的观点、特殊的专业、普遍的知识或相关的生活经历，以推进对话深入①。

在公共能量场中，对话并非是表面上的用一种观点来反对另一种观点，也非将一种观点强加于另一种观点之上，其实质是通过协商和对话来改变双方的观点，从而达到一种新境界，也即形成最终共识。现代主义强调科学性、技术性和工具性，但仅凭这些工具性的知识难以解决无法量化的价值判断等问题。在这种意义上，**通过公共能量场进行对话，一方面可以表达利害关系人的真实意向，另一方面可以调和不同价值的观念，进而达成共识。**对话建立在民主协商的基础之上，通过具体问题具体分析，最终满足公民的具体公共需求。显而易见，对话是公民自愿参与的，并在不断冲突的意义之战中提出其他人无法合理辩驳的主张。因此，这样产生的政策在实施时更具有号召力和行动力。**公共性在此体现为，公共行政关注和致力于积极回应公民，最终实现社会公平和正义。**因为公共能量场是

① 福克斯，米勒．后现代公共行政：话语指向．北京：中国人民大学出版社，2002.

没有排他性的，只要遵守话语规则，谁都可以参与对话，所以话语可以说是一种民主过程。

福克斯和米勒通过对传统话语模式的批判，张扬了后现代的话语模式（见图 10－1）。他们把传统的话语模式拒斥为少数人的对话（精英主义的科层制的独白性话语）或多数人的对话（无政府主义的表现主义话语），并按照上述话语正当性的四个要求对它们的合法性提出质疑，在此基础上构建了部分人的对话模式（真正民主的、公共的真实话语）。

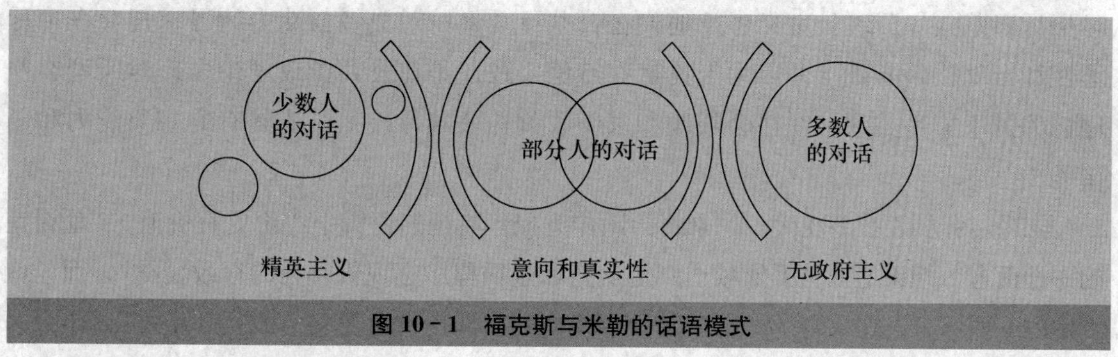

图 10－1　福克斯与米勒的话语模式

可见，福克斯和米勒倡导后现代公共行政范式的价值不在于是否具有可实践性，而在于他们敢于对传统公共行政理论范式提出质疑和挑战的精神。按照后现代公共行政理论的观点，无论是新公共管理理论还是治理理论，都还没有彻底回到政治本身，因为它们语义中的政治，还只是一种本质、一种抽象，而每个公民的利益是具体的。**后现代公共行政就是要从本质的抽象回到现象的具体中，使公共行政可以回应每个公民个性化的公共需求。**换句话说，就是不仅要讲政治、摆大道理，还要具体问题具体分析，替人们做实事。

10.4.2　后现代公共行政知识重构

法默尔基于后现代思潮的基本特性，将后现代公共行政视为“对现代性之核心思想的否定”，并进而提出了可以引导我们对公共行政理论进行后现代重构的四个工具①。

1. 想象

法默尔认为，想象作为动词“想象”的名词形式，可以与我们经常在马克斯·韦伯以及许多主流公共行政理论家著作中所见到的“合理化”一词相提并论。如果说理性是传统公共行政理论的核心概念，那么想象也可以说是后现代公共行政的核心概念。用法默尔的话来说就是，想象这个词在此意指后现代性的一个基本特征，这一特征是对韦伯的科层结构的理性主义模式的核心特征的一种偏离。想象在后现代性中所起的催化作用有如韦伯描述的理性化在现代性中的作用。随着各个自足的领域的爆炸，想象的主导不再局限于美学

① 有关讨论参见丁煌. 西方公共行政管理理论精要. 北京：中国人民大学出版社，2005：337-341.

的领域，想象有望在科学和规范的领域发挥更大作用。在科学发现和论证的语境，想象都将扮演更重要的角色。在现代性中，想象扮演着次要的角色；在后现代性中，理性化仍扮演着一定的角色，但想象的作用越来越凸显。

在法默尔看来，对更多想象力的寻求一直都是后实证主义和后现代主义的特征。实际上，由于人们长期以来对僵化、无回应力的科层制已经灰心丧气，所以对组织创造力的呼唤也由来已久。在后现代性中，这种渴望有些不同，它更关注在寻求新范式时拒斥旧范式。后现代主义者把他们在公共行政领域对更多创造力的寻求建立在拒斥理性和合理化的基础上，因为无论是在官僚实践还是在公共行政理论中，对所谓客观理性的过于集中关注，往往会限制和束缚我们在公共行政中可能具有的想象能力和创造能力。

法默尔强调，在后现代，想象将会比作为现代特征的逻辑中心论更有价值，"就否定的一面而言，想象是一种不依赖于制定规则和遵循程序之现代行为的行政精神"，而"就肯定的一面而言，想象则是一种可以为想象力的发展提供主要角色的行政精神"，作为一种创造性管理的艺术，想象将会提供现代理性规则导向的科层机构所缺少的许多机会。在法默尔看来，"对想象的讨论仅仅是从后现代的视角描述后现代性的开始，但据说这一讨论已经暗示了超越现代主义公共行政理论的可能性。这一描述将在对解构的思考中继续下去"。

2. 解构

法默尔指出，"解构概念对于后现代公共行政理论研究人员和实际工作者都是一种重要的实用资源"，尽管解构很容易遇到困难，但是解构可以帮助我们揭示一些支撑现代公共行政理论的基础假定，并且可以帮助我们认识当代政治和当代科层制的符号特征。在他看来，"**解构本质上是对文本的一种良好解读，**这里的文本是在最为广泛意义上定义的，它不仅包括文献中的叙事和意义，而且还包括隐含在情境、事件乃至生命中的叙事和意义，因此它就包括公共行政情境、事件和其他形象"。

法默尔利用解构来拒绝给予源自科层制的权力话语任何特权地位。他强调，在公共行政语境中，解构可以被用来质疑我们据以建立现代主义公共行政的前提基础，解构表明存在着行政与反行政并置的可能性，而且这种并置可能会导致公共行政实践的重大变革。所谓"反行政"，是一种旨在否定行政——官僚权力，并且否定韦伯式理性——等级观点的管理方法，它表明的是一种赞成无政府主义、论战性多元化以及多样性的观点，它是一种反映了后现代主义哲学怀疑论的管理形式。

法默尔以公共行政思维中效率与无效率之二元对立的效率隐喻为例对解构概念进行了解释。他指出："效率是公共行政中一个可行的目标，也是许多公共行政文本中的一个叙事要素。例如，在人事和绩效报告、项目评估、对政府绩效的批评等事件中，效率是一个叙事要素。效率叙事一直都是公共行政实践和事件的一个重要目标。正因为它是一个非常有影响的现代主义隐喻，所以它肯定需要进行不断的解构。”法默尔通过一个三步解构的方法表明，不存在一个透明的效率概念，而且它也不是一个适合于所有语境的概念。在他看来，解构性论证的第一步是要表明“效率概念指的是任何可能世界的必然特征”这个陈述为假定，因为效率是一个社会构造物，而不是一个给定物，效率这个能指①并非可以完全辨别出现实的特征，更确切地说，它是一个创造意义上的问题；解构效率的第二步是要表明效率概念的文化特性和现代主义特征，效率在某种程度上是社会控制的语言，它是一种最适合于资本主义精神和目标及其分权化决策制度与集中强调效率的手段；解构效率概念的第三步是要表明有效率和无效率之间的对立是模棱两可的。法默尔认为，对公共行政中的效率准则进行解构之所以重要，其原因在于它打开了一种解放准则和反行政的新视野，它为一种试图使公共行政思维摆脱官僚等级观念和偏见束缚的解放准则扫清了障碍。

3. 非地域化

用法默尔的话来说，非地域化是“对强加于论题和情境研究的语码或格式——进行思考的方式以及解构思考对象的方式——的移除”②。法默尔说：“在后现代性中，所有的知识在性质和组织方面都被非地域化了。这一情形在公共行政和其他学科中也都同样适用。那被强加于我们的认识的诸多假设的格式或语码都要被移除。当进入后实证主义情境的深远影响为思考和研究所意识到时，非地域化也就被实现了。当科学被视为众多话语中的一种时，思考的本质也就发生了变化。**在后现代情境中，科学研究失去了其作为认识论上有限的信息提供者的地位。**”③

显然，法默尔在此强调的是，后现代主义认为科学仅仅是诸多话语体系中的一种，因此，应该让我们的思维更自由地去探索有创造力的新的可能性。他分别从思维的变化和研究特性的变化这两个方面对非地域化做了进一步的解释。他认为，首先，思维方面的变化将会进一步推进非地域化过程。“随着人为的学术边界时代的完结，后现代性也鼓吹学科自足性的终结。公共行政的结构随着学科与分支专业之间的围墙的倒塌而倒塌。”其次，从研究特性发生变化的意义上看，公共行政和所有其他学科在后现代都是非地域化的，知识的状态和可能性都会变化，后现代性意味着以逻辑为中心的形而上学的终结，理论化之

---

① 能指是语言学上的一个概念，每一个语言符号都包括了能指与所指两个部分，能指是符号的物质形式，由声音、形象两部分构成。

② 法默尔. 公共行政的语言：官僚制、现代性和后现代性（中文修订版）. 北京：中国人民大学出版社，2017：210.

③ 同②225.

所以终止了，其原因在于后现代性意味着象征主义的终结，意味着宏大叙事的终结，意味着历史的终结。

在法默尔眼中，**所谓“非地域化”本质上是一种试图打破在所有组织中都可以发现的结构领域的分析方法，**这些领域体现为僵硬的部门和科层范畴，表现为为公共服务准备人才的特殊专业或教育过程，以及表现为工作划分的所有其他方式。实际上，就像公共行政领域的每一个人一样，后现代主义者也试图既破除“组织地窖”，打破那些伴随着范畴分类和实际领域或智力领域而出现的固定思维模式，非地域化意味着我们思维结构的一种根本变化。

4. 他在性

后现代公共行政理论强调的第四个关注点被法默尔称为“他在性”。他通过“他在性”这个术语来探讨公共行政的道德世界，在他看来，**他在性意味着一种对行政人员应该怎样与他人相处这一问题的基本关注，意味着重新强调受压迫、被抑制以及被排斥的群体。**法默尔指出：“后现代性意味着公共行政的所有谋划都应改变。这些改变源自这样一个事实，即所有后现代行政都应把目标瞄准其职能的实施，且是以我们称为‘反行政’的方式进行。不过我们没法给出一个处方，因为这种反行政也必须向解构开放。后现代行政者可能是实践和发展反行政的意义的专业人才。这一发展的方向就是反思性语言范式的态度和走向反行政的态度。”①

显而易见，法默尔在此引向了强调对他人开放、偏好多样性、反对元叙事以及反对既定秩序的反行政立场。这种反行政的后现代道德立场，意味着公共行政应该构建和实施一种反独裁主义的实践活动，意味着应该鼓励服务取向的态度，意味着行政应该力求将其所有的决策活动向社区开放，并且不应该将各种官僚文本强加给他人，意味着承认不存在任何有特权的意义，意味着在公共行政中要力求避免“打棒子”和陈规老套，并且最终意味着一种在公共行政体系内的反制度和反行政的态度，**即以一种后现代的怀疑论去审视所有现存的政府制度和公共官僚机构。**

本章小结

后现代主义是在对现代主义进行批判和质疑的立场上发展起来的，其对公共行政理论局限的阐释及质疑从以下几个方面展开：公共行政研究的“唯实证主义”、公共行政知识的“非历史”化、公共行政话语的“特殊主义”局限、公共行政“职业主义”的失语。后

---

① 法默尔. 公共行政的语言：官僚制、现代性和后现代性（中文修订版）. 北京：中国人民大学出版社，2017：243.

现代主义严格来说并不是一个学派，而是一系列对于公共行政现代性所引申出的社会问题的反思。现代性把人从传统社会的神学统治中解放出来，代之以人的理性。但是仅仅通过理性，尤其是经济理性来理解人的行为与组织公共行政，不可避免地会扭曲真实行政行为。这些扭曲也就造成了公共行政理论与行政行为的偏离。一方面，公共行政理论模型僵硬地限定了行政行为的因果关系，另一方面，现实行政的复杂性往往会跳脱理论模型的预测。也就是说，模型抽象出的因果关系无法预测结果，同时理论无法对行政行为进行指导。

正是在此背景下，后现代主义希望以新路径诠释真实的行政行为。同时，因为后现代主义希望在理性模型尤其是在经济理性模型之外另辟蹊径，所以不可避免地在其理论分析中融入了诗学、美学、语言学等学科的分析方法与概念。尽管后现代公共行政理论非常繁杂，但有一点是明确的，那就是旨在通过各种动态的理论和手段，还原真实行政的动态性与复杂性，从而最终走向面向真实的公共行政研究。

关键术语

后现代主义　批判　解构　建构　想象　非地域化

本章推荐阅读

BOGASON P. Postmodernism and American public administration in the 1990s. Administration & society, 2001, 33 (2): 165-193.

BOX R C. Pragmatic discourse and administrative legitimacy. The American review of public administration, 2002, 32 (1): 20-39.

BOX R C. Symposium: Fox and Miller's postmodern public administration ten years later. Administrative theory & praxis, 2005, 27 (3): 467-468.

HILDEBRAND D L. Pragmatism, neopragmatism, and public administration. Administration & society, 2005, 37 (3): 345-359.

MILLER H T, FOX C J. The epistemic community. Administration & society, 2001, 32 (6): 668-685.

第 11 章

总结：公共行政学的认识论分野

在不考虑认识论和本体论的情况下应用研究方法和研究方法论无异于把马车绑在马前面[①]。

——拉施尔德斯（Jos C. N. Raadschelders）

本章导言

传统公共行政学的短暂共识随着人们对公共行政现实的认识不断深入而越发脆弱，以致传统理论在后来并不能真正改善公共行政而形成共识。在否定了传统理论后公共行政学该如何建构，我们已介绍了诸多流派。这些流派的争论，在本质上关乎应该遵循何种方式认识真实公共行政世界，也即我们需要讨论公共行政学的认识论。实证主义、解释主义、批判理论和后现代四种不同的认识论主张及其论辩，有助于我们更好地理解公共行政理论发展的特有路径。同时，认识论作为对于公共行政学知识本源的探讨，即何种公共行政实践需求相应地产生了怎样的公共行政学知识，也可以帮助我们更全面地理解真实的公共行政世界与抽象的公共行政知识之间的关系。

在前面屡屡提及的对民主行政的不同理解，从表面上看是对民主社会中政府角色定位的分歧，但在根本上却体现了行政规范价值的断裂：当一部分人在努力塑造一个韦伯式的

① RAADSCHELDERS J C. Public administration：the interdisciplinary study of government. Oxford University Press，2013.

理性化高效体系的时，另一部分人却在警惕和消除各种存在或潜在的利维坦式威胁。**公共行政学在认识论上天然是分裂的，关键是我们需要认识这种分裂以及其所引申出的不同思想脉络。**因此，在介绍完诸多公共行政学流派之后，我们需要专门讨论公共行政学的认识论问题。

11.1　公共行政学认识论的特点和影响

虽然认识论究其起源属于哲学范畴，但社会科学研究对于认识论的讨论并不少见。从认识论的本意出发，认识论分析的是知识的本质："我们能知道什么，以及我们如何判断能否知道。"[①] 确切地说，认识论所探寻的是依据何种原因，研究者可以相信所获得的知识是真正的知识。

11.1.1　公共行政学认识论的基本讨论

事实上，公共行政研究并不缺乏对于认识论的讨论。拉施尔德斯在《公共行政：对于政府的跨学科研究》（*Public Administration*：*The Interdisciplinary Study of Government*）一书中，开宗明义地强调认识论对于公共行政学的重要性——"在不考虑认识论和本体论的情况下应用研究方法和研究方法论无异于把马车绑在马前面"。同时，他认为，公共行政学其实是各种对政府研究的不同学科的集合，这也塑造了公共行政学认识论的多样性乃至内在矛盾与冲突。拉施尔德斯对公共行政学的认识论进行了详细而具体的分类，但因为他对认识论多样性的总结主要立足于学科传统之间的比较，因此对不同认识论在公共行政学内部的交锋与相互影响较少谈及。

法默尔的《不同观点下的公共行政：多重视角的理论与实践》[②] 一书是在探讨公共行政学认识论时不得不提的重要著作。法默尔以公共行政学观点（perspective）作为全书核心，并将公共行政学观点归纳为 11 种源流，同时围绕理论和实践的关系进行分析。但是，该书所分析的公共行政学观点的差异，既有认识论上的差异（如批判理论和后结构主义），也有本体论上的差异（如女性主义），更有方法论上的差异（如数据主义）。因此，该书对于认识论领域内的辩论与发展回应并不充分。

① RICCUCCI N M. Public administration：traditions of inquiry and philosophies of knowledge. Georgetown University Press，2010：5.

② FARMER D J. Public administration in perspective：theory and practice through multiple lenses. M E Sharpe，2010.

有鉴于此，本章在梳理各种认识论发展路径的同时，将着力展现不同认识论如何应对外部挑战或进行相互融合，从而更好地理解公共行政理论发展的特有路径。

11.1.2 认识论对解读公共行政理论的意义

如在本书前言所讨论的，很多时候，我们对公共行政学史的解读习惯采用方便的断代史方式。这种方式若在学科合法性已有广泛共识的领域（如经济学）或许是恰当的，因为一门学科如果建立在统一范式之上，随着时间发展而出现的各种后续理论自然有其学术上的继承关系。**但在公共行政学中，由于学科基础的分裂，仅凭时间先后来推断传承关系，极易出现对公共行政理论的误读。**

公共行政学作为一直存在思想危机的学科，不仅没有被普遍承认的学科范式，其学科内部的一些重要概念在不同的思想源流中也有截然不同的解读。因此，类似于"此'效率'非彼'效率'，此'民主'非彼'民主'"的现象在公共行政学中绝非个例。比如，在不少公共行政学史的介绍中，泰勒作为科学管理学派代表，经常被看作与福莱特的行为学派或社会系统学派相对立。但事实上在泰勒的《科学管理》一书中，有大量篇幅谈及如何与不同的工人互动。泰勒在其论述中把妥善说服工人及处理各种抵触情绪作为科学管理成功的重要因素，他甚至为此提出了"心理革命"（mental revolution）的概念，并进行了专门论述。基于此，泰勒对于管理工人的"心理革命"理论及管理策略其实得到了福莱特等人的宣扬和支持。

此类错综复杂的情况往往会给我们带来巨大困惑。明明泰勒的著作中总结并论述了大量有关工人心理活动的相关情况，并一再强调管理者要重视工人的心理活动及情感，为何泰勒的科学管理思想仍然被总结为机械式的非人格化理论？而同样是采用科学实验方法进行的霍桑实验（Hawthorne Experiment），却被评价为发现了人类心理活动影响管理实践的重大突破？究竟泰勒所谓重视工人心理的"心理革命"理论和霍桑实验所谓的重视工人心理的理论有什么不同？又为何公共选择理论与新公共行政理论虽然都产生于20世纪60年代末美国的社会危机中，且均以加强民主行政为口号，却又互斥对方是反民主的？

这些情况表明，对于公共行政学这门相对特殊的学科，**公共行政学史的梳理者必须挖掘单个理论之外更具哲学性的发展脉络，从而更深刻地理解不同理论之间的相互影响和各自发展。**

11.2 公共行政学的四种认识论传统

认识论的多元性是公共行政理论的突出特点，总体而言，在公共行政学领域有四种影响较为深远且对学术发展有突出贡献的认识论传统。

11.2.1　实证主义的认识论传统

从根源上说，公共行政学的实证主义认识论来源于自然科学的逻辑实证主义，其核心观点是对观察对象进行科学的因果分析。在这种认识论的指导下，科学研究被认为是获得客观知识的唯一方法。通过科学研究分析研究对象之间的逻辑联系，从而最终控制研究对象的发展与演化。在这个过程中，主观的偏好及态度往往被宣称是被排除在研究之外的，因为主观因素会影响逻辑推论的严谨性，使得相关的假设难以被证明或证伪。

因此，实证主义认识论往往在公共议题中强调技术性地应用科学知识的重要性。其暗含的逻辑是：科学领域的辩论，如工程或制药，是不受个人价值观或意愿影响的。在辩论中，只要掌握充分的证据就能说服持不同意见者，进而达成共识。实证主义的社会科学相信社会生活同样存在客观规律，并且可以通过发现客观规律来达成社会共识，进而得到可以复制的普适性的科学规律[①]。但社会生活的复杂性，使得社会科学并不能简单地移植自然科学的研究逻辑。因为，在本质上，科学的逻辑展现的是因果关系，科学并不能回答应然的问题。对于一个好的社会需要达成哪些目标，科学分析本身是无力的。因此，如何认知方法（means）和目标（ends）在社会科学研究中的地位，始终是逻辑实证主义认识论的核心问题，在公共行政学中也不例外。

在公共行政学中，正如此前已经详细介绍的，西蒙是逻辑实证主义的旗帜性人物，其巨著《行政行为》将实证主义公共行政研究推至顶峰。在西蒙之前的公共行政研究中，诸如“科学”“法则”等词汇并没有清晰、严谨的定义。相比逻辑实证主义的支持者在哲学中佶屈聱牙的抽象论证[②]，西蒙采用了更为通俗易懂但极具震撼力的论证方式，来说明实证主义认识论的合理性。西蒙将传统公共行政学经典中的各种原则归结为“行政谚语”。这些谚语各自成立却又彼此矛盾，比如，一方面要求管理者审慎思考，另一方面又要求管理者果敢决定。西蒙将这一矛盾现象归结于传统公共行政研究过于肤浅、简化和缺乏理性，在强调管理者权威以及管理功能的同时，并没有通过经验性的科学实证研究去探寻这些常用概念在管理中发挥着怎样的作用。

由此视角出发，尽管传统公共行政学的代表人物，如泰勒、古立克、厄威克等人也强调科学管理，但这些所谓的“科学管理”仍不是现代科学实证主义意义上的科学管理。**这种“科学管理”并不遵循严谨的科学规范，而只是管理实践体验的总结，或者是西蒙所说**

---

① FAY B. Social theory and political practice. Holmes & Meier Publishers，1976.

② QUINE W V O. Epistemology naturalized//WARY K B. Knowledge & inquiry：readings in epistemology. Broadview Press，2002.

的“行政谚语”。

从这一理念出发，西蒙将逻辑实证主义引入了公共行政研究。实证主义认识论强调知识（knowledge）来源于对事实（facts）的搜集。因此，公共行政的原则同样产生于对经验知识的分析和整理。在实证主义认识论中，研究方法被要求做到客观中立，分析过程则需要按照严谨的自然科学规范流程，通过假设检验和数据分析得出相应结论①。

在这一认识论下，只有可检验和证伪的假设才有科学上的意义。在西蒙的框架中，这些可以通过经验检验的事项被称为“事实”。与之相对，价值则不存在真假，既无法测量也无从证伪。从逻辑上看，价值和事实在行政行为中可被区分。尽管价值对于公共行政非常重要，但因为其无法通过科学进行判断，所以只能作为科学假设的既定条件来接受。因此，尽管西蒙本人多次强调对于既定价值的尊重，逻辑实证主义认识论在公共行政学中仍发展出一种工具理性的导向，并更关注效率、效能这些可以量化并进行经验测量的事项。这点在我们前面的章节已有重点论述。

然而，即便西蒙对实证主义在公共行政学中的发展做出了重大贡献，秉持实证主义认识论的公共行政学者对于西蒙的事实-价值二分法也并非悉数认同。前文已介绍过西蒙和达尔的辩论，其实西蒙和达尔都是实证主义支持者，他们均认为科学化的实证研究是获得知识的重要手段，并可以通过对科学原则的总结推进公共行政学的发展。但他们对以下问题的认识仍然存在分歧：究竟怎样的研究才能被视为严谨的科学研究；效率是否能在公共行政学中扮演价值中立的角色。对于公共行政研究的边界认定——哪些对象可以并且应该被纳入科学的公共行政研究，逻辑实证主义认识论存在明显困境：一方面，研究的科学推理被认为是获得知识的唯一手段；另一方面，充斥在公共行政中的合法性及应然性问题，又难以被排除在公共行政研究之外。因此，在逻辑实证主义公共行政学内部产生了各种不同的修正和调整。但即使如此，**通过真正符合逻辑实证要求的科学方法，通过演绎式的假设检验最终得到可靠的、可重复的客观规律，仍然是逻辑实证主义认识世界的根本途径。**

11.2.2 解释主义的认识论传统

解释主义认识论是与科学实证主义相对立的一种认识论。**这一理论的基本观点是认为社会生活的真实规律并不能通过科学研究发现，而是必须从个体对于社会生活的认知入手，理解人们认知中的社会。**

解释主义认识论不认同实证主义，尤其是结构功能主义对人类社会机械化的认知。解

① SIMON H A. Administrative behavior, 3rd edition. The Free Press, 1976.

释主义强调，人们的偏好和价值观将不可避免地存在于社会科学的理论与实践之中，因此不能用单纯的自然科学的研究方法来进行社会科学研究。在社会科学中，解释主义认识论强调社会生活作为一种文本，可以通过一定的手段进行解释。人类社会不仅是建立在理性之上，人类的价值与情感也是人类社会的基础。只有在理解一项事物或活动背后所蕴含的价值、感情、信仰等的社会意义的基础上，研究者才能理解这项事物或活动的真正意义。所以，人类社会不仅是物质世界，同时也是社会意涵（meanings）的世界。因此，解释主义认识论认为，只有通过解释的方式，研究者才能理解一定社会情境下人与人的互动，从而理解相应的知识。

在公共行政学中，解释主义认识论与实证主义的碰撞以西蒙和阿吉里斯（Chris Argyris）的辩论为代表。对于西蒙所认为的无情感、有限理性的行政人模型，阿吉里斯认为西蒙忽略了组织中人的行为的复杂性①。人的行为固然有其理性的一面，但还有许多其他方面并不能用简单的经济理性进行衡量。**理性模型，尽管宣称有限理性，依然在其模型中排除了对成员自我实现（self-actualizing）动机的分析与讨论。**因此，也就否定了任何自下而上的改革与创新。毕竟，从理性视角出发，组织内部的权力结构是以稳定现状为基础的。这在本质上是一种不同于逻辑实证主义内部修正的一种批判，因为其在认识论层面拒绝了逻辑实证主义，强调应该从组织成员的具体感受中理解管理行为的真正意义，因此也就从认识论上否定了不以个人主观感受为转移的客观规律的存在。

阿吉里斯认为，当研究者标榜自己进行客观科学研究时，其实际上已然在强调科学主义者自身的价值观。当价值被排除在考虑之外时，无论表面上的理由如何，其实际上已经把效率作为最高价值②。因此，逻辑实证主义的理性研究既不客观中立，也不能反映真正的人类行为逻辑。公共行政理论的建构绝不能忽视规范层面的价值因素与人的偏好和情感，研究者需要解释和描述组织中的应然命题，而不仅仅关注事实层面。

对于阿吉里斯的批评，西蒙给出了针锋相对的回应。西蒙认为，阿吉里斯混淆了组织环境对成员的影响，以及管理者对员工的影响。首先，基于组织环境和组织结构所做的组织权力分析，不能等同于管理者的权力。组织结构是自上而下的权力结构，并不代表在管理者的实践中没有自下而上的权力。其次，诸如“信任”“开放”“自我实现”等概念依然可以在理性人模型的行为认知和行为影响等框架下进行分析和讨论。换言之，理性人模型并不否定心理因素。更重要的是，西蒙不认同阿吉里斯的认识论基础。西蒙认为描述解释并不能如阿吉里斯宣称的那样得到应然的结论：“在某些情况下，描述行为能赋予这种行

---

① ARGYRIS C. Organization man: rational and self-actualizing. Public administration review, 1973, 33 (4): 354-357.

② 其逻辑可以简化为：只有“价值”可以与其余价值相竞争，而对效率的倡导排除了其他价值，因此倡导效率本身也是一种价值。

为合法性。‘大家都这样干’的想法经常被合法化为‘这样做是对的’。同样，在许多其他情况下，对行为的描述只能激发取缔这种行为的要求，而非将其合法化。”[1] 因此，西蒙认为如阿吉里斯那样用解释主义的认识论对应然问题进行分析，只能得到无法预测人类行为的理论，换言之也就是不可复制、没有意义的理论。

对于西蒙的回应，阿吉里斯给出了进一步批评。阿吉里斯否认了如西蒙所说的自己混淆了组织环境和管理者权力的不同，以及混淆了实然和应然讨论的不同[2]。他同时否认了解释主义认识论仅仅通过描述来赋予行为合法性，并强调描述本身（以及公共行政学理论本身）对人的认知的影响。阿吉里斯通过一个生动的例子阐述了他的观点：如果一个管理者阅读了西蒙的书。这本书（描述性地）告诉管理者可以对其下属员工进行组织训练和观念灌输，通过告知成员组织希望招聘怎样的员工，就可以把组织对成员的影响内化，就像把这种影响注入组织成员的神经系统中一样。如果这位管理者把这段描述性的讲解应用到他个人的管理中，那么诸如“灌输”等的内容就变成了这个管理者个人的责任，而不是西蒙所说的组织环境的作用。这并非是指“西蒙对管理者把西蒙所谓的‘实然’当作‘应然’的转变负有责任，而是说我们对这种转变过程负有责任，因为是我们提供这样的组织理论模型，以供实践者用以指导实践”。

从阿吉里斯的回应可以看出，他并不相信在公共行政学中存在真正客观的实然描述。**任何所谓的实然描述只能在理论探讨上成立，而最终在实践中都会变成实践者的应然观念。**因此，对于这种实践中产生的应然观念，解释和描述是不可忽视的重要环节。在这个意义上，公共行政学就是一门应然学科，无论研究者秉持怎样的理论，所有理论最终作用在个体身上都会表现为个人态度、情感和观点的应然观念。因此，事实与价值即使是在研究层面也是密不可分的，否则对事实的研究就会变成空中楼阁。

在批判实证主义的同时，阿吉里斯进一步发展了解释主义公共行政学。他旗帜鲜明地发表《让不可讨论及其不可讨论性可以讨论》一文，强调公共行政学需要将单向学习（single-loop learning）转为双向学习（double-loop learning）。公共行政实践者并不是毫无主观意愿的客观物件，但许多公共行政理论却错误地以此为基本假设。例如，“假设可以通过更严密的控制来提高管理效率，这个假设包含着另一个假设，即严密的控制可以得到真实、准确的信息，而人性却是这样的——保持诚实只有在不被威胁时才是个好主意。当人们提供的信息会用于威胁自己的职位时，正常的做法就是把事实藏起来，并假装提供的

① SIMON H A. Organization man: rational or self-actualizing. Public administration review, 1973, 33 (4): 346-353.

② ARGYRIS C. Some limits of rational man organizational theory. Public administration review, 1973, 33 (3): 253-267.

信息是真实的"[①]。

在此意义上，以客观测量为卖点的绩效评估管理在其基本假设上也存在着同样的矛盾。莫伊尼汗（Donald Moynihan）在对绩效管理的研究中就发现，当绩效与预算挂钩时，行政人员的行为并不会简单地维持原有模式，从而让绩效更好的部门获得更多预算奖励[②]。相反，关于绩效的信息流动有很大扭曲，且各层级政府部门对于绩效的理解会有很大出入。绩效评估管理期望通过威胁公务员职务安全及福利待遇的方式来获得更好的绩效，这需要建立在能从公务员处获得准确信息的基础上，而这在现实中往往是难以成立的。只有听取、理解各级公务员对于职务的看法及其工作上的难点，才能真正理解公共行政过程的特殊性，从而获得切实可行的知识[③]。

解释主义认识论在批评实证主义的同时也尝试在公共行政学认识论中引入民主概念。研究者不再是高高在上，将被研究的行政人员视为实验对象，而是帮助他们将平时工作所积累的经验与体会理论化。在 1993 年的一项研究中，作者在其对经济发展局（Economic Development Administration）绩效评估的项目中就特别强调公务员和相关人员的开放参与[④]：不再是由研究者先验地定义绩效，再检查行政部门是否符合绩效标准，而是由所有相关者参与和表达他们的经验、体会与期望。此处蕴含的逻辑是，**既然包括科学实验在内的所有解释都有价值倾向性，那么更开放的做法就并非假装研究者是价值中立的，而应以开放态度接纳所有相关者的意愿，从而通过外部人（outsiders）和内部人（insiders）的合作真正定义政府绩效。**

然而，尽管解释主义认识论大力批判实证主义，它自身在公共行政学内同样有其特有困境。如果说实证主义认识论在公共行政学中的主要困境是研究边界的确定以及如何看待价值与合法性等应然因素在公共行政学中的作用，那么解释主义认识论的困境就主要在于如何避免不加批判地将现状合理化。解释主义认识论的形成深受诠释学（hermeneutics）的影响。诠释学的根源在于"神定论"或"圣经解释学"，强调通过解释圣经文本来理解教义，其根源是神学范畴的学说。对于神学来说，圣经的正确性自然是毋庸置疑的。**但当公共行政学将行政行为与行政体验作为文本进行解释时，在理解行政行为的同时可能会出现将原本不合理的行政行为合理化的情形，这是对解释主义公共行政学的重**

---

① ARGYRIS C. Making the undiscussable and its undiscussability discussable. Public administration review, 1980, 40 (3): 205-213.

② MOYNIHAN D P. The dynamics of performance management: constructing information and reform. Georgetown University Press, 2008.

③ CLEVELAND H. The twilight of hierarchy: speculations on the global information society. Public administration review, 1985, 45 (1): 185-195.

④ KELLY M, MAYNARD-MOODY S. Policy analysis in the post-positivist era: engaging stakeholders in evaluating the economic development districts program. Public administration review, 1993, 53 (2): 135-142.

要挑战。

因应这些挑战和潜在风险，解释主义者尝试用不同的解释文本进行平衡。如怀特就将文本分析区分为三种不同的叙述分析（discourse analysis）：从多理论和数据来源中得出的分析性叙述、强调批判性反应和价值探讨的批判性叙述，以及致力于论证观点和说服政策管理者（policy entrepreneur）的说服性叙述①。怀特强调，虽然分析性叙述在解释主义研究中最为突出，但批判性叙述和说服性叙述也是解释主义认识论的重要体现。批判性叙述针对的是公共政策分析中的结构性偏见，而说服性叙述则使得对政策的分析可以在实践中得到真正体现。简言之，针对解释主义研究在逻辑结构上的弱势，秉持解释主义认识论的公共行政研究通常采用明确研究目标和增加研究参与者的方式，力图在研究框架中容纳更多不同但相关的观点，来回应对研究文本本身可靠性的挑战。

11.2.3 批判理论的认识论传统

在哲学研究中，批判理论是法兰克福学派的代表理论，也被视为新马克思主义的典型理论或激进人文主义（radical humanism）。在认识论层面，批判理论反对实证主义，它和解释主义则既有共同点又相互排斥。**批判理论的核心内涵在于发掘人如何认识自己以及他们的角色，尝试解释人在组织生活中的异化以及个人价值的实现。**

批判理论认识论主要有以下三个方面的观点：(1) 在社会科学中，对于各种概念和分类的解释是必需的。社会科学必须理解行动的目的与愿望，以及社会秩序中的规则与意义。在此层面上，批判理论支持解释主义并反对实证主义，但批判理论重视解释的原因与解释主义认识论并不完全一致。批判理论根植于特定人群对于需求和苦难的感受，因此，理解这些感受是批判理论的先决条件。(2) 大量人类行为是由社会条件所塑造的，人们并不能控制这些社会条件。因此，人类社会中大量的互动并不是知识、理性或者选择的结果。要理解真正决定人类行为的因果关系，必须从社会关系入手。对此，批判理论既反对实证主义仅关注行为本身（社会关系被视为既定条件）的观点，也反对解释主义过分轻视行为之间逻辑关系的看法。批判理论强调要在特定社会语境（social context）下探寻社会行为的"半因果关系"（区别于实证主义宣称的完全严谨的因果关系）以及社会行为的功能②。(3) 理论和实践是相互联系的，理论的真伪需要由实践来检验。在认识论层面，实证主义和解释主义关注的是如何获得知识并最终转化为实践，而批判理论将理论和实践的联系作为获得知识的第一步。在批判理论中，知识必须能够满足人类的目标和愿望，因此

---

① WHITE L G. Policy analysis as discourse. Journal of policy analysis and management，1994，13（3）：506-525.

② FAY B. Social theory and political practice. Holmes & Meier Publishers，1976：94.

知识本身就是由实践决定的。当理论不能转换为实践，其所谓的知识便不能成为真正的知识①。

在公共行政学中，批判理论认为传统管理主义理论及实证的理性决策模型并不能得出一个普适的人类行为原则，因为人类行为会因时因地产生变化②。登哈特认为，实证主义认识论也许可以提高行政效率和加强控制，但这种效率的提高是以公共部门权力越来越集中和专断为代价的③。公共服务本身需要遵循民主价值，而不是仅仅强调管理的权威和控制。在这样的背景下，批判理论提供了获得公共行政知识的新路径。批判理论认识论认为，需要检验政府部门中存在的技术偏见及其背后的意识形态，并探寻如何使政府部门意识到自身行为的适当边界，从而更好地履职。在此过程中，普通公民和公务员都能对重新理解政府-公民关系做出贡献。

不同于强调秩序和管制的主流公共行政理论，批判理论强调权力和服从的条件，以及这些条件所蕴含的潜在冲突与失序。因此，公共行政不仅应强调控制，更应帮助个体（包括公务员和公民）发现和努力达到他们的发展需求。在此意义上，公共行政过程也是一个教育过程。由于人们往往受既定社会条件的蒙蔽，并不总是能清楚地理解自身的需求和社会关系的本质，因此，**公共行政需要的是帮助人们认识自己的需求，并辨析哪些社会条件妨碍了这些需求的实现。**通过这一过程，理论和实践不再是不同的阶段，而是公共行政学知识的一体两面。

对于公共行政学来说，批判理论认识论不仅是纯粹的哲学认识论讨论，在具体的行政问题上，批判理论认识论指导的研究也有其鲜明特点。弗里斯特（John Forester）对于城市规划与规划行政的研究就是典型的批判理论公共行政研究④。不同于实证主义立足于逻辑假设，或解释主义立足于相关人员的观念与理解，弗里斯特以“规划行政分析可以做什么，还不能做什么”为首先要解决的问题，并指出要回答此问题需要有一种将观念和实践相结合的规划与公共行政学理论。在此过程中，规划分析的问题和关注点及组织和设计，并不是单纯在技术术语下进行分析，而是放置在政治性、制度性的大框架下进行分析。从人与人的交流是如何系统化地被扭曲入手，探寻规划的真实意义，从而最终得到真正意义的民主规划。

与弗里斯特相似，公共政策学者德利昂也在最受实证主义认识论影响的公共政策领域

① FAY B. Social theory and political practice. Holmes & Meier Publishers，1976：96.

② DENHARDT R B. Theories of public administration. Cengage Learning，2008：155.

③ DENHARDT R B. Toward a critical theory of public organization. Public administration review，1981，41（6）：628-635.

④ FORESTER J. Questioning and organizing attention toward a critical theory of planning and administrative practice. Administration & society，1981，13（2）：161-205.

进行了批判理论研究[①]。他认为孤立的公共政策分析往往会产生许多过程评估与政策推荐，但这些评估与推荐却脱离公众的意愿与需求。因此，公共政策分析需要采用"参与式政策分析"（participatory policy analysis）方法，从而以开放的态度增加政策分析的考虑因素，通过明确公众的意愿与需求，而非简单依据计量数据或专家意见，最终提高公共政策的合法性。

在公共行政学领域，批判理论认识论也继承了其哲学基础对于异化等议题的关怀。人们的观念与意愿为社会结构和社会关系所异化，真实的意愿并不能简单地从实证材料上得以反映。因此，**批判理论的公共行政研究不断追问公民真正的意愿和对政府服务的期待是什么，不仅包括公民表达出的意愿，还包括在其实际行动与行政行为的互动中体现了什么。**由此，批判理论作为一种知识获得的方式即一种认识论，对公共行政学知识的来源有了不同限定。实践被认为是与理论是一体的，而公共行政研究的核心也从传统公共行政学的效能、效率转移到界定公民的真正需求。

11.2.4 后现代主义的认识论传统

此前已介绍，在认识论的讨论中，后现代主义是比较特殊的类别，它并没有统一的、不可动摇的信条，或者具体的形成时间与发展经过，但后现代主义又是社会科学认识论中不可忽视的重要组成部分。可以确定的是，**后现代主义作为一种认识论来自对现代性的反思。**在传统社会中，知识是采用叙述性的形式进行传递的，例如故事、神话、预言、传奇等。这些叙事告诉人们该相信什么及什么是合适的行为举止的规范。通过这样的方式，社会联系被建构出来。这些叙事给予并维持制度的合法性，因此一个有凝聚力的社会总有被普遍认同的叙事。

然而，现代社会改变了这种知识获得方式，而代之以科学。在科学话语下，知识的来源是实证逻辑而不是叙事。在公共行政领域，现代性影响则突出地表现为技术理性的霸权及科学对社会问题表达方式的限制。一切不符合科学规范的社会诉求，都以违反科学的罪名被拒绝纳入公共议程[②]。但后现代学者不同意这种观点，他们认为科学只是另一种形式的叙事，因为所有知识在本质上都是文字游戏。只是，这种文字游戏形成了社会规则，并使其在特定语境下表达一定的意义[③]。因此，尽管后现代主义内部并没有统一观点或意识

① DELEON P. The democratization of the policy sciences. Public administration review，1992，52（2）：125-129.

② ADAMS G B. Enthralled with modernity：the historical context of knowledge and theory development in public administration. Public administration review，1992，52（4）：363-373.

③ LYOTARD J F. The postmodern condition：a report on knowledge. University of Minnesota Press，1984.

形态[①]，但都秉持对语言、观念和叙事的重视。更重要的是，后现代主义认为现代的叙事模式必须改变，否则难以获得真正的知识。**提升公共话语和开放讨论是后现代理论对于公共行政实践最重要的要求[②]。**因此，虽然后现代公共行政的观点异常多元，但总能在认识论角度获得比较一致的观点。

由于在后现代公共行政中对后现代主义认识论的讨论已经很多，在此不再赘述。概括来说，后现代主义认识论有着与实证主义、解释主义及批判理论都不同的观点。后现代主义认识论的突出特点是对语言及沟通的强调。后现代主义认为实证数据和叙述二者均不是探寻社会真实（social reality）的手段。因为，人类社会中本没有客观的真实，或者说语言本身就是真实的存在。因此，知识来源于对语言、叙事、修辞本身的分析。虽然后现代主义认识论看似极端，但却有力地冲击了长期以来公共行政中的固有思维。即便科学主义者在这样的冲击下也开始反思能否在公共行政中建立“新科学”。例如，研究者尝试对公共政策分析的科学传统进行发展，其强调后现代主义对于实证科学的批评实质是对牛顿科学的批评[③]。在量子力学的领域中，量子理论与后现代主义对于公共行政的认知有许多共通性。因此，后现代主义的诉求不一定要以摒弃科学的方式达成。跟随自然科学的发展步伐，在公共行政学内建立后牛顿体系的科学认识论，也能达到同样的效果。

11.3　认识论对理解公共行政实践的作用

公共行政学自成立以来就是一门与实践联系紧密的学科。作为一门独立学科，公共行政学存在的意义与价值根植于公共行政实践的具体需求之中。而认识论，对于更好地理解公共行政实践也有重要作用。

11.3.1　弥合理论与实践的鸿沟

虽然公共行政学与许多文史哲学科一样，也会在其研究中使用认识论、本体论、方法论等哲学语言进行抽象分析和讨论，但**公共行政学的实践本质却总会使其相关哲学探讨回归到具体的公共行政实践中。**从本质上看，公共行政学知识是行政行为的映射，公共行政

---

① 后现代主义本身就是大熔炉，会和其他反实证的认识论有许多交叉之处，既彼此结盟，又相互批评。

② WHITE J D. Taking language seriously：toward a narrative theory of knowledge for administrative research. The American review of public administration，1992，22（2）：75-88.

③ MORCÖL G. A new mind for policy analysis：toward a post-Newtonian and postpositivist epistemology and methodology. Praeger Publishers，2002.

学方法论的冲突与对立直接反映了公共行政实践的内在冲突。由于公共行政的特殊性，公务员的具体行政并不存在一个一元统一的角色定位与行为规范，不同的工作内涵与行为规范产生了对知识的不同需求，但这个过程中产生的所有矛盾与冲突却都被纳入“公共行政学”这一学科的名录之下。因此，认识论作为对公共行政学知识本源的探讨，为消除理论与实践的思想鸿沟架设了一座不可替代的桥梁。

通过分析何种公共行政实践需求对应产生了怎样的公共行政学知识，或反之，探寻每个独立的公共行政学认识论植根于何种公共行政实践，公共行政的研究者和实践者可以更全面地理解真实的行政世界与抽象的行政知识。

公共行政学界对于学术与实践相脱节的忧虑由来已久，在中国也是如此。大量公共行政学者在不同时期均对公共行政学论文尤其是博士论文难以有效、可测量地对公共行政实践中的具体困难提供解决意见和建议表达过担忧与不满。因此，明晰和理解所谓公共行政学知识究竟为何，知识通过什么方式获得和增长，理论通过什么方式指导实践，就是直接关乎公共行政学学科合法性的重大问题。

11.3.2 认识公共行政不同面向的复杂特性

在《论公共行政学的知识增长》一文中，怀特深刻地讨论了公共行政学中认识论研究的意义①。逻辑实证主义、解释主义、批判理论等认识论的分歧，归根到底都是对于公务员日常行政行为不同侧面的反映。逻辑实证主义要求公共行政研究应该通过严格的假设检验和科学分析方法（如计量统计和实验等）进行。相反，解释主义认为，客观中立的研究在公共行政领域是不可能的，因此，知识来源于解释研究对象的观念、感受和行为。而在批判理论或后现代主义认识论中，公共行政学的基础以及社会“真实”的存在与否都受到了激烈的挑战。这两种认识论都认为只有解构公共行政实践中被盲目接受的社会“真实”，人们才可能更好地理解自身的观点和信念是如何被文化和社会角色建构出来的。虽然后现代主义明显比批判理论走得更为激进，当批判理论仍致力还原被异化前的公民需求时，后现代主义已经彻底否定了“真实”本身。但在批判既定社会“真实”的虚伪性上，批判理论与后现代主义又有着紧密的联系。

由此可知，**无论是解释主义、批判理论、后现代主义，抑或是实证主义，其认识论均可对公共行政学的知识增长做出贡献。**它们都可以在不同侧面展现公共行政实践中的具体规范、原则和价值。这些不同的侧面并不可能绝对地相互切割，也不可能从整体的公共行

① WHITE J D. On the growth of knowledge in public administration. Public administration review，1986，46（1）：15-24.

政中分离。学术研究本身并不仅仅关心相关的研究方法和研究规范，同时也关心理论所反映的实践理性与实践效度。由于公共行政认识论的多元性，在具体的研究中，研究者需要格外注意自身的研究究竟在何种认识论的框架下，需要遵循哪些研究规范和原则。否则，在缺乏对认识论的清楚认识下，难免出现诸如把后现代的研究规范强加在逻辑实证主义研究上等张冠李戴的现象。

11.3.3　认识论对推动公共行政学发展的贡献

认识论是一种基础哲学观念，其本身并没有对错之分。不同的公共行政学认识论均来自相应的公共行政实践。如怀特所言，高效行政基于有效的控制之上，而有效的控制依赖于对人类行为的假设检验与预测。因此，公共行政者需要逻辑实证主义的公共行政研究，从而提高行政控制结果的稳定性。同时，行政行为需要理解公众的意图和感受。对于理解公众感受的目标来说，相比于预测，解释显然更必要，也更普遍。通过解释主义的研究，无论是公共行政研究者还是实践者都可以更好地理解个人行为中隐含的意愿与行为逻辑。而在评估和纠正潜在的行政错误方面，批判研究和后现代研究则有突出的优势。它们对被认为是理所当然的观念进行质疑，并通过分析与解释对既存信念和价值进行纠偏。与研究者相比，虽然采用不同的形式，公共行政实践者同样需要对自身的工作进行分析、预测、解释与批判。因此，公共行政实践其实也蕴含了与学术研究同样的逻辑。无论是正式的还是非正式的场合，在政府公文与公务员的私人言论中，我们都不难发现符合逻辑实证主义、解释主义、批判理论等认识论的叙述。**学者与实践者本质上并不是由不同材料制成的人，他们只是用不同的框架关心和理解同样的行政行为。**

由此可知，行政人员并不是为单一目标或实现单一政府功能而服务的。公共行政中所蕴含的多重目标导致公共行政研究中认识论的多元性。因此，任何宣称某种认识论可以绝对领先于其他认识论的说法都从根本上扭曲了行政行为本身的特征。反之，只有在理清认识论的基础上，公共行政学才可能跨越实践与理论的鸿沟，并巩固自身的学科合法性，这也是辨析公共行政学中认识论差异的根本意义所在。

本章小结

公共行政学认识论聚焦的是该如何真实地认识公共行政世界。在此框架下，不同的认识论传统有不同观点。

实证主义认为公共行政是一个客观真实的世界，需要像自然科学一样通过符合逻辑假设检验的方法，寻找可证明、证伪，可重复的客观规律。解释主义则认为公共行政是一个人的世界，而非物的世界，强行假设行政中的人会像物一样被动或无意识地行动是一种扭曲，因此理解公共行政的关键在于理解人的观念和意愿。批判理论不认为公共行政世界是绝对客观的，但也不认同其中的人都是自由意志的代表，可以自由形成或表达自身观点。批判理论认为人的观点在很大程度是由社会结构所塑造的，因此要理解公共行政，不仅要知道其中的人想什么，更重要的是要展现大环境社会结构对观点和现状的塑造过程。后现代主义则强调现代性对于真实行政世界的扭曲，呼吁重回包含理性与非理性、显性知识和隐藏知识的真实中来理解公共行政（而不是既有的科层结构），并且尝试通过语言、叙事、能量等新角度，更加丰富地理解真实的行政行为。

关键术语

实证主义认识论　解释主义认识论　批判理论认识论　后现代主义认识论

本章推荐阅读

CATRON B L，HARMON M M. Action theory in practice：toward theory without conspiracy. Public administration review，1981，41（5）：535-541.

FARMER D J. Public administration in perspective：theory and practice through multiple lenses. M E Sharpe，2010.

MOYNIHAN D P. The dynamics of performance management：constructing information and reform. Georgetown University Press，2008.

RAADSCHELDERS J C. Public administration：the interdisciplinary study of government. Oxford University Press，2013.

RICCUCCI N M. Public administration：traditions of inquiry and philosophies of knowledge. Georgetown University Press，2010.

SIMON H A. Administrative behavior. Macmillan，1947.

WHITE J D. On the growth of knowledge in public administration. Public administration review，1986，46（1）：15-24.

后　记

AFTERWORD

“知之真切笃实处即是行。”这是一本略显枯燥的讲理论和思想的有关“知”的书，但在长久的写作过程中，自己似乎已经“行”了人类公共行政实践的全程。此刻至此未知的终点，仰天长叹，似乎可以隐隐感觉到与众多思想家同样的精神共鸣和辗转情绪。

在国家和政府历史的漫漫长河中，以公共行政为研究对象的公共行政学到底是一门什么样的学科？好的公共行政到底是什么？公共行政如何才能更好地解决人类面临的越来越复杂的公共问题？在公共行政实践中，国家、政府、市场、人民，其各自的边界和责任到底是什么？

这些困惑，无疑可以算是公共行政学的大问题（big question）。正如霍哲（Marc Holzer）和盖布雷林（Vatche Gabrielian）总结的公共行政研究者和实践者始终都在反思几个焦点议题①：政治止于何处？行政始于何方？雇员如何被领导、激励和保护（以免过多地受政治的影响）？公共管理与私人管理有何不同？政府服务的必要范围是什么？中央集权或者分权有什么内容，在多大程度上集权与分权？公共部门如何在实现效率与效果的同时在服务

① 霍哲，盖布雷林．美国公共行政学的五大理论//杰克·雷斌．公共管理学手册．广州：中山大学出版社，2006.

供给中平衡对公平的关注？谁来治理？专家和专业技能在治理过程中的地位如何？公共利益的本质——如果确实存在的话——又是什么？应该说，公共行政学百年来的发展都围绕着这些基本话题展开。**对这些大问题的回答决定了公共行政学的学科领地、研究范围、研究聚焦乃至研究方法，也构成了公共行政学史上的各种论辩与分歧。**在此过程中，公共行政学也完成了对自身存在理由的回答并赋予了自身学科合法性。

显然，公共行政学的合法性危机一直是一个比较凸显的问题。有关此危机的系统讨论始于20世纪70年代，但实际上它却根植于公共行政学理论的基本逻辑之中，并贯穿于学科发展的始终。在公共行政学初创阶段，威尔逊就已开始关注行政学和行政行为之间的断裂，以及这种断裂中隐含的危机。作为一门产生于欧洲，而后被美国化的学科，公共行政学在学术规范和价值层面遵循美式传统，强调民主、分权、平等等价值，但在某种程度上，其学科内部的知识与技巧却有着浓厚的欧陆色彩，其核心是集中权力、塑造行政权威与提高行政效率。因此，自公共行政学产生之日起，如何协调学科中的内在矛盾就一直是一个重要课题。同时，由于学科内部的思想断裂，公共行政学难以产生公认的思想范式。其内部的伦理规范与价值冲突使得公共行政学难以用一元化框架加以概括。比如，一些理论所批判的“繁文缛节”，在另一些理论中就成为“民主”和“问责”的表现①。因此，对公共行政学目的与手段的讨论，常常陷入无止境的争论中。

公共行政学中纷繁复杂的学派之争固然是学科合法性不足的一种表现，但却不是其合法性危机产生的根本原因。作为一门紧密联系实践的学科，公共行政学从来就不应该也不可能闭门造车、空谈理论。因此，**公共行政学理论无法令公民、研究者和实践者充分满意，这才是公共行政学合法性危机产生的根本原因。**

在公共行政实践领域内，要求改革的呼声并不一定源于行政缺乏效率或效能②，**“让公民感觉好”和“服务质量好”一样重要。**因此，公民对现代政府的不满，对公共行政学初创阶段“行政合法性即提高效率”的简单解释提出了挑战。公民究竟需要怎样的行政，成为困扰公共行政发展的重要问题。行政效率已经不足以独自支撑行政合法性，至少不能涵盖行政实践的现实内涵。更重要的是，公民对于政府行政的期待和要求种类繁多且相互冲突，以清单形式罗列所有政府角色及其义务，在逻辑上就是不可能完成的任务。因此，深入分析行政的合法性逻辑，就成为公共行政学的理论基础。在这个过程中，对公共行政学合法性危机的分析，恰好提供了展现不同公共行政学派思想的平台。不同思想的交汇使

① OLSEN J P. Maybe it is time to rediscover bureaucracy. Journal of public administration research and theory, 2006, 16 (1): 1-24.

② SULEIMAN E. Popular dissatisfaction and administrative reform//Dismantling democratic states. Princeton University Press, 2003.

得公共行政学的内涵得到延伸，公共行政学由此整合为多元理论的集合。

我们越来越深知，对公共行政学大问题的回答可能并不主要依赖于我们的知识视野和理论建构，而是更依赖于我们的信仰，依赖于我们如何认识公共行政在社会中的身份和角色。也即，我们对公共行政的期望决定了我们要去做什么。

一方面，回到学科初露晨曦之日。正如威尔逊再三论述的，公共行政学要研究的是："首先，政府能够适当和成功地做什么，其次，怎么样以最高的效率和在资金与资源上最少的消耗来完成这些事情。"也就是说，公共行政学要研究的是：政府应该做什么，政府怎样去做这些事情，以及这些事情做得怎么样。应该说，这是公共行政学创立的动机或初心，也是公共行政学大问题之源。

另一方面，回到现代民主政体。科林认为，"在民主社会，公共行政的大问题必须根植于民主政体的达成；在民主社会，公共行政的大问题必须能改善社会层级结构，甚至完善那些对私人部门来说都比较重要的价值；在民主社会，公共行政的大问题必须能克服不同集体行动工具（instruments of collective action）的复杂性；公共行政的大问题必须能够明晰那些让社会学习更为有效的程序"①。公共行政学的创始者们选择"公共行政"而非"政府行政"的概念，这已经决定了公共行政的公共性，即对"公民期望如何被实现"② 问题的回应。或者说，**公共行政的大问题必须关注"我们如何创设了对公民来说更好或更坏的社会"**③。

此外，到了新近时期，我们可能需要在更多复杂体制中去全面考量公共行政的位置和政府角色。随着市场化、全球化的持续推进，民族主义、全球主义、市场主义的无限叠加，信息技术和智能技术的全面升级，公共行政的复杂性已经超出我们的想象，政府职能不断重构，政府和市场、社会的关系也因此不断被重构。而那些从未正式在公共行政学史中出现的国家类型，在过去的几十年中已经创造了众多公共行政实践的全新经验。**对于这些全新问题和全新任务，寻找唯一的、标准的公共行政原则变得越来越难，后现代式的对话、妥协、共识成为更具可操作性的公共行政路径，跨越边界、聚焦议题的深度研究成为重要的知识生产方式。**基于复杂的公共行政经验的理论重构，已成为整个公共行政知识社群的重大任务和担当。

当然，公共行政学的深层学科悖论还在于，似乎没有政府可以有效地回应公民的所有需求，以致我们不得不承认，公民不满是一种常态。而如何去除公共行政过程中的"回应

---

① KIRLIN J J. The big questions of public administration in a democracy. Public administration review, 1996, 56 (5).

② MOORE M H. Creating public value: strategic management in government. Harvard University Press, 1995.

③ KIRLIN J J. Big questions for a significant public administration. Public administration review, 2001, 61 (2).

偏见”(responsiveness bias)[①]，促使公共决策在公共利益与特殊团体利益、个人利益之间取得平衡，已成为即便是民主政体下的公共行政都无法解决的问题。甚至，民主政体与被科层制切割的行政过程相互影响，还深化了这种“回应偏见”。但关键在于，**在一个看起来高度整合但实质上高度原子化的个体时代，应该予以尊重的除了多数人的利益，难道不应该还有少数人的利益吗?** 当下，“少数人的利益”不应再消匿在“多数人的利益”之后，而应是真切存在的“每个人的利益”!

而当下公共行政的最大挑战则是：行政系统成为异化力量，很多时候不但不能回应公民需求，甚至会遏制公民需求。在此背景下，公共行政学的知识不仅应该是工具性的，即旨在解决问题的知识类型，也应该是反思性的，即对现存秩序与结构进行批判和反思的知识类型。或者说，为了完成对公共行政学大问题的回答，以真正确立公共行政学的自为性与主体性，公共行政学的知识获得模式还有必要进行更深入的反思。而这一点，也可以算是公共行政学的大问题。

需要提及的是，尽管库恩对于范式的研究有力地推动了科学哲学的发展，但他有关建构单一范式的暗示对于公共行政学产生了一定的消极作用。如果试图将所有的社会真实都归类到一个个独立的分类中，那么建构具有弹性和多元价值规范的公共行政学就是不可能和不合逻辑的。一个静态、机械的学科框架难以涵盖行政过程中多元的参与者和不同角色。美国行政的经验已经表明，缺乏对行政和生活的共同体验，成为美国碎片化政府体制的重要问题，也使得民主运转和政策制定在没有共同体验的公民之间难以达成共识。

在此层面，后现代公共行政思想可以为解决公共行政的合法性危机提供启发。在后现代公共行政中，如何使行政变得更公平和更具包容性是一个重要议题。在繁杂的后现代观点中，至少有两个学术路径可以为此议题提供指引。首先，如法默尔以及福克斯和米勒所述，行政的语言本身就是一套系统。有许多存在但不能被知悉的观点由于不能用这套语言系统来表达，便显得仿佛并不存在。如同苏轼在《石钟山记》所述：“士大夫终不肯以小舟夜泊绝壁之下，故莫能知；而渔工水师虽知而不能言。此世所以不传也。”渔工并不是不能说话，他们是不能用士大夫的语言系统来表达，因此，渔工的观点也就无人知晓。**采纳自下而上的态度，尊重一线行政人员和少数群体的观点，对于提升行政合法性非常重要。**一线行政人员往往未必会区分哪些工作是为了效率，哪些工作是为了合法性，但他们在现实的工作过程中都会有自己的伦理判断，虽然他们并不能用学术语言表达出来。**通过在公共行政学中尊重并接纳真实的行政语言及公务员的现实判断，有助于公共行政学更真实地描述行政世界，真正为行政行为提供指导。**

① SCHUMAKER P D, GETTER R W. Responsiveness bias in 51 American communities. American journal of political science, 1977, 21 (2).

最后，回到中国场景，回到中国公共行政学，或许还有另一个更特殊的问题。反思与批判，是知识从业者最重要的职业精神。而在过去多年，面对一个具有数千年历史的大国之大转型，我们似乎习惯了承认许多无须界定的概念、无须证明的前提、无须检验的假设，并将之直接适用于中国场景的分析和讨论。虽然我们的逻辑和方法都没问题，但建构的理论仍然在一定程度上切割了经验事实，而理论与事实之间缝隙的填补也变得越来越迫切。**事实上，当我们意识到这一点的时候，甚至连公共行政学大问题的基本表达都需要重构，才可能具有继续研究的意义。**为此，在 2006 年前后，我们发起了“反思中国公共行政学”行动，2018 年又举办“首届公共管理理论论坛”，其主题是“政府理论重构：中国场景的研究”。我们不仅希望进行基础理论重构，更希望能将中国场景真正带入浩瀚的公共行政学史过程中。

掩卷之时，已至深夜。在无限时空中，个体总是“萤火之光”。更多的时候，面对诸多相互矛盾的复杂性，吾辈唯有捶胸顿足尔。但是，**萤火之美，难道不就是在浩瀚夜空中的细微闪亮吗？**公共行政不是“牧民之术”（administration of the public），而是“为民行政”（administration for the public）①。**越复杂的时代，越需要更简洁、更纯粹的立场！**

在从事政治、政府研究的这些年中，我时常想到家父。很多年前他每个周末从驻点工作村风尘仆仆归家，每每让仅垂髫之年的小女儿背诵《参考消息》的时候，又怎会料到不经意间的这一家规，或许早已在她内心投射了“萤火之光”。父亲在退休之前的大部分时间都辗转于基层政府，以至于少时我家时常被众多来访群众填满。我在他们的唠叨、感叹、哭笑乃至怒骂中，所体验的种种复杂意味，其实也是公共行政复杂性的投射。

念念不忘，必有回响。也以这些文字，致信我许久未见的父亲和母亲！

2018 年 8 月于康乐园

① 这些讨论可以参见以下文献：CAIDEN G E. Public administration. Palisades Publishers，1982；CAIDEN G E，CAIDEN N J. Toward a more democratic governance：modernizing the administrative state in Australia，Canada，the United Kingdom，and the United States //VIGODR E. Public administration：an interdisciplinary critical analysis. Marcel Dekker，2002.

人大版公共管理类教材

公共管理类专业教材——学科基础课教材

书名	作者
现代管理学原理（第三版）（“十一五”国家级规划教材）	娄成武　魏淑艳
一般管理学原理（第四版）	张康之　周　军
管理学基础（第三版）	方振邦
管理学教程	方振邦
政治学原理（第三版）	景跃进　张小劲
现代政治学原理（第四版）	石永义　刘玉萼　张　璋
政治学教程	舒　放　刘琼莲
公共管理学（第二版）	陈振明
公共管理学——一种不同于传统行政学的研究途径（第二版）	陈振明
公共管理学（第三版）（数字教材版）（“十二五”国家级规划教材）	蔡立辉　王乐夫
公共管理学（精编版）	王乐夫　蔡立辉
公共管理学（第二版）	张康之　郑家昊
公共管理概论（第二版）	朱立言　谢　明
公共管理学概论	曹现强　王佃利
公共政策导论（第五版）（数字教材版）	谢　明
公共政策概论（第二版）	谢　明
公共政策学——政策分析的理论、方法和技术（“十一五”国家级规划教材）	陈振明
公共政策学	杨宏山
政策科学——公共政策分析导论（第二版）	陈振明
公共政策案例	中国人民大学公共管理学院
公共经济学（第三版）（“十二五”国家级规划教材）	高培勇
公共经济学教程	秦立建
政府经济学（第四版）（“十一五”国家级规划教材）	郭小聪
政府经济学（第四版）	潘明星　韩丽华

公共管理类专业教材——方法课教材

书名	作者
行政学研究方法与应用案例	萧鸣政　等
管理定量分析：方法与技术（第二版）	刘兰剑　李　玲
公共管理的方法与技术（第二版）	魏　娜

公共管理类专业教材——行政管理、公共事业管理专业教材

书名	作者
行政法学导论	姜晓萍
行政法学	朱新立　唐明良　李春燕
公共部门人力资源管理（第四版）	孙柏瑛　祁凡骅
公共部门人力资源开发与管理（第五版）（“十二五”国家级规划教材）	孙柏瑛　祁凡骅
公共部门人力资源开发与管理（第三版）	孙柏瑛
公共部门人力资源管理（第三版）	滕玉成　于　萍
公共部门人力资源管理	方振邦
公共部门人力资源管理概论	方振邦
公共部门人力资源管理案例	周均旭

书名	作者
行政管理学（第五版）（数字教材版）	郭小聪
公共行政学（第五版）	彭和平
公共行政学	张康之　张乾友
行政学导论（第三版）	齐明山
行政管理学导引与案例	陈季修
管理心理学（第二版）	范逢春
公共组织行为学（第三版）（“十一五”国家级规划教材）	孙　萍　张　平
公共组织学（第三版）	李传军
行政组织学（第二版）	张　昕　李　泉
公共组织理论	陆明远　冯　楠
公共事业管理概论（第三版）	朱仁显
公共事业管理概论（“十一五”国家级规划教材）	娄成武　李　坚
公共组织财务管理（第三版）（“十一五”国家级规划教材）	王为民
国家公务员制度（第四版）（数字教材版）（“十二五”国家级规划教材）	舒　放　王克良
国家公务员制度概论（第二版）	刘碧强　郗永勤
公务员制度概论	李如海
公务员制度导论	孙德超
行政领导学（第三版）	朱立言　李国梁
领导学（第五版）	邱霈恩
领导学	王自亮
领导学：理念、行为与艺术	祁凡骅
领导学	孙　健
现代市政学（第五版）（数字教材版）	王佃利
市政管理学（第五版）（“十一五”国家级规划教材）	杨宏山
市政学导引与案例（第二版）	李燕凌
社区管理（第三版）	汪大海　魏　娜　郇建立
社区管理原理与案例	魏　娜
电子政务教程（第三版）（“十一五”国家级规划教材）	赵国俊
电子政府与电子政务（第二版）（“十一五”国家级规划教材）	张锐昕
电子政府概论（第二版）	张锐昕
行政伦理学教程（第三版）（“十二五”国家级规划教材）	张康之　李传军
公共危机管理导论（“十一五”国家级规划教材）	肖鹏军
公共危机管理概论（第二版）	王宏伟
公共危机管理	唐　钧
公共危机与应急管理：原理与案例	王宏伟
非营利组织管理	吴东民　等
非营利组织管理导引与案例	崔向华　张　婷
当代中国政府与政治	景跃进　陈明明　肖　滨
当代中国政府与行政（第三版）	魏　娜　吴爱明
当代中国政府（第二版）（“十一五”国家级规划教材）	吴爱明
地方政府学概论（第二版）	方　雷
地方政府管理（第二版）	陈瑞莲　张紧跟
管理秘书实务（第三版）	赵锁龙
行政秘书学	唐　钧
公文写作与处理	赵国俊
机关管理的原理与方法（第三版）	赵国俊　陈幽泓

书名	作者
公共部门绩效管理	方振邦
政府绩效管理	方振邦　葛蕾蕾
政府绩效评估	蔡立辉
公共关系概论（第二版）	邹正方
政府公共关系（第二版）（“十一五”国家级规划教材）	廖为建　张　宁
社会管理	汪大海
西方行政学理论概要（第二版）（“十一五”国家级规划教材）	丁　煌
公共行政学史	何艳玲
西方公共管理名著导读	汪大海
管理思想史教程	方振邦　葛蕾蕾
文化管理学（第三版）（“十二五”国家级规划教材）	孙　萍
文化创意产业导论	魏鹏举
卫生事业管理（第二版）（“十一五”国家级规划教材）	李　鲁
教育经济与管理（第二版）（“十一五”国家级规划教材）	娄成武　史万兵
现代公用事业管理	崔运武

公共管理类专业教材——劳动与社会保障专业教材

书名	作者
社会保障概论（第六版）（数字教材版）	孙光德　董克用
劳动经济学（“十一五”国家级规划教材）	董克用　刘　昕
劳动法与社会保障法	黎建飞　李　静
人力资源管理	彭剑锋
社会保险学（第三版）	孙树菡　朱丽敏
社会保障基金管理	李春根
社会保险精算原理与实务	王晓军
社会保障国际比较	仇雨临
员工福利概论（第二版）（“十一五”国家级规划教材）	仇雨临

公共管理类专业教材——土地资源管理专业教材

书名	作者
土地经济学（第八版）（“十一五”国家级规划教材）	毕宝德
土地法学（中国人民大学“十三五”规划教材）	严金明
土地法学	王守智　吴春岐
土地科学导论	叶剑平
土地资源管理学（第二版）	张正峰
国土空间规划学	张占录　张正峰
土地利用规划学	张占录　张正峰
不动产估价（第二版）（“十一五”国家级规划教材）	叶剑平　曲卫东
土地信息系统	曲卫东　韩　琼
地籍管理（第五版）（“十一五”国家级规划教材）	谭　峻　林增杰

公共管理类专业教材——城市管理专业教材

书名	作者
城市管理学（第三版）	杨宏山
城市管理法	王丛虎

书名	作者
城市总体规划原理	邰艳丽　田　莉

公共管理硕士（MPA）教材——核心课教材

书名	作者
全国公共管理硕士（MPA）核心课程教学指导纲要	全国公共管理专业学位研究生教育指导委员会
社会主义建设理论与实践（第三版）	李景治　蒲国良
公共管理英语（修订版）	顾建光
公共管理学（第三版）	张成福　党秀云
公共管理学原理（修订版）	陈振明
公共管理导论	竺乾威　朱春奎　李瑞昌
公共政策分析	陈振明
公共政策分析导论	陈振明
公共政策分析概论（修订版）	谢　明
政治学：基本理论与中国视角	任剑涛
公共部门经济学（第三版）	高培勇　崔　军
公共经济学	唐任伍
行政法学（修订版）	皮纯协　张成福
行政法学概论（第三版）	胡锦光
非营利组织管理概论（修订版）	王　名
非营利组织管理	王　名　王　超
公共管理伦理学（修订版）	张康之
社会研究方法	陈振明
定量分析方法（第三版）	谭跃进
电子政务理论与方法（第五版）	金江军
电子政务	吴爱明　何　滨
公文写作概论	高永贵
信息技术及其应用（第三版）	张维明

公共管理硕士（MPA）教材——专业方向必修课、选修课教材

书名	作者
公务员制度教程（第六版）	舒　放　王克良
比较政府与政治（修订版）	卓　越
当代中国政府与政治（第三版）	吴爱明　朱国斌　林　震
公共部门人力资源管理及案例教程（第三版）	陈天祥
领导学	祁凡骅　刘　颖
领导学教程	常　健
领导理论与实践	邱霈恩
西方公共行政管理理论精要	丁　煌
社会管理概论	唐　钧
公共部门绩效评估（修订版）	卓　越
公共危机管理（修订版）	王宏伟
公共部门危机管理（第三版）	张小明
公共部门战略管理（修订版）	陈振明
城市管理理论与实务	杨宏山
MPA 学位论文写作指南	汪大海

教学支持说明

（教学课件）

中国人民大学出版社政治与公共管理出版分社秉承“出教材学术精品，育人文社科英才”的出版宗旨，多年来，出版了大批高质量的公共管理、教育学、政治学、政治理论公共课教材和学术著作。

我们为本教材制作了相应的 PPT 教学课件，任何一位采用本书作为授课教材的教师均可免费获得该课件。为了确保该课件仅为授课教师获得，烦请您填写如下材料，并将相关信息通过 E-mail 发送给我们，我们将在收到相关信息后通过 E-mail 给您发送该课件。欢迎您加入我们的 QQ 群（全国政管教师交流群，群号为 236159213），或登录我社官方网站（www. crup. com. cn），注册并认证成为教师会员，以获得更好的服务。

我们的联系方式：

地址：（100872）北京市中关村大街甲 59 号文化大厦 1202 室

中国人民大学出版社政治与公共管理出版分社

电话：（010）82502724　62514775（传真）

E-mail：ggglcbfs@vip. 163. com

QQ 群：236159213

兹证明__________大学/学院__________院/系__________专业__________学年第__________学期开设的__________课程，采用中国人民大学出版社出版的____________________（书名、作者）作为本课程教材。授课教师为__________，授课班级共______个、学生______人。授课教师需要与本书配套的教学课件。

联 系 人：____________________

通信地址：____________________

邮　　编：____________________

电　　话：____________________

E-mail：____________________

系/院主任：__________（签字）

（系/院办公室章）

______年_____月_____日

图书在版编目（CIP）数据

公共行政学史/何艳玲著. —北京：中国人民大学出版社，2018.10
公共管理创新系列教材
ISBN 978-7-300-25890-4

Ⅰ.①公… Ⅱ.①何… Ⅲ.①行政学-历史-教材 Ⅳ.①D035

中国版本图书馆 CIP 数据核字（2018）第 116769 号

公共管理创新系列教材
公共行政学史
何艳玲　著
Gonggong Xingzhengxue Shi

出版发行　中国人民大学出版社
社　　址　北京中关村大街 31 号　　**邮政编码**　100080
电　　话　010－62511242（总编室）　　010－62511770（质管部）
　　　　　010－82501766（邮购部）　　010－62514148（门市部）
　　　　　010－62515195（发行公司）　　010－62515275（盗版举报）
网　　址　http://www.crup.com.cn
经　　销　新华书店
印　　刷　北京市鑫霸印务有限公司
规　　格　185 mm×260 mm　16 开本　　**版　　次**　2018 年 10 月第 1 版
印　　张　14.5　　**印　　次**　2022 年 6 月第 5 次印刷
字　　数　281 000　　**定　　价**　48.00 元

版权所有　侵权必究　印装差错　负责调换